智能网联汽车预期功能安全丛书

智能网联汽车预期功能安全测试评价关键技术

CAICV 智能网联汽车预期功能安全工作组　组编

主　编　李　骏　王长君　程　洪
副主编　王　红　张玉新　陈君毅　李　红
参　编　袁建华　周文辉　陈　涛　边　宁　张　强
　　　　赵树廉　张　辉　尚世亮　胡宏宇　王伟达
　　　　胡晓松　李楚照　赵　洋　唐小林　白先旭
　　　　吕济明　顾海雷　周丽铃　王亚飞　刘泽晖
　　　　胡　笳　蒋　俊　于文浩　邢星宇　赵兴臣

机械工业出版社

本书对各国智能网联汽车预期功能安全的相关政策、法规、标准、专利等前沿动态进行了调研与分析，介绍了中国特色智能网联汽车预期功能安全场景库建设思路与建设现状，探索了感知算法、决策算法、感知系统、定位系统、HMI 系统、控制系统的性能局限和功能不足触发条件、评价体系与测试方法等，总结了针对具备典型的高、中、低速自动驾驶功能的高速巡航系统、城市巡航系统、自主代客泊车系统的功能定义与危害分析、量化评价、测试方法等内容。本书对于促进我国在智能网联汽车预期功能安全方面的研究和智能网联汽车行业的发展、培养汽车安全相关的专业人才具有重要的意义。

本书可供汽车行业、交通行业等行业人士参考阅读，也适合在校本科、研究生、博士生及相关学历的从业者使用。

图书在版编目（CIP）数据

智能网联汽车预期功能安全测试评价关键技术／李骏，王长君，程洪主编；CAICV 智能网联汽车预期功能安全工作组组编. —北京：机械工业出版社，2022.9
（智能网联汽车预期功能安全丛书）
ISBN 978-7-111-71430-9

Ⅰ.①智… Ⅱ.①李… ②王… ③程… ④C… Ⅲ.①汽车-智能通信网-测试 ②汽车-智能通信网-评价 Ⅳ.①U463.67

中国版本图书馆 CIP 数据核字（2022）第 151673 号

机械工业出版社（北京市百万庄大街22号　邮政编码100037）
策划编辑：李　军　孙　鹏　　　责任编辑：李　军　孙　鹏
责任校对：陈　越　李　婷　　　责任印制：郜　敏
北京瑞禾彩色印刷有限公司印刷
2022年10月第1版　第1次印刷
169mm×239mm・17印张・2插页・349千字
标准书号：ISBN 978-7-111-71430-9
定价：199.00元

电话服务　　　　　　　　　　网络服务
客服电话：010-88361066　　　机　工　官　网：www.cmpbook.com
　　　　　010-88379833　　　机　工　官　博：weibo.com/cmp1952
　　　　　010-68326294　　　金　书　网：www.golden-book.com
封底无防伪标均为盗版　　　　机工教育服务网：www.cmpedu.com

编委会

主　　任： 李　骏　王长君　程　洪

副 主 任： 公维洁　李　丹　袁建华　王　红　李　红
　　　　　　周文辉　陈　涛　秦孔建　黄朝胜　尚世亮

常务委员： 张　辉　赵树廉　胡宏宇　赵　洋　吕济明
　　　　　　周丽铃　王亚飞　陈君毅　张玉新　刘泽晖
　　　　　　胡　笳　李楚照　顾海雷　胡晓松　王伟达
　　　　　　赵兴臣　王潇屹　高广博　白先旭　唐小林
　　　　　　郑建明　马明月　边　俊　蒋　俊

委　　员： 于文浩　张晓飞　邢星宇　吴思宇　陈敏杰
　　　　　　陈书锋　陆文杰　赵光明　陈　浩　吴昊天
　　　　　　苗乾坤　王　潇　李俊成　汤　伟　张　巍
　　　　　　陈继成　陈　祺　应中伟　庞智恒　陈　华
　　　　　　殷　凯　贾　通　邵文博　彭　亮　魏子淳
　　　　　　曹元昊　徐彦超　杨　凯　杜昕一　马海涛
　　　　　　张慧珺　赵成祥　马小涵　李　杰　刘　湘
　　　　　　王树达　周　哲　王　佳　曹　斌　陈俊勇

主 编

李骏，中国工程院院士，清华大学教授，中国汽车工程学会理事长。1989年毕业于吉林工业大学（现吉林大学），同年进入中国第一汽车集团公司长春汽车研究所工作，2000年后历任中国一汽技术中心总工程师、技术中心主任、集团公司副总工程师、中国一汽股份有限公司总工程师职务，2018年3月入职清华大学车辆学院工作。曾获得国家科技进步一等奖1项、二等奖1项，国家技术发明奖二等奖1项，中国汽车工业科技进步特等奖3项、一等奖2项，国家机械工业科技进步一等奖2项、二等奖1项，省部级一等奖1项，2012年荣获何梁何利科学与技术创新奖，2018年获FISITA杰出贡献奖。

王长君，公安部道路交通安全研究中心主任，研究员，博士生导师，道路交通集成优化与交通安全国家工程实验室主任。1985年毕业于南京工学院（现东南大学）无线电工程系，进入公安部交通管理科学研究所工作，1990年至1991年公派加拿大安大略省运输部进修学习，2020年调至公安部道路交通安全研究中心工作。兼任中国道路交通安全协会会长、中国智能交通协会副理事长。

程洪，电子科技大学机器人研究中心教授，人机智能技术与系统教育部工程研究中心主任，国家万人计划科技创新领军人才。主要研究领域为人工智能与机器人，主持国家重点研发计划、国家自然科学基金项目共计10余项，编写教材与学术专著3部，发表论文120篇（其中SCI论文50余篇），授权专利80项，吴文俊人工智能科技进步奖一等奖1项。

副主编

王红，清华大学车辆与运载学院副研究员、智能出行所副所长，入选2020年中国科协青年人才托举工程。长期致力于自动驾驶决策与预期功能安全领域的研究工作，近5年在汽车领域高水平学术期刊及会议发表论文60余篇。近年来主持或作为骨干参与研究项目10余项。目前担任CAICV-智能网联汽车预期功能安全工作组执行副组长及中国汽车工程学会青年工作委员会副秘书长职务，主要学术兼职包括 IEEE Transactions on Vehicular Technology 副主编、IEEE Transactions on Intelligent Vehicles 副主编、Engineering 青年通讯专家、Automotive Innovation 科学编辑等。

张玉新，吉林大学汽车仿真与控制国家重点实验室副教授。主要研究方向为智能运载工具安全系统工程，尤其是自动驾驶功能安全和预期功能安全。吉林大学系统工程博士后，合作导师为陈虹教授；吉林大学与加州大学伯克利分校车辆工程联合培养博士，师从郭孔辉院士与 Karl J Hedrick 院士。国际标准 ISO 26262/21448/3450X 工作组成员，SAE J3187/UL4600/OpenX 标准工作组技术代表，SAE 自动驾驶安全技术委员会委员/论文主席/编委。依托国家自然科学基金、工业和信息化部及企业合作等项目，开展高级别自动驾驶系统安全领域的研究和实践。

陈君毅，博士，同济大学汽车学院讲师，硕士生导师。主要研究领域为自动驾驶系统仿真测试、自动驾驶汽车预期功能安全、自动驾驶汽车智能性和舒适性评价。主持和参与的国家"十三五"和"十四五"重点研发项目、国家自然基金项目、省部级项目及企业合作项目共计20余项，以第一作者或通讯作者发表论文30余篇，以第一发明人申请发明专利20余件。

李红，国家智能网联汽车创新中心预期功能安全部部长，工学博士，高级工程师。主要研究领域为智能汽车安全驾驶分析、开发、测试验证等技术，承担或参与国家级、省市级重点研发项目多项，发表论文10余篇，申报专利10余项，成果转化多项，为中国智能网联汽车产业创新联盟预期功能安全工作组秘书长及国内外多家期刊审稿人。

前 言

智能网联汽车已成为全球汽车产业转型升级的重要战略方向。智能网联汽车的出现将对提升行车安全、改善交通环境效率、实施低碳出行产生巨大作用。回顾发展自动驾驶的初衷是降低94%驾驶人为失误导致的交通事故，然而自动驾驶汽车在发展过程中仍存在感知、度量以及验证技术方面的难题，又为人类带来新的交通事故。近年来多次严重交通事故暴露了预期功能安全问题的严峻性。自2016年5月以来，已经发生多起车辆在辅助驾驶模式下与白色货车相撞的事故，其中一种可能原因是感知系统错将白色车厢识别成了天空。此外，近年来多次出现的辅助驾驶"幽灵感知"事件（如进入隧道后感知到旁边有公交车驶过、在无人墓地感知到周围有行人走动等），以及2021年发生的车辆在城市领航状态下与高速公路养护车的碰撞事故。诸如此类，均由于自动驾驶系统的性能局限与功能不足及合理可预见的人员误用，属于典型的预期功能安全问题。智能汽车的预期功能安全问题如同新能源电动汽车的电池着火问题，对人民生命财产安全至关重要。

当前国内外对智能网联汽车预期功能安全的研究尚处于起步阶段，主要集中在讨论研究范畴及对内涵的理解，本书主要介绍了智能网联汽车、预期功能安全的基本概念以及预期功能安全的研究现状，并重点阐述了我国对算法级、部件级以及整车级预期功能安全测试评价进行的探索与研究，本书的主要内容如下图所示。

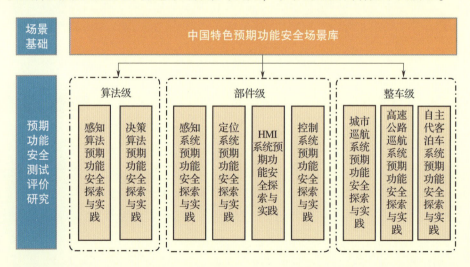

本书主要基于中国智能网联汽车产业创新联盟智能网联汽车预期功能安全工作组的工作内容进行的扩展，在此感谢清华大学、国汽（北京）智能网联汽车研究院有限公司、公安部道路交通安全研究中心、中国汽车工程研究院股份有限公司、公安部交通管理科学研究所、电子科技大学、北京地平线机器人技术研发有限公司、中汽研汽车检验中心（天津）有限公司、吉林大学、同济大学、上海交通大学、北京航空航天大学、中国第一汽车集团有限公司、合肥工业大学、浙江吉利汽车研究院有限公司、清华大学苏州汽车研究院、纽劢科技（上海）有限公司、上海禾赛科技有限公司、禾多科技（北京）有限公司、东风汽车集团有限公司、长安汽车股份有限公司、上海测迅汽车科技有限公司、广州汽车集团股份有限公司汽车工程研究院、千寻位置网络有限公司、安徽江淮汽车集团股份有限公司、上海机动车检测认证技术研究中心有限公司、华为技术有限公司、国汽智控（北京）科技有限公司、上海智能网联汽车技术中心有限公司、重庆大学、北京理工大学、北京汽车股份有限公司、泛亚汽车技术中心有限公司、中国信息通信研究院、上海淞泓智能汽车科技有限公司、ANSYS中国、北京航迹科技有限公司为本书的编写做出的贡献。

编　者

目 录

前 言

第 1 章　概　述

1.1　智能网联汽车简介 / 001
　　1.1.1　智能网联汽车的基本概念 / 001
　　1.1.2　智能网联汽车安全基础 / 004
1.2　智能网联汽车预期功能安全基础概论 / 005
　　1.2.1　预期功能安全活动基本流程 / 005
　　1.2.2　预期功能安全研究面临的挑战 / 007

第 2 章　预期功能安全国内外研究现状

2.1　相关政策与标准 / 010
　　2.1.1　政策与法规 / 010
　　2.1.2　标准与规范 / 012
2.2　预期功能安全测试评价相关技术研究现状 / 013
　　2.2.1　预期功能安全分析及风险评估 / 013
　　2.2.2　预期功能安全验证与确认 / 016
　　2.2.3　预期功能安全测试评价 / 023

第 3 章　中国特色预期功能安全场景库研究

3.1　预期功能安全场景架构 / 025
　　3.1.1　预期功能安全场景总体架构设计 / 025
　　3.1.2　预期功能安全静态场景七层架构 / 026
　　3.1.3　预期功能安全动态场景架构 / 029
3.2　预期功能安全场景库建设思路 / 030
　　3.2.1　预期功能安全场景库建设方法 / 031
　　3.2.2　预期功能安全场景库场景管理 / 031
　　3.2.3　预期功能安全场景库用途 / 033
3.3　预期功能安全场景库建设现状 / 033
　　3.3.1　分地域中国特色预期功能安全场景收集 / 033
　　3.3.2　预期功能安全测试用例生成 / 035

第 4 章
算法级与部件级智能网联汽车预期功能安全测试评价研究

4.1 感知系统预期功能安全探索与实践 / 036
    4.1.1 感知系统预期功能安全研究现状 / 037
    4.1.2 感知系统局限性与触发条件分析 / 048
    4.1.3 感知系统预期功能安全评价体系研究 / 069
    4.1.4 感知系统预期功能安全测试方法研究 / 082
    4.1.5 感知系统性能局限改进措施研究 / 091

4.2 感知算法预期功能安全探索与实践 / 093
    4.2.1 感知算法局限性与触发条件分析 / 093
    4.2.2 感知算法评价体系研究 / 095
    4.2.3 感知算法预期功能安全测试方法研究 / 098
    4.2.4 感知算法性能局限改进措施研究 / 101

4.3 决策算法预期功能安全探索与实践 / 102
    4.3.1 决策算法局限性与触发条件分析 / 103
    4.3.2 决策算法测试评价场景研究 / 107
    4.3.3 决策算法评价体系研究 / 112
    4.3.4 决策算法预期功能安全测试方法研究 / 116

4.4 定位系统预期功能安全探索与实践 / 119
    4.4.1 定位系统局限性与触发条件分析 / 119
    4.4.2 定位系统评价体系研究 / 123
    4.4.3 定位系统预期功能安全测试方法研究 / 130
    4.4.4 定位系统性能局限改进措施研究 / 139

4.5 HMI 系统预期功能安全探索与实践 / 140
    4.5.1 HMI 系统局限性与触发条件分析 / 141
    4.5.2 HMI 系统评价体系研究 / 150
    4.5.3 HMI 系统预期功能安全测试方法研究 / 151
    4.5.4 HMI 系统性能局限改进措施研究 / 154

4.6 控制系统预期功能安全探索与实践 / 155
    4.6.1 控制系统局限性与触发条件分析 / 156
    4.6.2 控制系统评价体系研究 / 161
    4.6.3 控制系统预期功能安全测试方法研究 / 162
    4.6.4 控制系统性能局限改进措施研究 / 166

第 5 章
整车级智能网联汽车预期功能安全测试评价研究

5.1	城市巡航系统预期功能安全探索与实践	/ 168
	5.1.1 功能定义与危害分析	/ 169
	5.1.2 典型场景选取	/ 171
	5.1.3 数据采集	/ 174
	5.1.4 量化评价体系	/ 176
	5.1.5 测试规程	/ 177
5.2	高速公路巡航系统预期功能安全探索与实践	/ 181
	5.2.1 功能定义与危害分析	/ 181
	5.2.2 典型场景选取与采集	/ 186
	5.2.3 数据采集	/ 187
	5.2.4 量化评价体系	/ 187
	5.2.5 测试规程	/ 189
5.3	自主代客泊车系统预期功能安全探索与实践	/ 192
	5.3.1 功能定义与危害分析	/ 192
	5.3.2 典型场景选取	/ 199
	5.3.3 数据采集	/ 200
	5.3.4 量化评价体系	/ 202
	5.3.5 测试规程	/ 203

第 6 章
总结与展望 / 207

附 录

附录 A	预期功能安全相关专利汇总	/ 209
附录 B	静态场景要素七层架构具体信息	/ 217
附录 C	预期功能安全共享场景库部分测试用例展示	/ 225
附录 D	感知系统触发条件清单	/ 232
附录 E	感知系统触发条件与基础场景	/ 235
附录 F	感知系统预期功能安全测试用例清单	/ 241
附录 G	城市巡航系统预期功能安全典型测试用例	/ 244

常用缩写词 / 251

参考文献 / 253

智能网联汽车预期功能安全
测试评价关键技术

第 1 章　概　述

本章针对智能网联汽车的基本概念以及预期功能安全的基础知识进行了概述。首先，介绍了智能网联汽车的定义与分级，从功能安全、预期功能安全及信息安全三方面解析了智能网联汽车系统安全基础；其次，针对性地介绍了智能网联汽车预期功能安全的基础理论知识，包括预期功能安全活动的基本流程，以及从场景库、算法级、部件级、整车级和测试评价方面分析了预期功能安全研究面临的挑战。

1.1　智能网联汽车简介

智能网联汽车具有多技术交叉、跨产业融合的特点，传统汽车是机电一体化产品，而智能网联汽车是机电信息一体化产品，需要汽车、交通设施、信息通信基础设施（包括 4G/5G、地图与定位、数据平台）等多个产业跨界融合。同时，智能网联汽车在行驶过程中需要通信、地图、数据平台等具有社会属性的支撑和安全管理，每个国家都有自己的使用标准规范，因此智能网联汽车开发和使用具有特殊的本地属性和社会属性。

1.1.1　智能网联汽车的基本概念

1. 智能汽车定义

智能汽车指在普通汽车的基础上增加先进的传感器（摄像头、雷达等）、控制器、执行器等装置，通过车载传感系统和信息终端实现车与 X（人、车、路、云等）智能信息交换，具备智能的环境感知能力，能够自动地分析汽车行驶的安全及危险状态，按照人的意志到达目的地，最终实现替代人来操作的新一代汽车[1]。智能汽车的发展可分为初级阶段与终极阶段两个阶段，初级阶段包括先进驾驶辅助系统（Advanced Driver Assistant Systems，ADAS）和各级别的自动驾驶系统；终极阶段指的是最高级别的自动驾驶系统，即无人驾驶。

智能汽车可分为自主式智能汽车与网联式智能汽车。自主式智能汽车是基于车载装置，像人一样具有环境感知与决策控制能力的汽车；网联式智能汽车是基于通信互联，像人一样具有环境感知与决策控制能力的汽车[2]。智能网联汽车是自主式智能汽车与网联式智能汽车结合的产物，是智能汽车发展的新形态。智能网联汽车、自主式智能汽车与网联式智能汽车的关系如图 1-1 所示。

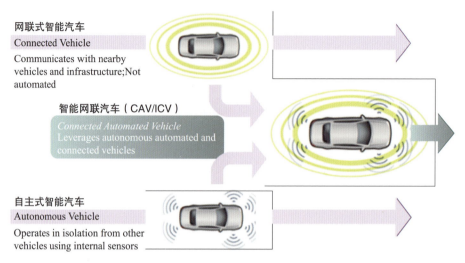

图 1-1　一种智能汽车技术发展的新形态[2]

2. 智能网联汽车基本概念

智能网联汽车（Intelligent and Connected Vehicles，ICV）是指搭载先进的车载传感器、控制器、执行器等装置，并融合现代通信与网络技术，使车辆具备复杂环境感知、智能化决策与控制功能，能综合实现安全、节能、环保及舒适行驶的新一代智能汽车。智能网联汽车是信息物理系统（Cyber-Physical Systems，CPS）在汽车交通系统中的典型应用。智能网联汽车是大规模网联应用实时协同计算环境的新一代交通系统，以数据融合与服务融合，共同实现物理 - 虚拟双向交互与协同，也是数字孪生系统的典型应用[3]。

3. 智能网联汽车的分级

智能网联汽车包括智能化与网联化两个技术层面，其分级也可对应地按照智能化与网联化两个层面区分。在智能化层面，美国国家公路交通安全管理局（National Highway Traffic Safety Administration，NHTSA）、美国汽车工程师学会（Society of Automotive Engineers，SAE）、全国汽车标准化技术委员会等组织已经给出了各自的分级方案。2013 年，NHTSA 发布了车辆智能化分级标准。2017 年 12 月 29 日，工业和信息化部与国家标准委联合印发了《国家车联网产业标准体系建设指南（智能网联汽车）》，进一步将智能网联汽车的发展分为智能化、网联化两种路径。在智能化方面，以目前普遍接受的 SAE 分级定义为基础，并考虑中国道路交通情况的复杂性，中国智能网联汽车智能化分为驾驶辅助、部分自动驾驶、有条件自动驾驶、高度自动驾驶、完全自动驾驶五个等级。见表1-1。

表1-1 中国智能网联汽车智能化分级

智能化等级	等级名称	等级定义	控制	监视	失效应对	典型工况
		人监控驾驶环境				
1	驾驶辅助	通过环境信息对方向和加减速中的一项操作提供帮助，其他驾驶操作都由人操作	人与系统	人	人	车道内正常行驶，高速公路无车道干涉路段，泊车工况
2	部分自动驾驶	通过环境信息对方向和加减速中的多项操作提供支援，其他驾驶操作都由人操作	人与系统	人	人	高速公路及市区无车道干涉路段、换道、环岛绕行、拥堵跟车等工况
		自动驾驶系统（"系统"）监控驾驶环境				
3	有条件自动驾驶	由无人驾驶系统完成所有驾驶操作，根据系统请求，驾驶人需要提供适当的干预	系统	系统	人	高速公路正常行驶工况，市区无车道干涉路段
4	高度自动驾驶	由无人驾驶系统完成所有驾驶操作，特定环境下系统会向驾驶人提出响应请求，驾驶人可以对系统请求不进行响应	系统	系统	系统	高速公路全部工况及市区有车道干涉路段
5	完全自动驾驶	无人驾驶系统可以完成驾驶人能够完成的所有道路环境下的操作，不需要驾驶人介入	系统	系统	系统	所有行驶工况

在网联化层面，中国汽车业界按照网联通信内容的不同将其划分为网联辅助信息交互、网联协同感知、网联协同决策与控制三个等级，见表1-2。

表1-2 中国智能网联汽车网联化分级

网联化等级	等级名称	等级定义	控制	典型信息	传输需求
1	网联辅助信息交互	基于车-路、车-后台通信，实现导航等辅助信息的获取以及车辆行驶与驾驶人操作等数据的上传	人	地图、交通流量、交通标志、油耗、里程等信息	传输实时性、可靠性要求较低
2	网联协同感知	基于车-车、车-路、车-人、车-后台通信，实时获取车辆周边交通环境信息，与车载传感器的感知信息融合，作为自车决策与控制系统的输入	人与系统	周边车辆/行人/非机动车位置、信号灯相位、道路预警等信息	传输实时性、可靠性要求较高

(续)

网联化等级	等级名称	等级定义	控制	典型信息	传输需求
3	网联协同决策与控制	基于车–车、车–路、车–人、车–后台通信,实时并可靠获取车辆周边交通环境信息及车辆决策信息,车–车、车–路等各交通参与者之间信息进行交互融合,形成车–车、车–路等各交通参与者之间的协同决策与控制	人与系统	车–车/车–路间协同控制信息	传输实时性、可靠性要求最高

1.1.2 智能网联汽车安全基础

随着汽车智能化、网联化的发展,驾驶人行为特性逐渐多元化,交通参与者之间的耦合关系进一步增强,在多变的交通环境与出行工况中保障智能网联汽车的安全性至关重要。因此,智能网联汽车安全系统要求通过智能化技术综合利用车载传感、车载定位、电子地图、人–车–路交互等多源融合信息,在确保各电子电气系统正常运行的情况下,对场景中的潜在触发条件进行识别评估与准确响应,对网络攻击进行迅速检测与纵深防御,对可能出现的碰撞进行精准辨识和主动预防,并且在不可避免的碰撞事故发生后尽可能地降低对驾乘人员、行人和车辆本身的危害程度。

智能网联汽车系统安全包括功能安全、预期功能安全和信息安全等内容,如图1–2所示。功能安全是指由于系统、硬件和软件失效而导致的安全问题;信息安全是指由于网络攻击等造成的网络安全问题;不存在因功能不足引起的危害行为而导致不合理的风险被定义为预期功能安全(Safety of the Intended Functionality,SOTIF),这是智能网联汽车研发与商业化的最大难题之一[4]。

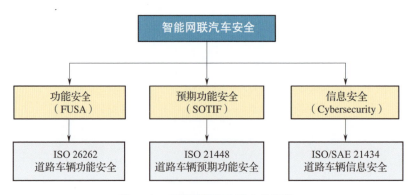

图1–2 智能网联汽车安全性概览

1.2 智能网联汽车预期功能安全基础概论

预期功能安全在标准 ISO 21448 中被定义为避免由于以下两类问题引发危害所产生的不合理风险：①在车辆级别上预期功能的规范不足。②在电子电气（E/E）系统要素实现过程中的性能局限。该标准指出恶劣天气、不良道路条件、其他交通参与者的极端行为、驾乘人员对车辆系统合理可预见的误操作等都是场景中的潜在触发条件，而系统的功能不足会被这些特定条件触发从而造成危险。不同于功能安全，预期功能安全研究避免由于功能不足引发危险所产生的不合理风险。根据是否已知和是否会导致危险，可将场景分为四类：已知安全场景、已知危险场景、未知安全场景、未知危险场景，其中未知场景如触发条件未知或潜在触发条件已定义但系统行为未知等。图 1-3 表示了预期功能安全活动的目标：通过最小化区域 2 和 3 以最大化区域 1。

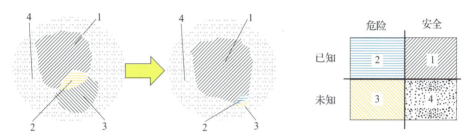

图 1-3　四类场景可视化以及预期功能安全活动目标（区域大小代表场景数量）

1.2.1　预期功能安全活动基本流程

当前预期功能安全标准草案 ISO/DIS 21448 规定了 SOTIF 设计开发的基本活动：规范和设计、危害识别与评估、潜在功能不足和触发条件识别与评估、功能改进、验证和确认策略定义、已知危险场景评估、未知危险场景评估、SOTIF 发布标准、运行阶段活动。各部分活动逻辑关系如图 1-4 所示。

首先是规范和设计活动，通过该活动定义启动后续 SOTIF 活动的信息，并作为反馈循环一部分在 SOTIF 相关活动每次迭代后进行必要更新。在此阶段可包含对车辆、系统、组件等不同层级的功能描述和规范，如预期功能、子功能及其实现所需的系统、子系统和元素、组件等，所安装传感器、控制器、执行器或其他输入和部件的性能目标，预期功能和驾乘人员、道路使用者、环境等的依赖、交互关系，合理可预见误操作以及潜在性能局限等。本阶段需要提供对系统、子系统及其功能和性能危害识别目标的充分理解，以便执行后续阶段活动。

危害识别与评估阶段主要包含三类活动：危害识别、风险评估和可接受标准制定。危害识别指系统识别可能由功能不足引起的车辆级别危险，其主要基于对功能

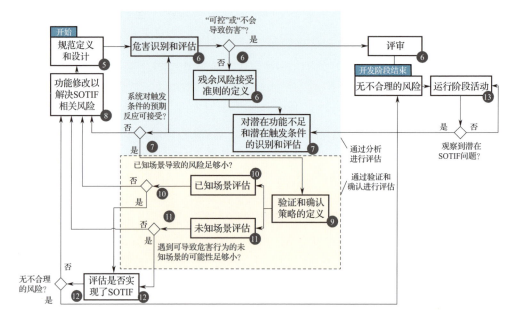

图 1-4　SOTIF 活动的相关性

注：该图上编号对应 ISO 21448 标准中的编号

以及可能因功能不足而产生偏差的认知，属于知识驱动的分析，可适当借鉴 ISO 26262-3：2018 中的分析方法，结合 SOTIF 相关危险事件模型推导。风险评估目的是评估给定场景下危险行为所产生的风险，有助于后续制定 SOTIF 相关风险的接受标准。如果风险不能通过功能改进充分降低，则需要制定与危险场景相关的风险可接受标准。

潜在功能不足和触发条件识别与评估活动的目的为识别潜在的功能不足（包括规范不足和性能局限）和触发条件，并评估系统对所识别潜在触发条件响应的 SOTIF 可接受性。对潜在功能不足和触发条件的分析需要建立由相似项目、专家经验等知识驱动的系统方法。分析过程可以并行化，在分析过程中可采用归纳或演绎、定性或定量的分析方法，结合需求分析、运行设计域（Operational Design Domain，ODD）分析、事故数据分析、边界值分析、等价类分析、功能依赖性分析等思路进行系统有效的潜在功能不足与触发条件分析；此外，对于给定的功能不足可能存在多个触发条件，而已知的场景和合理可预见误操作也可能暴露多个功能不足问题，因此应建立并维护危险行为、触发条件和系统/部件级性能局限或规范不足之间的可追溯性。

功能改进活动目标为识别和应用可处理 SOTIF 相关风险的方法，并更新到规范和设计活动的输入信息。具体的改进措施主要分为系统改进、功能限制、权限移交、处理误操作等；此外，可通过在设计系统时应考虑 SOTIF 相关风险的可测试性、诊断能力和数据监控能力,以确保在实时功能改进后对措施有效性保持检测和诊断。

验证确认策略定义指明确包含确认目标的 SOTIF 验证确认策略,并提供所选方法适用性的基本原理。验证确认策略被用于论证目标得以实现和确认目标如何得到满足,在具体策略定义时可考虑针对各项需求的综合测试活动,如传感器获取环境信息和传感器处理算法建模环境的能力、决策算法安全处理功能不足和根据环境模型及系统架构做出适当决策的能力、系统或功能的鲁棒性以及 HMI 防止合理可预见误操作的能力等。

对已知危险场景的评估主要为证明系统及其组件的功能在已知危险场景和合理可预见误操作下的行为符合规范,同时通过测试或分析证明已知场景得到充分覆盖,最终验证结果应证明来自已知危险场景的剩余风险足够低。

对未知危险场景评估的主要目的为提供证据证明在实际运行中遇到未知危险场景的情况满足确认目标,因此评估由于未知场景产生的剩余风险是关键,典型方法如对随机测试用例的在环测试、随机输入测试、长期车辆测试、车队测试、与现有系统比较、真实世界中的场景探索、功能分解和概率建模等,进而需评估由于未知危险场景导致剩余风险的可接受性。基于 SOTIF 活动及对其工作成果完整性和正确性的评审,可进行 SOTIF 释放过程,从而给出明确的批准或拒绝 SOTIF 释放建议。根据提供的证据,可以确定接受、有条件接受或拒绝的建议,在有条件接受情况下,条件将被记录并在最终释放前对其履行情况进行验证。

1.2.2　预期功能安全研究面临的挑战

智能驾驶过程中,机器代替了驾驶人,自动驾驶算法可能具有鲁棒性、泛化性、可解释性、逻辑完备性、规则覆盖度等方面的功能不足。具体而言,在含触发条件(包括合理可预见误操作)的场景下由于上述功能不足将导致危险行为发生,如果场景中存在可能产生伤害的因素将进一步演化为预期功能安全事故,并在可控性不足的情况下导致伤害形成。机器需要预防系统的预期功能或性能限制引起的潜在危险行为。智能网联汽车预期功能研究面临 5 个方面挑战:

1. 预期功能安全场景库研究面临的挑战

场景对预期功能安全来说至关重要,缩小已知和未知的不安全场景是预期功能安全研究的终极目标。预期功能安全的必要条件包括触发条件与功能不足,因而与触发条件密切相关的预期功能安全场景是系统开发、测试评价等工作的前提和基础,如何系统地梳理预期功能安全触发条件,以结构化、规范化的形式构建、描述预期功能安全场景,并且在中国特殊场景下如何提取其特殊的触发条件是当前国内预期功能安全场景库研究面临的挑战之一;在形成场景库的基础上,考虑到实践应用中的海量交通场景，基于预期功能安全场景的复杂度、重复度、危险度等指标的快速计算和评估，筛选或生成预期功能安全典型的交通场景，为高效地实现对自动驾驶系统预期功能安全的测试评价，需要能够基于预期功能安全典型场景，自动化地生成预期功能安全测试用例。如何从中高效地筛选提取出预期功能安全典型的场景是另一个挑战。

2. 算法级预期功能安全研究面临的挑战

根据智能网联汽车的算法组成，可以从感知算法、决策算法、控制算法三个维度来说明算法级预期功能安全研究面临的挑战。

1）感知算法的功能不足可以分为传感器感知与算法认知两个方面。

①传感器感知性能局限主要来自两个方面：

a. 在雨、雪、雾、强光等不利环境条件下，能见度范围降低和目标物被遮挡等因素造成感知能力变弱。

b. 传感器自身原理限制了对某些特定目标物的检测，如激光雷达扫描到镜面、毫米波雷达探测到特定材质时会出现漏检或误检。

②算法认知性能局限主要来自深度学习算法的不确定性，其学习过程基于大量标注数据，内部运行过程往往被当作"黑盒"，可解释性、可追溯性较弱，实际应用过程中遇到训练数据分布以外的情况时表现往往很差，从而引发安全风险。

2）决策算法主要分为基于规则和基于学习两种。

①基于规则的方法通常因考虑不够全面而无法覆盖真实驾驶环境中的所有潜在危害场景，包括状态切割划分条件不灵活、行为规则库触发条件易重叠、场景深度遍历不足等问题。

②基于学习的方法依赖大数据训练，其功能不足包括训练过程不合理导致的算法过拟合或欠拟合，以及样本数量不足、数据质量交叉、网络架构不合理等问题。

3）控制算法的功能不足主要来源于车辆动力学层面，例如在大曲率弯道、高侧向风速及低路面摩擦系数等非线性极限工况下，现有的线性车辆动力学模型能力边界有限，不足以表征车辆的动态特性，会产生较大的偏差。

3. 部件级预期功能安全研究面临的挑战

智能汽车安全运行依赖于不同部件，可以分为感知、决策、定位、人机交互、控制等部件。其中，天气、机械、电磁、眩光、声音、遮挡和其他外界环境来源等产生干扰造成的传感器性能下降，以及传感器自身精度、范围、分辨率、采样频率等性能局限；控制受到动力学建模局限性、控制器实时性、执行器的执行精度、最大转向或制动能力边界、采样频率等的限制。

4. 整车级预期功能安全研究面临的挑战

智能汽车集成了多模块的复杂交互，单纯的算法和功能级改进不足以充分保障预期功能安全：

1）现有算法和功能级的 SOTIF 问题难以彻底消除，需要通过优化整车级设计以最小化总体风险。

2）即使算法和功能级任务能正常运行，整车系统设计规范不足仍可能导致车辆危险行为。

总之，SOTIF 危险源于智能汽车整体的消极表现，因此需要寻求系统解决方案。

5. 测试评价预期功能安全研究面临的挑战

近年来，国内外广泛开展了智能网联汽车测试评价实践，并逐渐提高对预期功能安全问题的重视程度，如何对预期功能安全的已知与未知不安全场景进行测试，是测试评价研究的重中之重。对于高级自动驾驶，由于系统复杂度高、运行范围广、未知场景多、缺少统一成熟的系统架构标准以及人工智能等新技术广泛应用等多方面原因，在该领域的 SOTIF 测试评价实践更多停留在相对抽象的方法论层面。测试评价相关预期功能安全研究面临的挑战主要包括以下三个方面：

1）预期功能安全测评场景的难确定。根据被测对象不同，如何选择针对整车级/部件级/算法级的高覆盖度、典型性测试场景，加速暴露预期功能安全问题，是测试评价研究的首要难题。

2）人工智能算法的难测评。由于人工智能算法基于概率统计的本质，在模型训练与测试过程中所涉及的训练样本难以覆盖自动驾驶所有场景，导致算法在面对未曾训练过的关键场景时会出现感知算法失误、对周围环境预测不正确、做出错误决策等情况，从而危害行车安全，这是预期功能安全问题产生的根源之一。如何通过测试方法加速暴露人工智能算法的性能不足以及制定其评价指标，是预期功能安全测试评价面临的典型难题。

3）精准高效的工具链尚缺失。当前对于智能网联汽车测试评价的工具链主要包括虚拟仿真、硬件在环等方面工具链，而对于测试感知系统所需的高保真工具链尚未突破，对传感器的物理传感器建模尚未达到理想效果，这直接导致预期功能安全测试效率低、真实性不足等问题。

智能网联汽车预期功能安全
测试评价关键技术

第 2 章
预期功能安全国内外研究现状

随着自动驾驶技术的发展与普及，其安全性越来越受到大众的关注。自动驾驶系统功能架构趋于完善，其覆盖故障性风险的功能安全国际标准 ISO 26262 已无法保障自动驾驶的整体安全，需要引入应对系统无故障情况下安全风险的预期功能安全分析和测试评价。本章将从相关的政策与标准、预期功能安全分析评估方法、预期功能安全验证确认以及预期功能安全测试评价实践四个方面介绍智能网联汽车预期功能安全，尤其是测试评价相关国内外研究现状。

2.1 相关政策与标准

2.1.1 政策与法规

目前，各国的智能网联汽车政策法规更多解决的是测试、试运营以及与现有法律法规之间的冲突问题。基于各国推动智能网联汽车政策法规建设的不同路径，可以区分为两种模式：一种是以德国为代表的中央（联邦）立法主导模式，另一种是以美国为代表的地方（州）立法主导模式。在中央（联邦）立法主导模式中，是以国家（联邦）层面的突破为切入点，从而在顶层解决智能网联汽车的法律支持。而在地方（州）立法主导模式中，则以地方先行立法突破为切入点，从而为更大范围的立法形成经验借鉴。不过，这两种模式的政策又主要是从中央（联邦）层面先行的，在中央（联邦）层面形成智能网联汽车发展战略、政策甚至路线图后，才有立法上的不同路径。

1. 以德国为代表的中央（联邦）立法主导模式

2016 年联合国欧洲经济委员会通过《维也纳道路交通公约》有关自动驾驶技术运用的修正案后，德国率先于 2017 年修订了道路交通法，允许智能网联汽车在一定条件下上路。2021 年 4 月，德国联邦参议院通过了《道路交通法和强制保险法修正案——自动驾驶法》，系统构建了包括规定运行设计域（ODD）、技术监督员、最小风险条件、技术监督员强制保险等智能网联汽车主要法律制度，进一步完善了自动驾驶顶层制度设计。

2. 以美国为代表的地方立法主导模式

美国联邦与州之间立法分权，大部分州享有较大的自主立法权，因此美国智能网联汽车立法率先在州一级启动，如 2011 年 6 月美国内华达州就通过了第一部允许智能网联汽车到公共道路开展测试验证的法案，2012 年 9 月加利福尼亚州也出台了较为宽松的自动驾驶汽车法案，确立了"促进和保障无人驾驶汽车安全"的立法理念。后续美国多个州纷纷通过议会法案或政府行政措施推动智能网联汽车测试、试营运甚至商用，如在 2021 年，美国加州机动车管理局就先后向 Nuro、Cruise、Waymo 颁发了无人货运与无人出租车收费许可证，走在智能网联汽车发展的世界前沿。在联邦层面，更多是美国交通部的智能网联汽车政策指引发挥作用。如在 2013 年，NHTSA 就发布了《对自动驾驶车辆管制政策的初步意见》，确立了美国智能网联汽车政策法规建设的基本框架。2016 年至 2021 年，美国交通部每年发布智能网联汽车政策指南，持续发挥指导作用。在联邦立法层面，美国则进行一定程度的立法探索，如 2017 年 9 月 6 日美国众议院一致通过了两党法案《确保车辆演化的未来部署和研究安全法案》。

我国智能网联汽车政策法规建设，也采取了类似于美国的地方立法主导模式。2018 年 4 月，工业和信息化部、公安部、交通运输部联合印发《智能网联汽车道路测试管理规范（试行）》，首次从国家层面出台政策措施推动智能网联汽车测试工作。目前，北京市、上海市、天津市、重庆市、浙江省、江苏省以及深圳市、长沙市等地依据该政策制定了实施细则并开展测试工作。在立法层面，中央主管部门与地方政府部门也根据上位法或中央授权不断推进智能网联汽车立法工作。如工业和信息化部依法制定的部门规章《道路机动车辆生产企业及产品准入管理办法》（2018 年 11 月 27 日公布，2019 年 6 月 1 日施行）第二十四条就规定："鼓励道路机动车辆生产企业进行技术创新。因采用新技术、新工艺、新材料等原因，不能满足本办法规定的准入条件的，企业在申请道路机动车辆生产企业及产品准入时可以提出相关准入条件豁免申请。工业和信息化部应当评估其必要性、充分性，根据技术审查和评估结果，做出是否准入的决定。决定准入的企业，工业和信息化部可以设置准入有效期、实施区域等限制性措施。"这为完全自动驾驶的智能网联汽车预留了准入空间。2021 年 3 月 24 日公安部公开发布的《中华人民共和国道路交通安全法（公开征求意见稿）》也增加了智能网联汽车条款，启动了全国人大层面的智能网联汽车立法进程，如该公开征求意见稿第 155 条规定："具有自动驾驶功能的汽车开展道路测试应当在封闭道路、场地内测试合格，取得临时行驶车号牌，并按规定在指定的时间、区域、路线进行。经测试合格的，依照相关法律规定准予生产、进口、销售，需要上道路通行的，应当申领机动车号牌。具有自动驾驶功能且具备人工直接操作模式的汽车开展道路测试或者上道路通行时，应当实时记录行驶数据；驾驶人应当处于车辆驾驶座位上，监控车辆运行状态及周围环境，随时准备接管车辆。发生道路交通安全违法行为或者交通事故的，应当依法确定驾驶人、自动驾驶系统开发单位的责任，并依照有关法律、法规确定损害赔偿责任。构成犯罪的，依法追究刑事责任。具有自动驾驶功能但不具备人工直接操作模式的汽车上道路通行的，由国务院有关部门另行规定。"

不过，智能网联汽车立法上的突破，代表性的还是深圳市的先行立法。深圳市人大常委会基于2020年10月中共中央办公厅、国务院办公厅印发的《深圳建设中国特色社会主义先行示范区综合改革试点实施方案（2020—2025）》授权，率先开展智能网联汽车管理地方立法研究工作，并于2021年3月23日向社会公开发布了《深圳经济特区智能网联汽车管理条例（征求意见稿）》。该条例虽然目前尚未正式通过，但由于已经进入正式立法进程，预示着中国智能网联汽车立法的地方主导模式初步形成。

2.1.2 标准与规范

在系统不发生故障的情况下引起的安全风险愈发受到重视，ISO/PAS 21448 将此类问题归结为预期功能安全，并给出了详细定义。标准草案指出进行预期功能安全活动的目标是确保不存在由于影响系统特定行为的性能局限或可合理预见的人为误用所导致的不合理风险。近年来一些其他国际标准也开始尝试关注和解决 SOTIF 问题，见表 2-1。

表 2-1 SOTIF 相关国际标准

标准	标准内容与其 SOTIF 关系
ISO 26262：2018[5]	*Road vehicles — Functional safety* ISO 26262：2018 是功能安全标准的第二版，包含12个部分，ISO 21448 可看作该标准的延伸和补充
ISO 34502[6]	*Road vehicles — Engineering framework and process of scenario-based safety evaluation* ISO 34502 应用系统方法定义了所有可能元素和组合，建立了一套完整场景库，涉及 SOTIF 典型的触发条件。提出3类模型以识别一般以及系统特定干扰场景：交通干扰场景、感知干扰场景、车辆干扰场景
UL 4600[7]	*Safety for the Evaluation of Autonomous Products* UL 4600 旨在补充功能安全和 SOTIF 标准，强调兼容性；ISO 21448 是关于"该做什么"来最小化道路车辆潜在风险的规范性方法，而 UL 4600 是一种面向安全目标的方法，专注于"如何评估"全自动驾驶安全情况；为了测量 SOTIF 中的标称性能问题，如感知失效，UL 4600 提出了安全性能指标；UL 4600 通过案例验证安全，涵盖传感、感知、规划、预测、控制、人机界面（HMI）等功能以及机器学习等技术的应用，吸纳了大量 SOTIF 案例
ISO/TR 4804[8]	*Road vehicles — Safety and cybersecurity for automated driving systems — Design, verification and validation* ISO/TR 4804 将 SOTIF、功能安全、信息安全作为系统三大可靠性领域，进而推导出了自动驾驶安全的13项能力、20项要素和通用逻辑架构。确定了符合 ISO/PAS 21448 的 SOTIF 功能设计流程，并从关键挑战、V&V 方法、测试数量与质量、仿真、要素验证与确认、现场操作等方面着重说明了功能设计后的验证、确认和现场运行环节

全国汽车标准化技术委员会汽车电子与电磁兼容分标委下设的"道路车辆功能安全标准研究与制定工作组"制定了《功能安全技术和标准研究中长期规划（2016—2025）》《中国功能安全、预期功能安全技术和标准体系》，以 GB/T 34590—2017《道路车辆功能安全》、GB/T《道路车辆预期功能安全》（正在起草）为指导开展相关标准体系的研究[9]。2021年1月，全国汽车标准化技术委员会发布《预期功能安全国际标准 ISO 21448 及中国实践》白皮书，该白皮书为了促进我国汽车行业专家全面了解、正确认识、深入研究、科学应用、不断完善预期功能安全理念等，概要介绍 SOTIF 国际标准 ISO 21448 的背景、概念、方法与研制过程，介绍了中国参与国际标准制定及提案情况，阐述了"量化思想的中国提案"在国内落地的研究进展及后续研究规划。2021年7月，工业和信息化部发布了《智能网联汽车道路测试与示范应用管理规范（试行）》的征求意见稿，该草案吸收了各地已在探索的高速场景测试、示范应用等情况，表明国家有意向自动驾驶商业化积极靠拢。2021年7月30日，工业和信息化部发布的《关于加强智能网联汽车生产企业及产品准入管理的意见》明确指出，企业应加强自动驾驶功能产品安全管理，满足功能安全、预期功能安全、网络安全等过程保障要求，避免车辆在设计运行条件内发生可预见且可预防的安全事故。国内外针对智能网联汽车预期功能安全技术研究及相关专利申请尚处在起步阶段。截至2021年12月，共检索到9项国外智能网联汽车预期功能安全发明专利，112项相关的国内公开专利（附录A）。

2.2 预期功能安全测试评价相关技术研究现状

2.2.1 预期功能安全分析及风险评估

利用有效的分析评估方法可提高 SOTIF 危害识别、风险评估与触发条件分析等环节的效率，保证 SOTIF 问题研究的全面性、科学性。

1. 典型安全分析方法

根据分析逻辑不同可将安全分析方法分为演绎法和归纳法，前者采用自上而下思路，典型方法如故障树分析（Fault Tree Analysis, FTA）、系统理论过程分析（Systems-Theoretic Process Analysis, STPA）等；后者采用自下而上思路，典型方法如失效模式与影响分析（Failure Modes and Effects Analysis, FMEA）、危险与可操作性分析（Hazard and Operability Analysis, HAZOP）等。

FTA 是一种用于复杂系统可靠性和安全性分析的工具，早期被广泛用于功能安全领域，如 Purnendu 使用 FTA 结合可靠性方框图对车辆线控制动系统架构进行了高层次抽象，以作为架构设计初期的初步指导；Valerij 等同时考虑了自动驾驶功能安全和 SOTIF 问题，提出了一种基于演绎故障树的自动驾驶安全要求推导方法[10]。

FMEA 基本思想是确定系统、子系统或组件所有可能的失效模式,早期也多用于功能安全分析,如 Hillenbrand 针对车辆电气电子架构提出了一种为 FMEA 提供输入数据的方法,保证了输入和评估系统的一致性和确定性,加快了安全分析流程[11];Kirovskii 等将 FMEA 用于 SOTIF 分析,通过引入 SOTIF 关键特征(如摄像头的清晰度、亮度、分类质量等)实现了触发事件分析和 FMEA 流程的协调一致,从而提高了各种 FMEA 工具对触发事件分析过程的通用性[12]。

HAZOP 是一种结构化的、基于关键词的头脑风暴方法,其调查特定行为的显著偏差以识别潜在危险。该方法发展于化工领域,后被拓展到智能汽车等领域,Martin 等采用 HAZOP,基于摄像头和激光雷达的性能局限识别其可能导致的系统级和车辆级安全问题,进而推出 SOTIF 相关危险[13];Birte 等专门针对自动驾驶系统设计了两个不同版本的 HAZOP 方法,进而识别出了 SOTIF 相关危险,如因感知、建模、环境表征、行为决策以及轨迹规划等方面的功能不足导致的 SOTIF 问题[14]。

上述方法主要依赖于直接的因果链,缺少统一指南进行 SOTIF 危险分析,一些方法依赖于分析师头脑中的系统模型,且主要考虑组件缺陷故障。以智能汽车为代表的新技术带来了事故本质改变、新类型危险、单次事故容忍度降低、系统复杂性增加、人机交互复杂化等新的安全挑战,因此需要结合更有效、更系统的安全分析方法进行 SOTIF 研究。

MIT 的 Nancy G. Leveson 教授提出了系统理论的事故模型和过程(System-Theoretic Accident Model and Processes,STAMP)模型和 STPA[15]并应用于多个行业。在 STAMP 中,安全被视为动态控制问题而不是故障预防问题,事故原因可分为安全约束执行不力、控制动作执行不力和反馈不足或缺失等方面,而约束在系统安全中也发挥着核心作用。STPA 是基于 STAMP 模型创建的一类自上而下的分析工具(图 2-1)。Shimizu 等提出了一套评估对传感器攻击如何影响系统安全的框架,结合 STPA 安全分析与传感器攻击建模仿真,前者可用于识别传感器攻击场景,后者用于评估相应场景下的性能局限[16];Mahajan 等针对传统分析技术不能识别由系统交互导致危险的问题,将 STPA 用于车道保持辅助(Lane Keeping Assist,LKA)系统的概念开发阶段,其中驾驶人与 LKA 控制器均被当作系统控制器,同时考虑了驾驶人与控制器的交互;除了系统内潜在危险,STPA 还被用于识别系统间潜在危险交互,Pimentel 等提出了一种集成多个独立开发系统的 STPA 分析方法,针对自动驻车等三个子系统识别了各种潜在危险交互,该方法具有可扩展性,不需要枚举所有可能交互,相反,使用更小的条件表即可有效识别危险的交互和冲突,从而提高分析效率[17];Post 等研究了在系统工程框架下 SOTIF 的应用,其结合敏捷系统工程和 STPA 方法,在系统测试前识别潜在危险和未知场景,以帮助在开发过程中的功能和技术快速改进[18]。

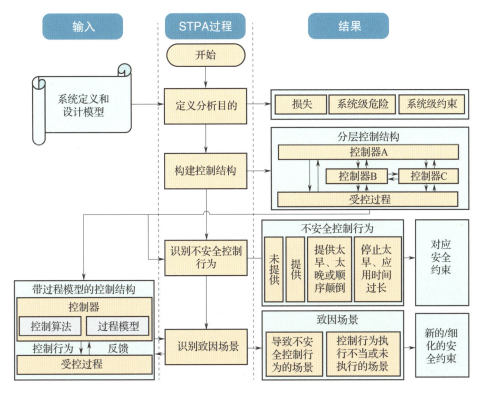

图 2-1 STPA 方法实现过程

但是，单一安全分析方法始终难以保证对 SOTIF 问题分析的全面性和深入性，需要综合多种方法优势互补，共同保证分析质量。

2. SOTIF 风险评估

上述研究主要涉及危险、功能不足与触发条件的定性识别，在进行风险评估和触发条件分析时需要结合定量分析方法和特定的 SOTIF 量化指标。ISO 26262 已开发了危险分析与风险评估（Hazard Analysis and Risk Assessment，HARA）流程和量化方法——汽车安全完整性等级（Automotive Safety Integration Level，ASIL）[19]，根据危险事件的暴露度、严重度和可控性可将 ASIL 分为 A、B、C、D 以及 QM 等级，一些研究选择直接沿用 HARA 指标进行 SOTIF 风险分级；Khatun 等提出了一个综合 FuSa 和 SOTIF 的扩展 HARA，在利用 HAZOP 进行危险分析之后，通过三类指标计算将风险对标 ASIL 各等级[20]；Schwalb 将严重度离散为三级，通过对各级区间内 SOTIF 危险暴露度和可控性乘积的加权计算风险，并提出了风险边界简化计算方法和利用动态风险建模危险的思路[21]。

然而，功能安全的 ASIL 评价体系对 SOTIF 并不完全适用。如由于场景复杂度增大和统计困难、触发条件对场景的依赖性等原因，暴露度指标可能难以量化，因此，ISO/DIS 21448 草案在其风险评估示例中仅考虑了严重度和可控性，暴露度仅作为 SOTIF 确认场景选择及可接受准则定义时的参考。虽然 Kim 等尝试利用模糊理论建立模型来量化暴露度等指标，以宽步长来减少风险评估不确定性，并针对 ISO/PAS 21448 中的 AEB 实例演示了方法有效性[22]，但对于更复杂的智能汽车系统和更开放的场景，仍有待研究更具可操作性的 SOTIF 风险评估方法。此外，对于人工智能等新技术，一些 ASIL 要求也并不适合，需要通过调整和定制以找到新的解决方案[23]。

2.2.2 预期功能安全验证与确认

在进行分析评估和功能改进后，需要通过验证确认以证明 SOTIF 得到了充分保障，如评估传感器和感知算法的环境建模能力、决策算法处理已知/未知场景和合理决策的能力、系统或功能的稳定性、人机交互避免合理可预见误操作的能力等。具体验证确认策略可通过需求分析、内外部接口分析、系统架构分析、触发事件分析、功能依赖分析等方法推导。

1. SOTIF 验证

SOTIF 验证指提供客观证据证明对规定要求的满足，主要用于评估已知危险场景，一些通用验证方法，如基于需求的测试、在 SOTIF 相关用例和考虑已识别触发条件场景上的在环测试或车辆测试等；此外，针对不同对象也有其各自要求和特有验证方法，本节将分别从传感器、感知算法、决策算法、执行器和集成系统的 SOTIF 验证进行阐述。

传感器验证主要用于演示其在预期应用中的正确使用性能、时序、准确性和鲁棒性，特有方法如在雨雪雾等天气条件下的传感器测试、传感器老化效应测试等。传感器测试的一个关键挑战是生成参考真值的成本，Berk 等开发了一种在没有真值条件下仅通过比较冗余传感器输出来获取传感器信息可靠性的测试框架，以实现从只配备标准传感器的人为驾驶车辆中学习可靠性而不需额外参考系统，为大规模测试提供机会，但该框架也面临在缺少参考真值情况下检查所选统计模型合理性和正确性的挑战[24]。在传感器测试结果的基础上，可建立传感器模型用于其他模块的验证[25]，其中如现象学模型考虑了环境影响、传感器特性和待检测对象类型等现象，比简单的理想传感器模型可靠性高，比实际物理传感器模型计算成本低，Ponn 等基于已开发四类传感器（摄像头、超声波雷达、毫米波雷达和激光雷达）的现象学模型对自动驾驶传感器覆盖范围进行了系统分析，实现了成本和准确性的权衡[26]。

感知算法验证主要测试算法基于给定输入数据的检测能力。Abbas 等使用游戏引擎作为世界模拟器并嵌入感知算法进行测试，模拟器能够提供相对真实的图像，并能改变天气，通过在感知算法测试装置中引入模拟退火方法可对导致危险的天气条件进行自适应搜索[27]。Gladisch 等针对视觉感知算法，采用"域模型 + 组合测试"的方法生成测试集，在合理降低测试规模的同时为重要环境特征及其交互提供了覆盖度保证[28]。由于感知算法类型和应用领域的多样化，存在评价标准不一、现有通用评价指标不足以充分评估智能汽车安全性等挑战，如交并比（IoU）等指标对距离、速度和运动方向等重要物理线索不敏感，因此需要建立适用于智能汽车任务的安全性指标[29]；Schilling 等针对深度预测评估方法无法证明对潜在危险的世界适用性的问题，基于商业可获得的密集光场深度数据建立了一个带有公共排行榜的新基准，并提出了自动驾驶专用指标，如对关键障碍物的误检和漏检等[30]。此外，大多数真实数据都不会对感知算法造成关键挑战，因此生成和筛选更可能导致感知功能不足的输入数据是聚焦危险场景的重要途径，对抗样本生成是一种典型方法，其可利用梯度生成扰动样本，从而对神经网络进行攻击；然而传统攻击方法生成的扰动覆盖包含固定背景的整个驾驶场景，不能完全反映真实世界变化，Kong 等提出了 PhysGAN，以连续方式为误导自动驾驶系统生成适应现实物理世界的对抗样本，其生成单个对抗性示例以在驾驶过程中的每一帧不断误导转向模型，并通过广泛的仿真和实车测试验证了 PhysGAN 的有效性和稳健性[31]。不过现有研究尚不足以解决感知安全验证的关键问题，急需开发新的测试方法满足测试指标、测试场景和参考数据等方面的要求。

决策算法验证主要指对算法在需要时做出反应及避免不必要动作能力的评估，除上述通用验证方法外，还包括如鲁棒性验证、危险触发条件注入、驾驶策略合规性验证等。一些研究采用组合测试方法推导决策测试用例，Ponn 等定义了一种经济可行的安全认证方案，采用 N-wise 方法选择场景参数，其中所有可能的参数组合均被考虑，不过用例相对简单，即参数粗略离散化的 LKA 系统[32]。考虑决策功能不足场景相对正常场景的罕见性及相对不同决策算法的差异性，Zhao 等提出了一种基于流的多模态安全关键场景自动生成器来评估决策算法，通过设计一种基于黑箱梯度估计的自适应采样方法提高了多模态密度估计的采样效率，最终采用高效查询任务算法和模拟器生成了安全关键场景，并利用生成场景评估了六种强化学习决策算法的鲁棒性[33]。Zhang 等提出了一种为决策生成社会可接受扰动的方法，其将挑战车辆添加到环境中并进行深度强化学习训练，设置奖励函数鼓励挑战车辆以一种社会可接受的行为让自动驾驶发生碰撞且承担事故责任，从而产生所需扰动，本质上是为挑战车辆寻求一种对抗策略，实验证明相比自然环境，车辆在受干扰环境中碰撞事故明显增加[34]。

执行器验证主要是对执行器预期用途以及驾驶人合理可预见误操作的评估，特有方法如寒冷、潮湿等环境条件下的测试、不同预载条件下的测试、执行器老化效应验证等。此外，李波等通过分析车辆运动功能特点，识别了危险发生典型场景并组织了大量实车评估测试，定义了表征中国驾驶人对车辆运动控制能力的客观度量指标，或可用于执行器预期功能最小边界要求的参考[35]。

集成系统验证主要指对集成到车辆中系统的鲁棒性、可控性以及系统功能模块间交互正确性的评估，特有方法如随机输入测试、可控性测试等。

2. SOTIF 确认

SOTIF 确认指通过制定适当的确认目标和采用特定的确认方法，评估在已知和未知危险场景下残余风险是否可接受。具体而言，对已知危险场景应结合 SOTIF 验证结果说明危险行为发生概率符合确认目标并且车队中没有子集暴露在不合理风险下；对未知危险场景应通过充分探索和评估以证明在实际运行中遇到此类场景的风险满足确认目标。

SOTIF 确认目标用于量化满足接受准则的条件，其中接受准则表示没有不合理的风险水平，具体可考虑事故统计数据、人类驾驶人表现等方面，如基于人类事故率及安全系数，假设事故发生遵循泊松分布，可以以安全置信度的形式指定相应确认目标。Junietz 等分析了其他领域的风险接受原则，如最低合理可行（ALARP）、最小内因死亡率（MEM）、总体上至少一样好（GAMAB），结合当前交通情况计算了可接受风险准则，他们重点研究了高速公路上高级自动驾驶汽车的宏观安全要求，如每千米事故发生率，并得出结论：可接受风险随涉及关注群体和智能汽车市场份额变化、未来人为驾驶安全性提高可能提出更高要求、多个其他因素影响导致难以保证给定风险水平也被客户所接受等；之后，Amersbach 等基于将该研究进一步拓展到了城市场景宏观安全要求分析[36]。李波等提出了 SOTIF 双层接受准则：第一层用于确定自车驾驶行为引发危险事件可能性的接受准则，主要通过可控性和信心度等安全评价指标判断；第二层用于确定总体安全风险的合理可接受阈值，即总体确认目标[35]。

在进行残余风险评估时，存在多种可能的确认方法：首先，开放道路测试能反映智能汽车在环境中最真实的表现，并且利于突破经验知识、模型以及封闭场地限制，发现罕见的未知危险场景，但问题在于测试成本难以接受：美国的一项统计学研究分析了自动驾驶充分确认可靠性后上路所需的最少测试里程：部分确认至少需要 160 万 km，完全确认则至少需要 110 亿 km，如果按照 100 辆车以 40km/h 的速度全天候运行，分别需要 1 个月和 500 年的时间[37]；而德国的一项研究显示至少需要约 66 亿 km 的测试里程才能有足够信心表明自动驾驶在特定因素上优于人类[38]；考虑到实车测试的时间、资金和人力成本以及系统软硬件每次更新升级后的重测试需求，单纯依靠开放道路测试进行 SOTIF 确认并不现实。另外，噪声注入测试、系统架构分析、对比现有系统等方法或可提供一些辅助或过程优化，但难以作为

SOTIF 确认的核心方法。

近年来，基于场景的测试方法在学术界和产业界得到了广泛的研究和实践，一方面，该方法可利用仿真环境、在环平台和试验场等不同途径合理分配测试资源和节约测试成本，并结合测试场景覆盖度评估、重要性采样、危险行为识别等技术进一步减少测试量；另一方面，该方法以场景为核心，既可用于在选定已识别触发条件场景下的 SOTIF 验证，也可通过提取真实交通场景参数分布以及随机或针对性测试等进行 SOTIF 确认，有利于两阶段活动的衔接和迭代。因此，基于场景的测试有希望成为 SOTIF 验证确认的关键方法。

3. 基于场景的验证确认

在介绍本方法之前，需要明确其核心概念：场景。2015 年，Ulbrich 等针对 Scene、Situation 和 Scenario 三个关键术语进行了总结、定义和实例化，其中 scene 指环境快照；Situation 包含行为的所有相关条件、选项和决定因素；Scenario 即本书所述"场景"，是 scene 元素的时间序列，可以指定动作、事件以及目标和值来表征这种时序发展[39]。该研究定义也得到了 ISO 21448 标准以及诸多相关研究的沿用和推广，如 Menzel 等从自动驾驶开发、测试和确认角度出发，按场景信息的抽象程度将其从高到低划分为三级：以文字术语描述为主的功能场景、定义参数范围或分布的逻辑场景以及定义精确参数值的具体场景[40]，三类场景之间相互关联与结合，共同构建高覆盖度的自动驾驶场景库；Neurohr 等在功能场景和逻辑场景间引入了抽象场景，指对交通场景的一种形式化、声明性的描述，关注复杂关系，尤其是因果关系[41]。在构建场景时，需要确定其基本构成和关键参数，Bagschik 等定义了一个五层场景模型，包含道路结构层（L1）、交通基础设施层（L2）、L1 和 L2 的临时事件层（L3）、交通参与物层（L4）、环境层（L5）[42]；Sauerbier 等进一步提出了数字信息层（L6）以形成六层场景模型[43]；此外，为统一场景描述以便于自动化集成，一些研究开发了标准格式，如针对静态元素的 OpenDRIVE 和针对动态元素的 OpenSCENARIO。对于整个测试过程，一些研究将其分为测试规划阶段、测试设计和实施阶段、测试配置阶段、测试执行阶段、测试评估和报告阶段，并用统一建模语言（UML）图表示了各阶段的关键术语与逻辑关系；而 Riedmaier 等则以"场景"为线索将其划分为场景源、场景生成/提取、场景库、具体场景选择、场景执行、自动驾驶评估等过程。

下面将按照如图 2-2 所示基本流程，分别从场景生成/提取、场景库建立、场景选择、测试执行、评价指标等方面总结与 SOTIF 验证确认相关的研究工作，并进一步阐述基于场景的测试在保证对已知、未知危险场景充分覆盖方面的挑战和研究。

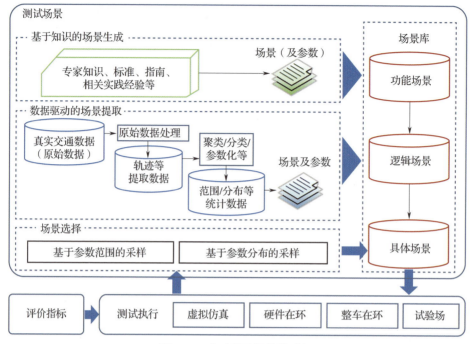

图 2-2 自动驾驶评估等过程

根据信息来源不同,可将场景生成/提取分为基于知识的场景生成和数据驱动的场景提取。前者指结合专家知识、标准、指南以及实践经验等生成场景:本体是一种广泛用于存储和结构化专家知识的方法,不少研究专注于基于本体的场景生成,如 Bagschik 等结合其五层模型提出了一种基于本体的场景创建方法,能够利用形式化知识自动生成场景[42];此外,安全分析评估方法的结果可作为 SOTIF 测试场景生成的重要输入,如 Khatun 等基于场景的安全分析可用于识别已知危险场景,同时通过变化特定用例或场景参数可搜索未知危险场景[20];考虑到分析所得场景数量过多的问题,他们在随后的研究中提出了一个完整的高级自动驾驶功能场景目录生成和场景缩减方法,通过在开发早期阶段应用简单的随机过程来集中和/或分组场景,处理了大量考虑功能安全、SOTIF、信息安全需求的场景以实现场景缩减[44];Huang 等通过组合其识别出的 SOTIF 触发条件和危险事件生成了相应测试场景,并进行了实际测试和结果分析[45]。

数据驱动方法指从特定数据源中提取场景。典型数据源包括自然驾驶数据集和事故数据库等,前者记录了来自真实世界的驾驶数据,许多机构和公司建立了非公开数据集,近年来也出现了越来越多的公开数据集,按照数据采集方式可分为车载平台采集、路侧采集和无人机采集等,按照采集场景可分为高速公路、十字路口、环岛等,此类数据集可以用于提取真实交通场景的参数分布,但由于"长尾"问题，其对于 SOTIF 关键场景的覆盖度较低；一些研究针对智能汽车可能面临的功能不足场景进行了数据采集工作，如福特的多车季节性数据集[46]、滑铁卢大学的加拿大不良驾驶条件（冬季）数据集[47]、赫瑞-瓦特大学在恶劣天气条件下采集的雷达数据集[48]等，这些数据集可用于提取特定触发条件对应的 SOTIF 场景；此外，一些研究采用事故数据库进行危险场景分析，如德国 GIDAS 数据库、NHTSA 预碰撞场景库、中国 CIDAS 数据库等，不过此类数据库一般记录信息有限，且主要是人为驾驶事故，智能汽车由于驾驶主体转变会导致 SOTIF 事故场景分布发生较大改变，因此上述事故数据库仅作为场景提取时的参考输入。数据驱动的场景提取需要结合场景聚类、分类和参数化等关键技术。场景聚类指利用无监督聚类方法从数据中提取相似情况并分组，一些研究将其用于提取代表性场景以减少测试量，如 Wang 等采用非参数贝叶斯学习方法，在没有先验知识的情况下直接从自动驾驶时序数据中提取了场景原语，并对原语进行聚类从而生成了原语模板[49]；分类方法指将采集数据分配到预先设定好的场景类别中，如 Beglerovic 等提出了一种从高速公路和乡村道路真实驾驶数据中进行场景分类的方法，其采用卷积神经网络（CNN）和递归神经网络（RNN），基于 10 个不同传感器通道数据将场景分配到了 13 个逻辑场景类别[50]；场景参数化是从功能场景到逻辑场景的重要途径，对于场景选择和测试等具有关键意义，其主要分为两步：定义参数和确定范围/分布，如 Hartjen 等利用贝塞尔样条曲线对物体轨迹进行了参数化，并从数据中学习了参数分布[51]，Gelder 等则直接采用核密度估计拟合了现实场景的参数分布[52]。

上述基于知识和数据驱动的方法各有优势，在实践中常采取两者结合的方式。场景生成/提取后可构建相应测试场景库，如密歇根大学的一个开源场景库提供了 6 类场景和 7 类行为[53]；LevelxData 提供一个 ConScenD 样例场景库，包含了来自 highD 数据的 348 个具体场景[54]；清华大学苏州汽车研究院建立了一个自动驾驶场景库：镜⊖，包含来自城市道路、高速公路、停车场等的场景；中汽院智能网联科技有限公司基于百万 km 驾驶数据和交通事故深度调查数据建立了"i-VISTA 中国典型驾驶场景库"。但总体而言，现有场景库的规模均比较有限，且缺少专门针对 SOTIF 问题的开放场景库，因此仍有待进一步开展该领域研究。

从场景库中选择特定场景进行测试是决定测试场景代表性、覆盖度及测试成本的重要一步，考虑到场景参数的复杂性和连续性，可利用采样等方法进行场景选择，按照场景参数先验信息的不同可分为基于参数范围的采样和基于参数分布的采样。前者的典型方法如组合测试、交互式实验设计、随机化技术等；Majzik 等使用图形生成技术派生新的具有挑战性的测试用例以增加测试覆盖度[55]；Zhou 等则重点研究了如何在减少测试复杂度的同时保证覆盖度[56]。基于参数分布的采样方法

⊖ https://www.scenarios.cn/html/index.html

如蒙特卡洛采样等，其研究重点关注如何通过合理采样以减少总体测试量，如利用极值理论、重要性理论、马尔科夫链蒙特卡洛、分段混合模型等方法进行加速评估，Zhao 等基于 210 万 km 的自然驾驶数据建模了人类驾驶的随机运动，然后对统计数据进行修改以产生更强烈的车辆交互，通过应用重要性采样理论，他们在加速实验中准确且无偏地评估了自动驾驶安全效益，并证明了与非加速评估相比测试时间加快了 300～100000 倍[57]。此外，一些研究采用基于证伪的场景选择，如通过考虑事故数据、场景临界性、复杂性等特征进行关键场景定义与筛选，或利用仿真进行适应性压力测试、替代建模和随机优化以及自适应搜索等，Koren 等采用适应性压力测试来寻找最可能的关键场景，针对车辆驶近人行横道上行人的场景，使用蒙特卡洛树搜索和深度强化学习生成行人轨迹和传感器噪声，可用于模拟行人特殊轨迹或感知功能不足等潜在 SOTIF 危险场景[58]。在 SOTIF 验证确认中，通过考虑模块间独立性和对系统安全作用进行功能分解可进一步减少必要的测试场景数量，此时如果子模块发生修改则只需对相应场景重测试即可保证安全性，有利于克服测试过程中参数空间爆炸的问题[58]。

基于场景的测试形式主要包括虚拟仿真、硬件在环、整车在环和试验场测试等。虚拟仿真凭借测试成本低、可扩展性高、方便快捷等优势得到了广泛应用，目前市场上有许多仿真软件，如 Prescan、CARLA、SUMO、VTD、CarSim 等，不过多数主要用于对给定感知输入下决策、控制算法的验证，其对传感器的准确建模尚不完善，尤其是难以反应在雨雪雾等触发条件下的感知功能不足。一些研究尝试提高仿真测试的准确性和可用性，如 Notz 等为减少传感器显式建模误差影响，提高仿真可再现性和场景真实性，将来自基础设施传感器的数据用于仿真模型[59]；ESI 的 Pro-SiVIC 为摄像头、毫米波雷达、激光雷达、GPS 等多种传感器提供了虚拟集成方法，能够建模晴天、阴天、雨天、夜间等多种环境条件下的传感器数据⊖。硬件在环测试通过将部分硬件接入测试环境可提高相应功能的真实性，如摄像头在环可用于对已知或未知的感知 SOTIF 触发条件测试。整车在环测试指结合真实车辆和虚拟环境的测试，可用于评估软硬件功能不足等在整车层面造成的影响和危险，同时可用于驾驶人合理可预见误操作的测试。试验场测试进一步引入了真实环境，可设置更贴合实际的雨雪雾、特殊道路条件等环境条件，提高测试准确性，但也会造成测试灵活性的降低和时间、经济、安全风险等方面成本的增加。总之，SOTIF 验证确认需结合实际情况合理分配不同形式的测试任务，在能够满足测试要求的前提下优先使用成本更低的仿真、在环等测试方案。

评价指标的制定是判断系统或组件满足指定规范或残余风险足够低的关键，传

⊖ https://cn.esi-group.com/software-solutions/virtual-environment/virtual-systems-controls/esi-pro-sivictm-3d-simulations-environments-and-sensors

统汽车安全性评价指标可按照主观/客观、微观/宏观、短期/长期等标准进行划分，Wishart 等对自动驾驶安全性能测试领域常用指标进行了全面总结，如近端替代指标、驾驶行为和违反规则等，并编制了一套建议指标体系[60]；选用合适的指标有助于提高测试效率，如 ISO/DIS 21448 草案中提出在选用 SOTIF 确认评价指标时通过适当考虑危险行为发生率可加速测试；除上述以整车表现为评价对象的指标外，考虑感知、预测、决策、控制等面临的 SOTIF 问题和表现存在差异性，可适当引入功能级评价指标以减少测试总量[61]。此外，一些研究针对 SOTIF 问题专门设计了新的评价指标，如李波等从整车侧向、纵向、垂向 3 个维度建立了危险的可控性安全度量指标[35]。

为保证基于场景测试的有效性，将面临两个主要挑战：提供已知空间被系统覆盖的保证和最小化未知的未知空间；此外，一些研究者将测试工作指向三个任务：

1）以场景测试可用的信息形式全面定义系统运行域和行为。
2）开发测试用例覆盖运行域内所有可能行为，并最小化未知场景数量。
3）将所有开发和测试活动编译为一个安全案例为系统安全提供论证。

为克服上述挑战，Hejase 等将基于模型的验证方法用于基于场景的测试框架，该方法结合了自动驾驶系统的功能层级分解和回溯过程算法，允许识别导致违反安全目标的场景，如行人被遮挡等[62]。如果将未知场景来源细分为尚未确定的风险、分析/测试中未考虑或揭示的事件组合场景、由于建模缺陷而未识别的场景，上述方法只能处理前两类未知场景，Hejase 在此基础上提出了新的确认和测试方法以增加对第三类未知场景的处理，该方法利用不同保真度的模拟器处理残余风险、利用功能层级分解简化复杂导航任务、利用回溯过程算法识别关键风险场景，并在有信号十字路口场景进行了演示[63]。

基于已知和未知危险场景的评估结果，需要综合判断 SOTIF 残余风险是否合理，Schwalb 等提出了一个概率框架，使用来自远程信息技术和仿真数据逐步量化残余风险。此外，经过上述安全分析、设计改进以及验证确认等活动可形成完整的安全文档，进而可利用目标结构表示法、结构化论证用例元模型法等进行安全论证，如 MISRA 提出了一个状态机用于探索预期功能可能导致危险的条件，并断言相应安全声明，在此基础上结合目标结构表示法构建了一个顶层的 SOTIF 论证架构[64]。

2.2.3 预期功能安全测试评价

近年来，国内外广泛开展了智能网联汽车的测试评价实践，并逐渐提高对 SOTIF 问题的重视程度。德国联邦经济事务部和能源部曾发起合作项目 PEGASUS⊖，以高速公路驾驶人系统为例研究了 L3＋高级自动驾驶系统的验证确认方案，项目开发

⊖ https://www.pegasusprojekt.de/en/about-PEGASUS

了一个包含 21 步的测试评价流程，涉及需求定义、数据处理、数据库、系统评估和论证等几大环节，并将 SOTIF 标准纳入了基于知识推导测试场景的考量范畴。该项目是对基于场景的安全评估方法的典型实践，并提出了一系列方法论与相关数据集。此外，ENABLE-S3①在欧盟倡议下产生，旨在确认高度自动化的安全和可靠系统，其在项目期间开发推广了相应测试框架、技术、平台、环境、标准和生态系统，也发表了一系列的成果报告、原型机、出版物等。

由日本汽车制造商协会有限公司和日本汽车研究所等合作开展的 SAKURA 项目②旨在开发一套自动车辆系统安全保证的工程流程及相关技术，该项目针对高速公路场景，根据可预见/不可预见、可预防/不可预防将场景分为四类；此外，项目基于联合国、欧盟和日本政府发布的自动驾驶安全指南总结了整体安全要求，自动驾驶汽车在运行设计域内不能引起任何导致伤亡的合理可预见可预防的交通事故，并提出了一个基于安全要求的 SOTIF 架构开发流程。基于上述四类场景和安全要求，SAKURA 建立了一套测试场景派生流程：首先根据干扰形式识别三类关键功能场景，即交通干扰、感知干扰和车辆干扰场景[66]，对应 SOTIF 典型触发场景；然后基于车载平台和路侧设施采集的真实交通数据提取目标场景与参数分布，进而可结合风险接受度等定义合理可预见的场景参数范围[67]，根据实际情况可结合参数相关性识别以补偿对安全范围的偏差[68]；继而通过参数采样或搜索方法提取具体场景；采用上述流程，SAKURA 开发了一个场景数据库用于场景建模、生成和评估。此外，通过试验和自然驾驶数据研究可构建经验驾驶人模型，针对上述可预见场景，通过仿真测试可确定技术上可行的可预防水平。为了促进项目成果的国际化和标准化，项目专家小组领导撰写了 ISO 34502。我国智能网联汽车产业创新联盟智能网联汽车预期功能安全工作组联合国内高校、政府研究机构、相关企业等对预期功能安全场景库与算法级、部件级、整车级 SOTIF 测试评价进行了探索与研究，具体内容详见第 3 至第 5 章。

---

① https://cordis.europa.eu/project/id/692455

② https://www.sakura-prj.go.jp/

第 3 章
中国特色预期功能安全场景库研究

场景是预期功能安全的重要载体，建设预期功能安全场景库是加速智能驾驶产品与服务落地速度的重要途径。基于场景的测试技术，为智能网联汽车预期功能安全的测试评价提供有效手段。智能网联汽车的运行场景可以分为已知安全场景、已知危险场景、未知危险场景和未知安全场景四个区域。其中，对于已知危险区域，能够通过对存在预期功能安全问题关键场景进行评估、分析，并对导致相应预期功能安全问题的功能、算法和系统进行改进和优化，从而使得危险分界线左移，通过基于关键场景的测评和验证确认已知危险区域减少，相应残余风险降到可接受程度。对于未知危险区域，可以通过对关键场景进行泛化、随机抽样等进行扩展，从现有场景中诱导出相应预期功能安全问题，发现功能、算法和系统的不足，从而将未知危险场景转化为已知危险场景，并进一步将相应预期功能安全问题控制到合理可接受的水平。本章将从预期功能安全场景架构、预期功能安全场景库建设思路以及预期功能安全场景库建设现状三个方面进行介绍。

3.1 预期功能安全场景架构

3.1.1 预期功能安全场景总体架构设计

预期功能安全关注于因自动驾驶车辆功能不足、性能局限或者由可合理预见的人员误用所导致的危害和风险，通常基于假设场景来分析预期功能安全问题。因此以结构化、规范化的形式构建、描述预期功能安全场景，是预期功能安全研究的基础。

预期功能安全场景库是以预期功能安全研究为导向的场景集合。每个场景按照规范以结构化的语言对存在或诱导出预期功能安全问题的场景进行数据记录。场景描述规范包含静态和动态描述规范。其中，静态部分要求完整、全面呈现场景中实体及其关键参数，动态部分要求能够具体、清晰呈现场景中实体随着时间的状态变化。动态规范基于静态要素，将状态变化分为轨迹和动作多个类型，并设置关键参数进行记录[69]。预期功能安全相关场景总体架构如图 3-1 所示。

静态场景要素			动态场景要素	
7层架构			轨迹信息	动作信息
Layer 1：道路结构	1-1：道路拓扑结构 1-3：道路附属物	1-2：道路路面状态		
Layer 2：交通基础设施	2-1：交通信号灯 2-3：交通标线	2-2：交通标志		
Layer 3：道路和设施临时改变	3-1：道路条件变化 3-3：气象条件变化 3-5：光照条件变化	3-2：车道变化 3-4：车道占据		√
Layer 4：交通参与者	4-1：车辆信息 4-3：动物信息	4-2：人物信息 4-4：物体信息	√	√
Layer 5：气候环境	5-1：气象信息 5-3：建筑物信息	5-2：光照信息 5-4：电磁干扰		
Layer 6：通信状态	6-1：路侧单元 6-3：定位单元	6-2：边缘计算单元 6-4：信号衰减区域		√
Layer 7：自车状态	7-1：车辆硬件设备状态 7-2：运动状态 7-3：驾驶人和乘员状态		√	√

图 3-1　预期功能安全相关场景总体架构

3.1.2　预期功能安全静态场景七层架构

静态场景要素按照七层架构依次记录道路结构、交通基础设施、道路和设施临时改变、交通参与者、气候环境、通信状态以及自车状态。静态场景要素七层架构根据场景生成逻辑关系从底层基础到高层细节依次构建，道路结构层提供所有场景要素的承载基础；交通基础设施建立在道路结构之上；进一步地，道路和设施临时改变描述在道路结构和交通基础设施层的暂态调整；交通参与者作为中间层连接起静态和动态场景要素；气候环境和通信状态是对场景所处环境要素的刻画，对前述层次和车辆实体功能施加影响；自车状态则在前六层构建的外部场景基础上，进一步向内描述车内信息，静态场景要素七层架构每层信息详见附录 B。每一层包含一定明确的场景要素，架构、层次与要素形成了父子继承的逻辑关系；同时，场景要素和附属参数构成了功能场景、逻辑场景、具体场景的抽象、具象的过程。预期功能安全静态场景示意图如图 3-2 所示。

1. 道路结构

第一层为道路结构，该层参考 JTG D20—2017《公路路线设计规范》[70]、JTG B01—2014《公路工程技术标准》[71]和 CJJ 37—2012《城市道路工程设计规范》[72]等规范，对道路拓扑结构、道路路面状态以及道路附属物进行描述。

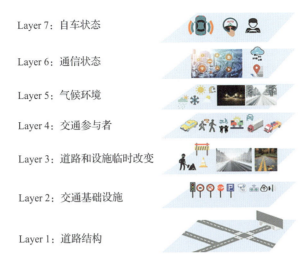

Layer 7：自车状态
Layer 6：通信状态
Layer 5：气候环境
Layer 4：交通参与者
Layer 3：道路和设施临时改变
Layer 2：交通基础设施
Layer 1：道路结构

图3-2 预期功能安全静态场景示意图

道路拓扑结构将实际的道路拓扑结构映射为主路、次路、辅路和转向专用道等基本道路结构类型，对交叉口、环岛等复杂道路拓扑结构，通过"主路+次路"的方式进行记录，以避免按照对道路结构直接分类的冗余描述。对每类道路记录下其车道数量、车道宽度、车道方向、道路曲率、坡度等信息，实现对道路拓扑结构的描述。

将道路路面状态分为路面材质、路面覆盖物、路面损坏和路面反光灯角度。路面的材质是对其物理材质的描述；路面覆盖物是对路面是否有结冰、积雪、积水、湿滑、油水等情况的描述；路面损坏是对路面是否有坑洼、开裂、断层、沉陷、颠簸等影响行车情况的描述，如果有这些情况将更进一步地说明路面损坏的类型，包括类别（如凹陷、小坑、裂缝、突起等）、形状（如方形、圆形等）、位置以及尺寸等信息；路面反光是对路面是否存在反光情况的描述。

除了道路最基本的拓扑结构以及路面的描述，有时还会根据场景描述的需求更进一步地对一些道路附属物进行描述。常见的道路附属物包括中央分隔带、侧分带、路肩、减速带、横跨桥梁、隧道、路灯等附属物。

2. 交通基础设施

该层是设置在道路结构基础上，用于指挥、引导交通流运行的设施。在本场景库中将这些交通设施分为交通信号灯、交通标志和交通标线等三大类。

交通信号灯分为机动车和行人信号灯，用于分配相冲突方向的交通流的通行权，需要描述信号灯的所在位置、高度、物理结构类型、灯光显示状态、是否出现模糊或遮挡等影响识别的现象等信息；除此之外，交通信号灯还包含车道方向指示灯、闪光警告灯。

交通标志用于对道路信息的指示，其类型一般包括：警告标志、限速标志、禁止标志、指示标志、指路标志等标志，朝向等信息。

交通标线分为车道线、人行横道线、导流线等类型，在场景库填写的时候需要指明交通标线的类型、颜色、位置、尺寸及其标线质量，进而来准确完整地描述交通标线信息。

3. 道路和设施临时改变

该层是指特定场景中的局部时间或空间片段产生非持续性的临时变化。该层将道路临时事件分为道路条件变化、车道变化、车道占据、气象和光照条件变化等。对于每一类临时事件明确其发生的车道位置、起始点和结束点等信息。根据第一层的描述，道路条件的变化可以分为道路曲率、坡度、覆盖物等的变化；车道变化分为车道的宽度、数量、中心线等的变化。除了这些和第一层道路结构紧密相关的临时改变，还包含了气象条件的变化。

4. 交通参与者

交通参与者是连接场景静态部分和动态部分的重要实体，是动态部分的基本元素。交通参与者可以从车辆、人物、动物和其他物体等分类角度描述。

车辆信息包含单个车辆信息和车流信息等，对于单个车辆通过描述其车辆类型、是否自车、是否算法控制等属性信息，长、宽、高、颜色等物理信息，横向、纵向以及朝向角度等位置信息，车身标识、车牌等指示信息对其进行刻画；车流信息则用于描述交通场景中的交通流的状况：单车、少量车流、密集或者拥堵，通过明确背景车流的所处车道，起始和结束的位置以及交通流状况对其进行刻画。

人物信息包括行人个体信息、人群信息和交警信息等，对于单个行人通过描述其横向、纵向等位置信息，衣着、携带物等外观信息，姿态等运动状态等进行刻画；交警将会指挥交通流的运行，影响交通流的运行，因此单独对其描述，通过交警所在的位置、指挥交通的手势动作等信息描述交警等信息对其进行刻画；人群则可以通过人群位置、人群数量、人群密度等信息进行描述。

动物信息包括动物的位置、类型、颜色、运动状态等信息。其他物体信息包括物体的位置、类别、大小、颜色、运动状态等信息。

5. 气候环境

气候环境为各交通参与物在当前时间片段内所处外界环境的气象、光照、电磁干扰和建筑物影响等情况的综合。其中，气象信息包括天气状况、温度、湿度、风速、风向、能见度等状况。光照信息包括光源位置、光源类型、光照强弱、光照方向以及是否有反射光等情况。从电磁干扰的来源、传播途径和影响到的车辆设备等角度描述电磁干扰现象。建筑物在光照条件下对路面产生的影响会对感知系统的工作带来影响，通过对建筑物的类型，以及建筑物的地理位置等属性信息进行刻画。

6. 通信状态

该层是对行驶环境中现代化信息设备的描述，包括对路侧单元、边缘计算单元、定位以及这些信息设备的信号衰减区域的描述。路侧单元的描述信息包括路侧单元的位置、通信类型、传感器类型、工作参数、是否损坏等；边缘计算单元的描述信息包括边缘计算单元的位置、通信类型、所计算的信息、工作参数、是否损坏等；定位单元的描述信息包括定位单元的位置、通信类型、设备类型、工作参数、是否损坏等；信号衰减区域的描述信息包括信号衰减所处的位置、衰减的情况等信息。

7. 自车状态

自车状态是指车辆硬件设备以及驾驶人和乘员状态的描述。自车的硬件设备分为传统车辆硬件设备和智能网联汽车硬件设备两大类，传统车辆硬件设备包括车门、刮水器、灯光、喇叭等设备，需要描述这些设备的开启或关闭等状态；智能网联汽车硬件设备包括感知、定位、通信和车载计算等设备，通过对这些设备的类型、安装的位置、工作状态等信息的描述刻画相应的设备。同时描述自车内的驾驶人和乘员的状态，描述驾驶人的驾驶状态（如驾驶人的疲劳情况、注意力情况、位姿情况等）、驾驶人的驾驶风格（如安全带使用情况）等信息；乘员状态包括乘员的数量、乘员是否使用安全带以及是否有侵犯驾驶的行为等信息。

3.1.3 预期功能安全动态场景架构

预期功能安全场景是通过结构化的语言来完整地描述和预期功能安全紧密相关的交通场景，对于一个交通场景，在描述了其静态场景的七层架构后，需要在对静态场景描述的基础之上，描述场景中交通参与者随时间的动态变化情况。对动态场景的描述可以从轨迹信息和动作信息这两个角度进行。

1. 轨迹信息

轨迹是由一系列的关键点按照一定时间规律在平面上顺次链接构成。根据研究经验，常见的轨迹类型可以分为基本轨迹、转向轨迹和车辆失控轨迹三大类。

1）基本轨迹类型包含直行、变道、超车等类型。这些基本轨迹类型通过排列组合等方式可以组成其他多种复杂的轨迹类型。

2）转向轨迹类型包含路口转弯、岔口分流、支路汇入和调头轨迹等类型。这些轨迹类型中，车辆的行驶方向将会发生变化。

3）车辆失控轨迹，通常分为漂移碰撞和 S 型失控等种类。该类轨迹通常描述车辆在遭受到外界干扰后或由于自身原因导致了失控后的轨迹信息。

当确定了轨迹类型后，为了完善地描述轨迹信息，通常在使用中可以设置轨迹描述的时间粒度以秒为基本单元，常见的轨迹点包括：轨迹点的横纵坐标，交通参与者在该点的速度、加速度等速度信息，朝向角和持续时间等关键信息。对于每一条轨迹应该包含轨迹起点、轨迹的触发机制以及轨迹起始和结束所在的道路编号等信息。

同时，考虑到一个场景可能往往由多条轨迹构成，为了描述轨迹的生成机制，引入轨迹的触发机制。轨迹的触发机制是对轨迹生成机制的描述，分为直接连接、自然过渡、时间触发、地点触发、车距触发、速度触发、加速度触发等7种触发方式。其中，直接连接、自然过渡和时间触发是最常见的触发方式。直接连接表示轨迹点之间直接顺次连接；自然过渡表示从一个轨迹点自然平滑地过渡到另一个轨迹点；时间触发表示当时间满足触发条件后，产生相应轨迹点。地点触发是指当地点满足触发条件后，生成相应的轨迹；车距触发是指当和其他交通参与者的车距满足触发条件后，生成相应的轨迹；速度触发表示当速度满足触发条件后，生成相应轨迹点；加速度触发是指当加速度满足触发条件后，生成相应的轨迹点。对于每种触发机制，除了直接连接和自然过渡，通常会使用触发机制的对应物理量进行描述。例如，对于地点触发，一般可以通过坐标参数进行描述，时间触发可以通过触发的时间参数进行描述。

2. 动作信息

动作信息通常用于描述交通实体的动作信息。通常需要描述对车辆部件的操作信息、交通参与者的动作以及交通信号灯的切换等信息。

对车辆部件的操作，主要包含对车门状态的描述：是打开还是关闭车门。对车灯状态的描述：车灯是打开、关闭还是保持；车灯被控状态：被控制、未被控制、未知；车灯工作状态：故障、正常、未知。同时还有对喇叭、刮水器以及一些智能设备，如照相机、雷达、红外线、超声波、定位设备、计算平台等的操作。对于这些设备的操作的描述和对车灯或车门的操作描述类似。

行人动作可以分为行人的手势动作、头部动作、蹲起动作以及非常规动作。交通信号灯切换描述交通信号灯的控制状态的改变，交通信号灯切换信息应包含信号灯的类型：红灯、黄灯、绿灯及其对应的双闪，信号灯所指示的方向：直行、左转、右转、直行左转、直行右转、调头，对信号灯的操作：切换、保持或者信号灯损坏等信息。

3.2 预期功能安全场景库建设思路

预期功能安全场景库由一系列预期功能安全场景按照一定的逻辑结构构成，因此本部分首先介绍预期功能安全场景建设的方法和要求；在此基础上给出场景库建设的统一定义和建设的标准流程；当场景库建设成功之后，给出基于场景标签的场景库中场景管理方法，以及场景库的用途。

3.2.1 预期功能安全场景库建设方法

预期功能安全场景库通过专家经验和推理分析等方法，研究预期功能安全场景要素，构建潜在触发 SOTIF 问题的场景；同时通过对预期功能安全共享场景库的典型场景的筛分，选取其中典型的场景来扩充 SOTIF 基础场景。对这些场景，从感知、决策、控制等角度进行场景的分类划分，形成预期功能安全场景的有效管理。对每一个 SOTIF 典型场景，使用 VTD[⊖]、PreScan[⊖]等仿真软件进行测试用例的搭建，搭建的测试用例将用于测试、评价、分析、验证等开发流程。

其中，预期功能安全场景主要来源于专家经验和分析推理。专家经验通过咨询 SOTIF 分析以及智能网联汽车安全领域的专家，对 SOTIF 场景要素进行合理选取，以构建完备的 SOTIF 场景。

3.2.2 预期功能安全场景库场景管理

在形成预期功能安全的场景构建后，通过场景一级标签、场景二级标签和场景要素架构，可以对场景进行分类、筛选、聚类、分析，形成初步的场景管理基础。

1. 场景一级标签

第一级的标签分为：感知、决策、控制、人机交互、网联等；同时总结场景要素会诱导的关键功能模块问题，关键功能模块分为：自主代客泊车（Automated Valet Parking，AVP）、高速巡航功能（High Way Pilot，HWP）、城市巡航功能（Navigate on Pilot，NOP）。

分析场景要素和各一级标签之间的关系，总结见表 3–1，其中√表示有直接影响，○表示有间接影响。

表 3–1 场景层级要素和场景一级标签之间的关系

	感知	决策	控制	人机交互	网联	AVP	HWP	NOP
道路结构	√	√	√	○			√	√
交通基础设施	√	√	√	○	√	√		√
道路和设施临时改变	√	√	√	√	○			
交通参与者	√	√	√	○		√		
气候环境	√	√	√	○	√	○		
通信状态	○				√			
自车状态	√	√	√	√	√	√	√	√

⊖ https://www.mscsoftware.com/product/virtual-test-drive

⊖ https://www.plm.automation.siemens.com/global/zh/products/simcenter/prescan.html

2. 场景二级标签

对场景七层要素的每一层进行细致划分，分析可能导致智能网联汽车关键功能系统预期功能安全问题的诱因，将其定义为二级标签。其中，一级标签描述场景的系统功能标签，二级标签从层级要素角度对可能触发预期功能安全问题的诱因进行细分，场景一级和二级标签之间的关系总结见表3-2。

表3-2 场景一级标签和二级标签之间的关系

	感知	决策	控制	人机交互	网联	AVP	HWP	NOP	所在层级
道路曲折		√						√	第一层：道路结构
行驶空间狭窄		√						√	第一层：道路结构
畸形路口		√						√	第一层：道路结构
人车混流		√						√	第四层：交通参与者
路权竞争		√					√	√	第四层：交通参与者
行人闯入		√				√	√	√	第四层：交通参与者
无故急停		√						√	第四层：交通参与者
前车倒车/溜车		√						√	第四层：交通参与者
紧急避让		√		√				√	第四层：交通参与者
异物掉落		√						√	第四层：交通参与者
施工占据		√						√	第三层：道路和设施临时改变
车门打开					√			√	第七层：自车状态
雨雪雾	√								第五层：气候环境
盲区	√							√	第一层至第五层
光线不足	√					√		√	第五层：气候环境
光线过量	√							√	第五层：气候环境
条纹光源	√					√		√	第四层：交通参与者
对向远光	√							√	第四层：交通参与者
非常规态	√							√	第四层：交通参与者
姿态异常	√							√	第四层：交通参与者
标识遮挡	√							√	第四层：交通参与者
标识脏污	√							√	第四层：交通参与者
转向过度			√					√	第四层：交通参与者
转向不足			√					√	第四层：交通参与者
路面坑洼			√					√	第一层：道路结构
路面湿滑			√					√	第一层：道路结构
周车失控	√		√					√	第四层：交通参与者

(续)

	感知	决策	控制	人机交互	网联	AVP	HWP	NOP	所在层级
车距不当	√		√				√	√	第四层：交通参与者
车载设备失效				√	√	√		√	第七层：自车状态
错误反应				√				√	第六层、第七层
路侧设备失效					√			√	第六层：通信状态
信号缺失					√	√		√	第六层：通信状态
信号延迟					√			√	第六层：通信状态
异常发包					√				第六层：通信状态

3. 场景管理方案

基于场景的一级和二级标签，实现对预期功能安全场景库中的各类场景统一、快速、便利地进行场景分类、筛选、聚类、分析。

1）对于场景分类，基于场景一级标签，从智能网联车辆的各关键功能部件层面出发，对场景进行归纳分类，便利地进行场景的筛分和选取。

2）对于场景筛选，基于场景一级标签和二级标签的组合，快速筛选出符合条件的预期功能安全的典型交通场景。

3）对于场景聚类，根据场景标签内容，从场景典型特征、场景触发因素、场景发生原因等角度对各类场景进行聚类统计分析。

4）对于场景分析，通过场景筛选，得出所需的典型预期功能安全交通场景，对场景发生的原因，触发因素等内容进行归纳分析。

3.2.3 预期功能安全场景库用途

在完成预期功能安全场景库建设后，可用于以下用途：

1）定义运行设计域。
2）分析预期功能安全局限性。
3）智能网联汽车数据采集。
4）智能网联汽车测试评价。

3.3 预期功能安全场景库建设现状

3.3.1 分地域中国特色预期功能安全场景收集

为充分体现预期功能安全的中国特征，选取具有典型特征的七个中国城市进行预期功能安全场景的收集。这些城市的选取充分考虑到了城市的复杂地形、超大城市的特殊交通流、常发性的雨雪雾等典型天气现象。使用共享场景库便利地在这些城市收集预期功能安全场景,并将典型场景基于仿真软件生成测试用例。分地域中国特色预期功能安全场景收集工作总结如图3-3所示。

图3-3 分地域中国特色预期功能安全场景收集工作

为便利地进行预期功能安全场景数据的填写收集、存储、分类检索使用,基于预期功能安全场景七层架构,构建预期功能安全功能共享场景库。该网页版的预期功能安全场景库集成了操作交互、要素记录、分类管理、文件上传等功能,能够基于给定的事件标签对场景进行分类,从而方便用户根据场景标签从众多场景中搜索出对应的场景,能够基于场景格式化的语言描述,并使用主流的仿真软件,如VTD/Prescan等生成预期功能安全测试用例,进而能够加快智能网联汽车预期功能安全测试开发的进程。

在共享场景库中,从静态描述和动态描述两个角度对场景进行描述。首先在"场景基本信息"模块提供给对上传场景的关键信息,包括事故分析、事故结果等非量化内容;其次在静态部分按照七层架构记录道路结构、交通基础设施、道路和设施临时改变、交通参与者、气候环境、通信状态和自车状态。最后在动态部分基于静态要素,将状态变化分为轨迹和动作多个类型,并设置关键参数进行记录。

目前使用该预期功能安全场景库平台,由14家单位,从中国7个具有典型特征的城市,总共收集超过千例典型的预期功能安全场景,基于场景的地域、场景的标签特征等对场景库中的千例场景进行统计,统计结果如图3-4所示。

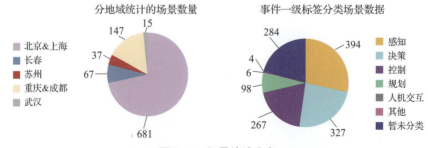

图3-4 场景统计分布

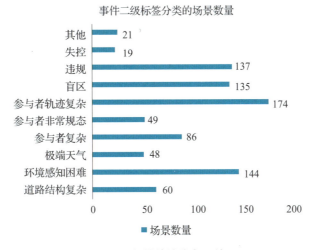

图 3-4　场景统计分布（续）

3.3.2　预期功能安全测试用例生成

基于预期功能安全共享场景库中的典型预期功能安全场景，使用 VTD/Prescan 等仿真软件，搭建智能网联汽车预期功能安全测试的仿真场景。测试用例构建工作，从感知、决策、城市巡航功能、高速公路巡航和自主代客泊车 5 个功能模块展开，每个功能模块基于 SOTIF 分析得出预期功能基础测试用例，并结合预期功能安全共享场景库中的典型场景，对基础测试用例进行补充。截至目前，共有 12 家单位参与预期功能安全场景测试用例建设工作，共搭建预期功能安全典型场景 300 余例，各功能模块测试用例数量见表 3-3。预期功能安全共享场景库部分测试用例见附录 C。

表 3-3　各功能系统预期功能安全测试用例生成情况

功能/系统	累积案例数
感知系统	195
决策系统	36
城市巡航功能	31
高速公路巡航功能（HWP）	26
自主代客泊车功能（AVP）	20

第 4 章
算法级与部件级智能网联汽车预期功能安全测试评价研究

感知系统、定位系统、决策系统、控制系统、人机交互系统是智能网联汽车的关键子系统。本章主要从感知系统、感知算法、决策算法、定位系统、人机交互系统以及控制系统六个方面介绍我国在预期功能安全测试评价方面的探索与实践，鉴于感知系统的预期功能安全问题突出，本章重点阐述感知系统的预期功能安全研究实践，其余算法级、部件级则较为简略地介绍。

4.1 感知系统预期功能安全探索与实践

本节在 ISO 21448 的指导下开展，研究技术路线如图 4-1 所示。

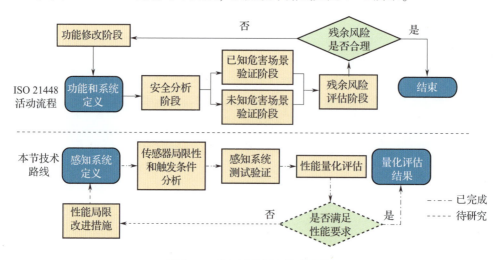

图 4-1 感知系统研究技术路线

1）针对安全分析阶段，结合感知系统典型传感器的工作原理，形成适用于感知系统典型传感器的性能局限和触发条件分析方法，作为后续测试验证阶段的基础。

2）针对测试验证阶段，结合感知系统触发条件与基础场景构建感知系统测试用例，并根据现有的感知系统测试方法，合理分配测试用例开展感知系统测试。

3）针对残余风险评估阶段，就感知系统的硬件属性和目标检测性能展开研究，构建感知系统目标检测性能的综合评价体系，结合测试验证阶段得到的数据，输出被测感知系统性能评价结果。

4）针对功能修改阶段，借鉴 ISO 21448 提供的原则，针对特定自动驾驶功能制定面向预期功能安全的感知系统性能局限改进措施。

4.1.1 感知系统预期功能安全研究现状

对于预期功能安全而言，其问题主要源于智能网联汽车为获取和分析外部环境信息所采用的大量传感器及软件算法自身所存在的局限性，这是传统汽车所不存在的新安全问题。但目前的标准针对该问题仍缺乏方法和实践上的具体指导，如何开展感知系统预期功能安全实践依旧是一个亟待解决的问题。因此，本节首先综述了感知系统影响因素研究、感知系统量化评价研究、感知系统测试方法研究与感知系统改进措施研究现状，以支持本节研究的顺利开展。

1. 感知系统预期功能安全影响因素研究现状

感知系统传感器根据其是否能发射能量可以分为主动式传感器和被动式传感器，应用广泛的主动式传感器包括激光雷达、毫米波雷达、超声波雷达等，应用广泛的被动式传感器包括各种视觉传感器、红外传感器等。本节分别选取激光雷达、视觉传感器和毫米波雷达作为代表传感器开展研究，下面是针对三种传感器预期功能安全影响因素的国内外研究综述。

（1）激光雷达预期功能安全影响因素

激光雷达是智能网联汽车的一个重要传感器，由于其高分辨率、较小的体积和质量优势，在智能网联汽车上具有不可替代的作用，目前国内外对于激光雷达的研究较多[73]。影响激光雷达预期功能安全的首要因素即环境因素干扰，通过影响激光的传播过程限制激光雷达性能。Thierry Peynot 等[74]于 2009 年首次公开了在不同环境下的雷达数据集，研究显示激光雷达较毫米波雷达更容易受到复杂多变的环境因素影响；Philipp Rosenberger 等[75]提出了包含影响因素的激光雷达模型，其中影响因素可以分为三类：介质透过率、物体表面的反射特性以及光照条件；Jose Roberto Vargas Rivero 等[76]针对灰尘积聚在激光雷达表面的情况进行了影响分析，通过测量激光雷达表面的激光穿透率和反射率来量化灰尘的影响，结果表明传感器表面的灰尘会导致激光前向传播过程中的折射现象，会导致较大的位置不确定性；Takashi Y. Nakajima 等[77]研究了日光和噪声电流对激光雷达性能的影响。

此外，针对降水等天气条件对激光雷达预期功能安全的影响进行研究，R. H. Rasshofer 等[78]利用实验室中的雨雾模拟器对雨水和雾对激光雷达性能的影响进行了测试，如图 4-2 所示。

标准目标物范围20m 反射率7% 尺寸0.8m² （左图）
标准目标物范围20m 降雨强度10mm/h （右图）

图 4-2　R. H. Rasshofer 使用的雨雾模拟器

A. Filgueira 等[79]利用实验研究了降雨对激光雷达测量距离、点云数量和强度的影响，通过计算点云数量和强度、测量距离的均值作为评价指标；Sinan Hasirlioglu 等[80][81]提出了一种通过雾和雨水对激光进行多重折射的试验来量化其影响的理论方法，试验使用水雾模拟器和降雨模拟器，传感器和目标物之间存在有多层雾或雨水，试验采用点云中点的数量和点云强度来表征传感器的表现；Thomas Fersch 等[82]采用 Deirmendjian 提出的沿海地区雨滴尺寸分布模型，如图 4-3 所示，并利用激光透过率来评价雨滴所带来的影响；Robin Heinzler 等[83]详细分析了雨水和大雾对不同激光雷达的影响，试验在欧洲的 CEREMA 气候室中进行，利用不同反射率的物体和不同轨迹的行人、骑行人，构建了生活中常见的众多场景对 VLP16 和 Scala 两款最新激光雷达进行了测试，文章从激光雷达的点云数量和强度、探测距离等多个角度进行了分析。

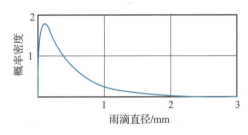

图 4-3　沿海地区雨滴尺寸分布模型[82]

此外，J. Wojtanowski 等[84]应用 FASCODE 大气传输计算软件来计算与水相关环境下的大气透过率和激光能见度，并利用试验得到的不同材料在干燥和潮湿状态下的反射率数据，得到不同环境下的激光雷达综合表现；David McKnight 等[85]使用 Campbell CS120 能见度仪来量化雾的浓厚程度，选取激光回波能量与发射能量的比值作为衡量指标，并将试验得到的结果与 Kruse 衰减模型、Kim 衰减模型等计算的结果进行了比较。

最后，影响激光雷达测距精准度的因素有：

1）温度：不同温度下，激光雷达的测距相对于基准温度时存在一定的偏差。

2）光照度：环境光中，激光雷达可接收波段的干扰光源，不仅可能影响最终接收信号的幅值，更有可能引起信号脉宽和峰值的漂移。

3) 目标物的距离：近处光斑偏移，接收单元无法接收完整信号，导致测距精度下降甚至无法测距，远处信号的减弱，导致信噪比降低，测距精度下降。

4) 反射率：由于回波信号的减弱，导致时间间隔的变化，如图4-4所示。

图4-4 反射率对测距影响

综上，目前针对激光雷达影响因素的研究主要聚焦于两个方面，分别是激光传播介质和被测对象，其中激光传播介质的影响因素包含降雨、雾、降雪和灰尘等，这些因素都会影响大气对激光的衰减系数和折射率，间接影响激光雷达的表现。有些研究表明日光对激光雷达的表现同样存在影响，较强的日光和一定的高度角将产生较多的噪声点。而被测对象的反射率会直接影响激光的回波能量，因此直接影响激光雷达的表现。但缺少对激光雷达激光发射、传播、反射和接收四个阶段的系统性研究。目前针对激光雷达的试验以场地试验为主，并常利用雨雾模拟器进行试验，仅有少数研究采用仿真试验。

(2) 视觉传感器预期功能安全影响因素

首先，视觉传感器由于其输出信息的多样性和可靠性，在智能网联汽车上起到了类似眼睛的作用，很多的自动驾驶功能都需要依靠视觉传感器来完成，例如行人识别、车辆识别和车道线检测等，因此保证视觉传感器输出信息的准确性具有重要意义。视觉传感器预期功能安全影响因素首先来自于相机模型自身和由于光学系统所产生的畸变，国外如Kamil Lelowicz等[86]详细推导了理想相机的针孔成像模型和图像畸变形式，包括枕形畸变、桶形畸变和镜像畸变，如图4-5所示；Juho Kannala等[87]不仅介绍了相机辐射图像模型，同时还详细介绍了相机通用标定模型。国内如梁高升[88]在讨论相机成像基础和产生畸变的原因的基础上，进一步探讨了坐标系组：世界坐标系、相机坐标系和图像坐标系间的相互映射方法；董秋雷等[89]研究了外加红外滤波片的组合红外相机的成像模型，理论分析得出红外相机的成像模型已经不再是针孔模型，因此在进行物体定位等研究时，应当注意其"非针孔性"。

其次，视觉传感器预期功能安全影响因素主要来自于环境导致的光照条件变化和温度变化，支健辉等[90]研究了光源强度，即光照强度对相机标定准确度的影响，采用自适应角点检测算法、Harris算法来提取靶标图像中的特征点，标定结果以图像再投影平均误差作为评价依据；凡芳等[91]使用Harris角点检测算法探讨了不同光

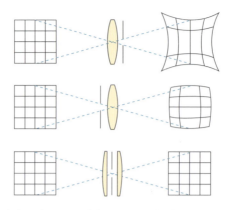

图4-5 图像畸变形式：枕形畸变、桶形畸变、镜像畸变（从上至下）[88]

照条件对标定准确度的影响，结果表明不同光照下的坐标标准差范围为0.05~0.14像素，因此文章认为光照条件对标定准确度造成的影响较小，在使用时可以忽略；Shaopeng Ma 等[92]研究了环境温度与相机自热对图像失真产生的影响，文章首先阐述了相机与环境间的热量传递过程，随后分析了相机元件温度与图像失真的关系，最后提出并验证了温度诱导图像失真模型，其中图像失真程度同样以棋盘格顶点的偏差作为评价指标，结果表明由于环境温度和相机自热导致的图像失真误差属于系统误差，并且可以写成环境温度的表达式。

最后，视觉传感器预期功能安全影响因素还需考虑天气条件等原因。任磊等[93]研究了不同环境条件，如弱光照、雨、雪、镜头模糊和旋转等因素对相机认知算法的影响，文章使用OpenCV对KITTI数据集中的图像进行处理得到不同环境下的近似图像，如图4-6所示，并使用车辆检测的平均精度作为评价指标，结果表明复杂多变的环境对相机认知算法具有较大的挑战。

图4-6 使用OpenCV处理后的图像[93]

Sinan Hasirlioglu 等[80][81]利用烟雾模拟器和雨水模拟器分别定量研究了雾与降雨对视觉传感器的影响，如图4-7所示。文章使用目标区域的灰度直方图作为评价依据，结果表明随着雾和雨水层数的增加，灰度分布直方图具有右移的趋势，即图像"变白"了，此外灰度分布更为紧凑，表明图像对比度的降低。

a) 烟雾模拟器[80]　　　　b) 降雨模拟器[81]

图4-7　雾与降雨对视觉传感器的影响

综上，现阶段针对视觉传感器预期功能安全影响因素的研究主要聚焦于光照条件、降雨、雾和环境温度对于传感器的影响，有的研究也涉及了如降雪、运动模糊、大气压力和镜头前玻璃对视觉传感器成像的影响，但针对不同目标物特征对视觉传感器识别结果的影响研究较少。目前，视觉传感器试验主要是场地试验和仿真试验。

(3) 毫米波雷达预期功能安全影响因素

毫米波雷达由于其全天时全天候的特性，能够穿云透雾，具有较强的环境适用性。同时，毫米波雷达还能够通过多普勒效应，探测到目标的速度信息。和激光雷达相比，毫米波雷达的分辨率有限，一般可以得到目标的距离、角度、速度等信息，但在高度方向上分辨力较差。由于电磁波的传播特性和物体的非理想散射等，毫米波雷达数据往往受到杂波、噪声和多径的影响，导致雷达数据中存在着虚假目标等。这些都限制了其在智能驾驶感知中的应用[94]。

杂波是由目标以外的其他散射体对雷达发射信号反射而引起的雷达回波，是影响雷达系统工作性能的重要因素之一。在早期的工作中，人们把杂波看成是高斯噪声，即认为雷达杂波的幅度服从瑞利分布，回波的两个正交分量服从联合高斯分布。近年来，国内外学者主要围绕着散射机理建模、统计特性建模和非线性建模等方面，对杂波展开研究[95]。郭立新与吴振森等[96]基于散射机理建模方法使用二维分形函数对实际粗糙面进行了模拟，并利用微扰法给出了粗糙面的归一化散射截面积的计算公式。Lim H 等[97]基于统计特性采用广义 Gamma 分布模型来模拟杂波的幅度与功率谱，并认为杂波是与地面、海面等随机形态相关的一种随机过程。Pavlova O N 等[98]对杂波产生的物理机制进行详细的研究，基于非线性理论的杂波噪声可能会导致毫米波雷达出现假阳现象。为了有效抑制毫米波雷达的假阳现象，降低毫米波雷达虚警概率，孙宾宾等人[99]提出一种基于雷达环境噪声统计和目标功率分布特性的动态阈值计算方法。张喆[100]认为噪声干扰的平均值可以由最大似然估计表示，并基于恒虚警检测（Constant False Alarm Rate, CFAR）实现目标检测与速度估计。

此外，伴随着智能网联汽车的快速发展，毫米波雷达在智能网联汽车上也广泛应用。在复杂交通道路环境下工作的雷达越来越密集，雷达之间产生的多径干扰也会导致假阳现象的出现。因此，许致火等人[101]提出了一种基于多径干扰认知的雷达自适应抗干扰波形优化方法，利用卡尔曼滤波对邻近雷达产生的多径干扰模型参数进行在线认知学习，从而建立主雷达的目标回波信号与干扰信号的模型，对多径干扰信号进行白化处理。

毫米波雷达探测距离适中，受雨雪雾等自然环境影响较大。因此，针对毫米波雷达受气象环境影响的研究主要集中于降雨、降雪等对毫米波雷达电磁波的衰减作用，电磁波的波长相对较短，传输衰减作用明显。为能较为准确地预测降水引起的衰减，众多学者提出了预测降雨衰减的方式，张蕊等人[102]对水凝物的传播特性进行了理论研究，根据散射理论计算雨滴的散射特性，开展雨衰减的研究。为反映雨滴的实际形状，也有学者[103]将雨滴等效为扁椭球和底部有一凹槽的扁椭球等，提出了计算其散射特性的各种计算方法，例如点匹配法、矩阵法、积分方程法等，在此基础上，对不同极化和不同频率电磁波的雨衰减等进行计算，得到不同频率雨衰减率与降雨率的关系，并在大量试验数据的基础上，得到了众多的雨衰减预报模型。国际电信联盟[104]也推荐了预测降雨衰减的预报模型，从各种水凝物形状、尺寸分布、介电特性、沉降速度及统计特性等方面，进行了广泛的测量和理论研究。Li Xin 等人[105]基于智能汽车毫米波雷达的属性，分析了智能汽车交通环境的分类特征和雷达环境杂波的产生机制。接下来分析杂波幅度的统计分布特征、功率谱的分布特征和电磁介电特性，推导和设计了路面、降雨、降雪、雾等环境条件下的雷达杂波仿真方法。

综上所述，现阶段针对毫米波雷达影响因素的研究主要聚焦于杂波、噪声和多径等问题。毫米波雷达有较强的环境适应性，但降雨、降雪等对毫米波的传播仍有影响。

2. 感知系统性能量化评价研究现状

感知系统工作过程可以划分为获取感知数据的感知过程以及进行目标检测的认知过程。感知系统影响因素首先影响传感器的感知过程，随后感知结果将进一步影响认知过程，导致认知算法的误检与漏检等现象，使得自动驾驶系统无法做出最合理的决策，继而产生危害。因此，对感知系统量化评价调研也从感知过程和认知过程两方面展开。

感知过程根据传感器的类型不同获取不同的感知数据，因此，感知过程的评价也存在差异。针对视觉传感器而言，获取的数据为图像，因此，针对图像的评价指标包含均方误差（Mean Square Error，MSE）[106]、峰值信噪比（Peak-Signal to Noise Ratio，PSNR）[107]、结构相似度（Structural Similarity，SSIM）[108]、多维结构相似度（Multi-Scale Structural Similarity，MS-SSIM）[109]、视觉信息保真度（Visual Information Fidelity，VIF）[110]、特征相似度（Feature Similarity，FSIM）[111]等，以及图像本身的统计特性，常用的评价指标包括像素的均值、标准差、平均梯度等。针对激光雷达而言，现行的标准 GB/T 36100—2018《机载激光雷达点云数据质量评价指标及计算方法》[112]中给出若干点云评价指标如下：平均点云数量、平均反射率、反射率信息熵、反射率信噪比。而毫米波雷达的感知性能主要从毫米波雷达射频性能考虑，评价指标包含工作带宽、等效全向辐射功率、频率调频线性度、功率平坦度、调制周期和占空比、调制波形参数、发射信号频率、信号功率、发射功率和带外杂散等。

认知过程输出结果相同，均为各传感器对环境的认知结果。在认知过程常用的评价指标包括四类。

1) 目标种类识别效果，主要包括以下评价指标：平均精度（Average Precision，AP）[113]、均值平均精度（mean Average Precision，mAP）[93]、召回率（Recall）[114]、精确率（Precision）[115]、PR 曲线[116]、F1 分数[117]和类别置信度[118]。

2) 目标物参数识别精度，主要包括以下评价指标：多目标跟踪精度（Multiple Object Tracking Precision，MOTP）[119]、极差、距离或速度误差[116]、平均方向相似度（Average Orientation Similarity，AOS）[120]。

3) 识别目标物的稳定性，主要包括以下评价指标：多目标跟踪准确度（Multiple Object Tracking Accuracy，MOTA）[119]、占空因子、跳动次数[121]、跟踪打断次数[122]。

4) 识别目标物的及时性，主要包括以下评价指标：上报延迟、收敛速度、平均识别时间[123]。

综上所述，现有针对感知过程的评价主要对传感器获取的数据进行量化评价，缺少对传感器自身属性的考虑，例如工作温度、帧率等。现阶段针对认知过程性能的评价主要围绕目标类别识别效果、目标参数识别效果、目标识别的稳定性以及目标识别的耗时四个方面，但缺乏面向预期功能安全的感知系统认知过程综合量化评价体系，为全面衡量感知系统认知过程在预期功能安全方面的问题，需构建一套面向预期功能安全的感知系统性能综合量化评价体系。

3. 感知系统测试方法研究现状

对于高等级自动驾驶系统，其感知和控制决策就变得尤为重要，这需要极大关注感知系统的能力,对传感器的布置、性能、感知算法等都需要进行充分的设计验证。因此,本节归纳总结了现有的感知系统测试方法,主要包括回灌测试、仿真测试、封闭场地测试和公开道路测试。

1)回灌测试是指基于真实道路采集的数据对传感器感知性能进行测试的一种手段。回灌测试根据待测算法在采集数据上的推断结果,与真值系统或者人工标注的输出结果进行数据关联和对比分析,得到感知的性能指标。根据测试的不同阶段,可将回灌测试分为软件回灌测试与硬件回灌测试两种。

①软件回灌测试基于海量真实数据快速测试算法性能,验证算法的鲁棒性,软件回灌测试应用在软件测试阶段,测试对象为感知系统算法模型和后处理程序。

②硬件回灌测试通过视频投影、模拟回波、模拟点云的方式将真实数据输入给感知系统的计算平台,获得输出结果,硬件回灌测试应用在硬件测试阶段。

现阶段已经存在较多场景库支持回灌,例如工作组的预期功能安全场景库、nuScenes 数据集、KITTI 数据集、COCO 数据集、Waymo 数据集等,涵盖视频、图片、点云等多种数据。

2)仿真测试是通过传感器模型和仿真渲染场景对传感器感知性能进行测试。对比回灌测试,仿真测试可以根据测试需求模拟汽车复杂的行驶环境,如极端天气、复杂交通参与者等,并在此基础上进行闭环测试。按照测试的不同阶段,可将仿真测试分为软件在环测试和硬件在环测试。

①软件在环测试通过仿真软件提供仿真渲染场景,现阶段已经有很多专业的自动驾驶虚拟测试软件。仿真测试可以摆脱对真实测试环境和硬件的需求,测试效率高,测试成本和测试风险低。其主要缺陷在于:一方面,测试结果严重依赖于传感器模型和环境模型的正确性,不正确或错误的仿真模型将导致不真实的结果;另一方面,在仿真环境中难以快速还原现实场景。

②硬件在环测试主要包括相机在环测试、雷达在环测试、V2X 在环测试以及多源传感融合系统在环测试等,硬件在环测试是将仿真渲染场景输入至传感器硬件,运行感知系统软件后并获取感知结果。理论上大部分传感器硬件均可开展硬件在环测试,但部分硬件的在环测试技术手段相对复杂且成本很高,如激光雷达、红外摄像头等,因此,硬件在环测试的应用范围仍比较有限。

3)封闭场地测试从环境到车辆系统均为实物。封闭场地测试依托于建设的专用测试场地,强调环境和场景的还原和模拟能力,采用柔性化设计,保证感知系统能够在有限的场地条件下,尽可能多地经历不同环境和场景的测试。根据智能网联汽车的测试需求,美国、欧洲等新建改造形成了一些场地用于专门的封闭测试,如美国密歇根州的 Mcity 自动驾驶汽车封闭测试场景、由部分高速公路路段改造的 SmartRoad 测试路段、位于瑞典的 AstaZero 智能汽车试验场地等。封闭场地测试的弊端主要在于测试效率低,并存在一定的测试风险。为提高测试效率,车辆一般需要先经过虚拟测试、硬件在环测试等，筛选最为典型和具有测试价值的场景开展封闭场地测试，降低场地测试的成本。

4）公开道路测试是在开放道路环境中对传感器感知性能进行测试。随着智能网联汽车的快速发展，已有部分企业进行了智能网联汽车的公共道路测试。国外智能网联汽车产业起步早、发展更为迅速，有一定的产业和研发基础，政策相对较完善，进行公共道路测试的企业较多，如美国、德国、日本、英国、瑞典、韩国、新加坡、芬兰、荷兰等国家出台了相关道路测试政策。国内北京市、上海市、重庆市、广州市、深圳市、长沙市均制订了相应的公开道路测试政策并划定公开道路区域用于测试，智能网联汽车的公共道路测试有利于智能网联汽车关键技术的研发验证。测试过程中测试数据的采集和积累可用于分析系统不足，进一步提高感知系统的可靠性和稳定性。

表 4-1 汇总分析了四种测试方法的优缺点、传感器硬件要求和环境真实程度，由表可知，各个测试方法均存在其优点，在选择测试方法时需要综合考虑应用的测试需求、测试效率和测试成本等因素，选择合理的测试方法开展测试。

表 4-1 各类测试方法对比

测试方法	传感器硬件	环境	优点	缺点
回灌测试	真实/无	真实	真实程度高	数据采集、标注、存储成本高，测试效率低
仿真测试	真实	虚拟	测试效率高	部分环境条件真实度较低
封闭场地测试	真实	真实（模拟真实）	真实程度较高，场景可自主设定	测试效率较低
公开道路测试	真实	真实	真实程度高	测试效率低，测试场景不可控，需要大量数据积累

4.感知系统改进措施研究现状

高度依赖复杂传感器和算法工作的感知系统是预期功能安全问题的重要来源。针对感知系统的改进也刻不容缓，感知系统除了需要改进自身硬件结构，还需要进一步提高准确度和精度，改善感知系统在不利照明和极端恶劣天气条件下的感知能力，以增强车辆对复杂城市路况的处理能力与应对各种不利条件、突发状况的能力。

(1) 感知系统算法改进措施

目前，在算法方面的主流研究思路是，通过多传感器融合来减少各个传感器缺点的影响，充分发挥每个传感器的优势，以提高自动驾驶感知系统的准确性、可靠性和确定性[124]。通过对感知系统深度学习算法的不确定性分析，提高感知算法的可靠性和可解释性也是比较热门的研究方向。

国内外已经有大量学者对多传感器融合的思路开展了相应的研究。现阶段融合方法主要分为三个层级，分别是数据级、特征级和目标级的融合。数据级的融合是指直接在传感器获取的原始数据上进行融合，然后对融合后的数据进行特征提取与目标识别等[125]。该层级融合方法能够保证第一时间对目标进行融合，但是未经预处理的数据中的噪声会增加该算法的运行时间[126]。特征级融合是指首先根据识别需求提取目标的特征信息，在此基础上进行融合[127]。该类融合方法主要依靠深度神经网络 MV3D[128]完成特征提取，然后对不同传感器的数据特征值进行加权或上下采样等方式实现融合，通过特征层级融合能够有效降低算法处理时间并实现更加准确的识别。目标级的融合主要是指依据不同传感器的数据特点独立完成目标检测，然后对不同传感器检测的目标进行匹配[129]。该类融合能够充分发挥传感器的优势，在合适的融合准则下能够有效地避免漏检，但不同传感器的处理速度对后期融合有一定影响。

（2）感知系统硬件改进措施

近几年，感知系统的硬件结构也有较大的改进，下面针对激光雷达、视觉传感器和毫米波雷达三类典型传感器的硬件结构改进措施进行了调研。

1）激光雷达。激光雷达可自行发射激光，在昏暗的环境下仍能正常工作，且具备不容易被异物影响的优点。专家学者们也对激光雷达进行了不少的改进。例如东芝电子元件公司[130]为了满足远距离且高分辨率的测距和高测定精度的要求，对高灵敏度光敏器件、模拟前端（Analog Front End，AFE）进行了改进。

①高灵敏度光敏器件：只有激光雷达检测到来自远距离的微弱反射光，才能进行远距离测定。但因为目标物的反射光量微小，所以应采用高灵敏度光敏器件光子计数硅光电倍增器（Silicon Photomultiplier，SiPM）。SiPM 与目前在雷达中使用的雪崩二极管（Avalanche Photon Diode，APD）和"正－本征－负"光电二极管（PIN Diode，PIN）相比，具有高灵敏度、低电压驱动、少温度变动等优点。东芝电子公司对设备结构进行了优化，实现了距离达 900 m 附近的高灵敏性。

②模拟前端：采用模数转换器（Analog-to-Digital Converter，ADC）电路进行均值化处理，以便从混杂了太阳光的信号中获取所需要的信号，因此适用于远距离测定。但是 ADC 电路很难在近距离高精度测定时进行高速处理，而文献[130]开发了一种独特的混合型电路，即既采用了近距离的时数转换器（Timer Digital Converter，TDC）电路，又采用了远距离的 ADC 电路的方式，来解决这个问题。当 ADC 用于远距离时，对 ADC 电路所需的处理速度和性能适当放宽一些，能够兼顾近距离和远距离测定。由于 ADC 电路采用独立结构，减小了体积，降低了电耗，比过去更紧凑，性能更高。

另外，Wood D 等人[131]采用陀螺镜实现了激光雷达 3D 扫描，如图 4-8 所示。

这种独创设计使得它可以独立于收发器单元运行。镜子的陀螺框架由一对同轴齿轮传动机构控制。尽管驱动机制复杂，但该扫描仪能够在三种模式下运行：全扫描、矩形扫描和有界高程扫描。这种激光雷达在获取区域扫描方面比现有技术有了相当大的改进。

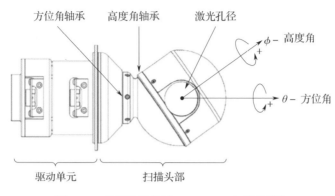

图 4-8　使用陀螺镜的 3D LiDAR 扫描仪[131]

2）视觉传感器。针对视觉传感器而言，基于事件的相机[132]是目前图像处理、计算机视觉、机器人感知与状态估计、神经形态学等领域的研究热点。它是一种新型的仿生的视觉传感器，可实时高效地捕捉场景的变化。不同于传统的基于帧的相机，事件相机仅报告触发的像素级亮度变化（称为事件），并以微秒级分辨率输出异步事件流。

DVS（Dynamic Vision Senso）、ATIS（Asynchronous Time Based Image Sensor）和 DAVIS（Dynamic and Active Pixel Vision Sensor）是三种典型的事件相机。而新型的事件相机也有着深厚的研究基础；例如嵌入式事件相机 eDVS[133]、惯性事件相机 DAVIS240[134]、使用 G-AER 协议的高速事件相机 DVS-Gen[135]等新型的事件相机结合了越来越丰富的视觉要素，并在性能上逐渐接近生物视网膜[132]。

3）毫米波雷达。对毫米波雷达而言，目前高功率宽带发射机、高灵敏度宽带接收机、宽带高精度雷达信号源等是毫米波雷达芯片的设计难点。所以针对毫米波雷达前端芯片中阻抗匹配、噪声降低、功率提升、相位控制等设计难点的改进可以很大程度上提升雷达性能[136]。

在阻抗匹配方面，为实现较高的增益和带宽，可以采用 LC 型宽带级间匹配网络配合多级放大器结构的方法。L 型网络是最简单实用的匹配网络，但一个 L 型网络通常只产生 1 个极点，因此需要配合多级放大电路结构和参差调谐技术才能实现较宽的工作带宽。JANG 等[137]采用 8 级共源结构实现的放大器带宽为 101.5～142.1GHz，一定程度上提高了带宽。YU 等[138]基于噪声降低结构，巧妙地将共源结构和共栅结构级联转变为两级共源结构级联，并在第 1 级共源结构的漏极电感和第2级共源结构的源极电感之间引入变压器耦合,形成了共源跨导增强结构,并利用第2级共源结构的栅极电感形成极点调控,拓展了放大器的带宽响应。

在功率提高方面,两个重要的发展方向是堆叠技术和多路合成技术。在 CMOS 工艺中,WU 等[139]采用 3 重堆叠结构和基于变压器的电压型功率合成网络,在 60GHz 实现了 2.8dBm 的饱和输出功率和 15.9% 的峰值效率。基于变压器的多路合成结构在合成效率优化、谐波阻抗匹配等方面的灵活性更强,LIN 和 REBEIZ[140]结合分布式有源变压器和 8:1 零度合成器完成 24 个单元功率放大器的功率合成,在 60GHz 实现了 30.1dBm 的饱和输出功率和 20.8% 的峰值效率,代表硅基工艺的输出功率在该频段的最高水平。

相控阵技术大大提高了雷达波束扫描的灵活性和可控性。毫米波移相器作为相控阵技术的相位控制核心,是毫米波相控阵芯片的设计难点之一。Tom Huang 等[141]设计的一种反射型移相器提供了一个 180°相移范围,插入损耗被限制在 10dB 左右的范围内,同时在整个 k 波段的组延迟小于 70ps。使用相控阵技术的大规模毫米波雷达阵列,在逐渐往具有更宽工作带宽的毫米波高频段发展,是毫米波雷达芯片今后的一个发展趋势。

综上所述,感知系统现在仍处于快速发展阶段,因此,针对感知系统的改进措施无论在硬件还是软件上均有较多研究。但针对预期功能安全问题,除了需要考虑自身性能局限,还需要考虑外部环境条件对感知系统的影响。

4.1.2 感知系统局限性与触发条件分析

感知系统由复杂传感器和感知算法组成,在无故障情况下,由于其性能局限仍会导致安全问题。现有的 SOTIF 标准将触发条件定义为导致自动驾驶系统后续出现危害行为的特定场景条件。触发条件和性能局限是导致非预期行为的根本原因。触发条件与性能局限的识别方法包括基于知识和基于数据两种方式。针对基于知识方法,本节结合典型感知系统组成架构分析典型传感器,并基于对典型传感器工作原理分析,构建感知系统性能局限与触发条件分析方法。针对基于数据方法,开展封闭场地测试,结合测试数据分析感知系统性能局限与触发条件。

1. 典型感知系统组成架构分析

智能网联汽车的核心技术主要集中在环境感知、建图定位、智能决策、路径规划以及车辆控制等方面,以上技术的实现需要传感器的支撑,目前感知系统主要使用的传感器有视觉传感器、激光雷达、毫米波雷达和组合导航设备等。低等级自动驾驶功能如汽车主动安全系统,一般以视觉传感器和毫米波雷达融合作为主要手段,而高等级自动驾驶功能无论从性能、增强稳定性、FOV(Field of View)以及实现易用性等方面的考虑,还是处于冗余观测以提高安全性的角度,均需要根据运行场景合理部署传感器。智能网联汽车快速发展落地过程中，随着传感器成本、数据质量以及安装部署和融合应用等多方面变化，对感知系统架构提出了新需求。本节从不同等级自动驾驶系统对现有典型感知系统架构进行调研。

根据不同等级驾驶需求的不同，需要的传感器数量、类型和组合模式都有很大区别，以下对上述4大类自动驾驶系统的感知系统架构进行汇总。

1）L0和L1级功能。根据不同的功能需求，该等级自动驾驶功能通常采用单视觉传感器、单毫米波雷达或者视觉传感器加毫米波雷达的方案。最为经典就是通过1R1V（前向视觉传感器加前向毫米波雷达）实现自适应巡航的功能，根据不同厂家的集成方案不同，控制算法有可能集成在视觉传感器中，也有可能集成在毫米波雷达中，相应的不具备控制算法的传感器会将相关目标信息发送给控制器进行目标融合和车辆控制，如图4-9所示。

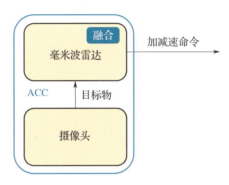

图4-9 简化的自适应巡航控制（ACC）功能架构

2）L2级功能。这一层级的功能因为要应对复杂的环境条件并且实现车辆的横纵向控制，通常需要多传感器融合的方案，最为常见的是5R1V（1个前向毫米波雷达、4个角毫米波雷达，1个前向视觉传感器），依靠5个毫米波雷达形成360°的环境感知，然后融合视觉信息，支持实现功能复杂的高速驾驶辅助功能，如图4-10所示。

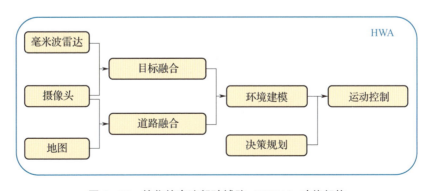

图4-10 简化的高速驾驶辅助（HWA）功能架构

3）L3级功能。目前市场上还没有实现真正意义上L3级量产车辆，要实现L3功能，需要自动驾驶系统可以完全脱离驾驶人实现环境监测和动态驾驶任务接管。这其中的挑战除了复杂多变的道路条件、交通状况和天气条件外，还有人机交互和功能安全等种种技术难题。因此，目前市场上许多接近L3级的功能往往会额外搭载激光雷达。比较常见的是基于5R5V的方案再加上激光雷达提高对环境的感知能力以及在不同交通场景下的鲁棒性，如图4-11所示。

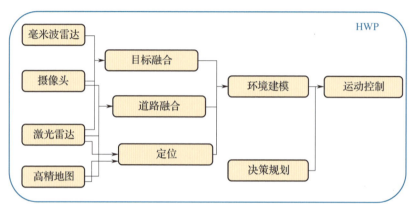

图4-11 简化的高速公路领航驾驶（HWP）功能架构

4）L4级功能。相比于行车功能的Robotaxi，自主代客泊车功能已经有比较成熟的落地方案。自主代客泊车通常使用多个环视摄像头、1个前向视觉传感器、多个超声波雷达和多个毫米波雷达的组合方案，如图4-12所示。很多国内外企业已经有比较成熟的落地方案，同时也做了概念验证项目。

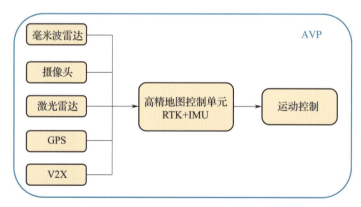

图4-12 简化的自主代客泊车（AVP）功能架构

综上所述，智能网联汽车的批量应用落地必将带来传感器选型、部署安装以及功能软件解决方案的重大革新，批量应用对传感器的成本更加敏感，且传感器的部署方式将会受限于车辆的整体设计与预期功能安全，而功能软件对系统的稳定性、易用性和安全性提出了更为严格的要求。且随着自动驾驶系统等级的提升，视觉传感器、激光雷达和毫米波雷达成为应用的主流传感器。在此背景下，对这三类典型传感器性能局限和触发条件的研究将成为其首要解决的问题。

2. 典型传感器工作原理分析

由上面可知，感知系统典型传感器包括视觉传感器、激光雷达和毫米波雷达等，现从三类传感器的感知过程和认知过程分析其工作原理，以支持各类传感器性能局限和触发条件分析。

(1) 激光雷达工作原理分析

激光雷达是一种主动发射激光束的主动式传感器，根据获取目标物信息的技术路线的不同可以分为三角测距激光雷达和飞行时间（Time of Flight，ToF）激光雷达。其中三角测距激光雷达的原理如图 4-13 所示，首先由激光发射装置发射激光束，在照射到物体后，反射光束由线性电荷耦合元件（Charge-coupled Device，CCD）接收，由于激光发射装置和接收器间隔了一段距离，因此按照光学路径，不同距离物体将成像在 CCD 上的不同位置，根据三角公式进行计算就能推导出目标物的距离。

此外，ToF 激光雷达的原理如图 4-14 所示，首先由激光发射装置发射激光束，并由计时器记录下发射时间，在照射到物体后，反射光线由接收器接收，同时记录接收时间。而接收时间和发射时间之差就是激光飞行的时长，在光速已知的情况下，很容易就可以计算出目标物的距离。

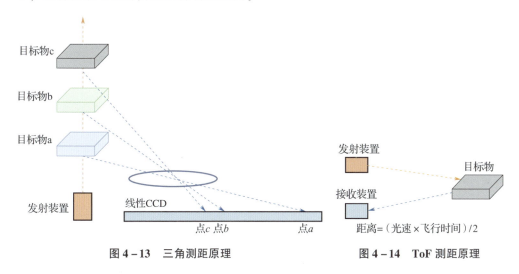

图 4-13　三角测距原理　　　　　图 4-14　ToF 测距原理

观察图 4-13 可知，当目标物距离激光雷达越远，其距离的变化在 CCD 上的映射变化将越小，以至于在超过某个距离后，三角测距原理将几乎无法分辨距离的变化。综上，三角测距原理在近距离下的精度较高，但是在远距离的精度很差。因此目前的车载激光雷达大多采用 ToF 测距原理。

激光雷达根据其是否具有旋转的光学部件，又主要分为机械旋转式雷达、混合固态雷达和固态雷达，其中，混合固态雷达通常是指微机电系统（Micro-Electro-Mechanical System，MEMS）激光雷达，同时根据激光发射机理的区别，又可以将固态雷达分为快闪（Flash）激光雷达和光学相控阵（Optical Parametric Amplification，OPA）激光雷达两大类。

激光雷达认知过程是从庞大且复杂的点云数据中找到所关心的目标物，将其标记出来并判断其类别、大小、距离、速度和运动方向等属性，为决策规划模块提供尽量准确且完整的语义信息。根据激光雷达不同的特征表达方式，通常可以将点云识别算法分成以下四类：基于鸟瞰图（Birds Eye View，BEV）的点云识别算法、基于相机视角（Camera View）的点云识别算法、基于点级别特征（Point-wise Feature）的点云识别算法和基于融合特征的点云识别算法。根据任务目的不同，可以将点云识别过程分解为如下三个部分：

1）点云特征表达：包括 BEV 图、相机视角图、点级别特征以及融合特征，融合特征是指融合使用前三种特征表达方式，以提高点云特征表达能力。

2）主体网络：指用于特征提取的主体结构，比如 ResNet、VGG 等，同时也包含特征增强的方法，如 FPN 等。

3）检测网络输出：指用于检测的网络输出目标物的语义信息，包括目标的类别、位置、大小、姿态和速度等。

近些年比较热门的点云识别算法包含 BirdNet[143]、PIXOR[144]、LaserNet[145]、Point R-CNN[146]、SECOND[147]等。

综上所述，激光雷达作为典型的主动式传感器，其感知过程的工作原理主要包括信号发射、信号传播、信号反射和信号接收四个阶段，针对信号发射和信号接收阶段，激光雷达的性能局限主要考虑激光雷达表面存在遮挡物，从而无法有效发出或接收激光；而针对信号传播阶段，激光雷达的性能局限主要考虑来自于激光经过大气传输后的分散与衰减，使得接收器收到的激光功率异常；针对信号反射阶段，激光雷达的性能局限主要考虑目标物对激光的反射率异常，从而引起点云异常。其认知过程主要工作原理为从复杂庞大的点云中提取目标物信息，该阶段的性能局限主要考虑所关心目标物的点云异常，识别算法无法有效识别。因此，针对激光雷达的触发条件也主要考虑环境条件对上述感知过程四个阶段和认知过程的影响。

（2）视觉传感器工作原理分析

视觉传感器是机器视觉系统信息的直接来源，指的是利用光学元件和成像装置获取外部环境信息的设备。视觉传感器通常包含摄像头、数码相机、扫描仪等。车载视觉传感器主要是指车载摄像头。从硬件组成的角度，目前车载摄像头主要由透镜、成像器、图像处理元件组成。其中图像处理元件有可能集成在镜头部件，摄像头直接负责目标识别和测距；也可能集成在控制器中，摄像头仅负责生成图像。两种形式硬件组成如图 4-15 所示，其中图像信号处理器（Image Signal Processing, ISP）为图像信号处理算法，放置位置相对灵活。

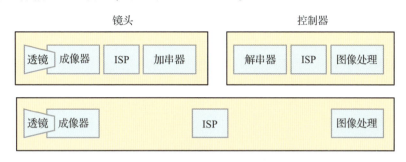

图 4-15　摄像头硬件组成

从布置方式分，车载摄像头主要分为前视摄像头、环视摄像头和车内摄像头。前视摄像头主要用于前方目标识别，包括车道线、障碍物等信息识别，作为横向和纵向自动驾驶功能的感知输入。环视摄像头主要用于全息影像、自动泊车辅助系统（Auto Parking Assist, APA）等功能，车内摄像头主要用于驾驶人监控等。

从车载摄像头的结构形式分，主要分为单目摄像头和双目摄像头。目前市场主流采用单目摄像头。从摄像头内部图像传感器类型分类，可以将摄像头分为 CMOS 摄像头和 CCD 摄像头两大类。其中 CMOS 是互补金属氧化物半导体（Complementary Metal Oxide Semiconductor），其阵面中的每一个单元独立输出，这也导致 CMOS 获取的图像噪声较大，图像的质量也相对较低，但是 CMOS 具备工艺简单、成本较低和光电灵敏度也较高等优势[149]，因此被广泛应用于对图像质量没有过高要求的场景。而 CCD 全名电荷耦合器件（Charge-Coupled Device），一块 CCD 上包含的像素数越多，其提供的画面分辨率也就越高，相比于 CMOS，CCD 能提供质量较好、抗噪性更好的图像[150]。不过随着 CMOS 图像传感器技术的不断提升，其图像质量和抗噪方面有了很大进步，与 CCD 间的差距正不断缩小。

车载摄像头主要实现的功能有图像处理、目标识别和定位测距等。车载摄像头的主要工作流程大致分为以下步骤：成像、ISP、识别、测距、追踪，摄像头较为精确的检出实现还需要正确标定内参、外参。

成像主要由透镜和成像器实现，成像的基本原理是小孔成像叠加透镜畸变，实现了由 3D 信息到 2D 信息的转变。其中成像器主要由色彩滤波阵列和感光传感器组成，用于检出颜色和光强，从而得到原始图像数据。

ISP 是针对原始图像数据进行预处理，主要包括坏点校正、黑电平矫正、降噪、阴影矫正、自动白平衡、色彩矫正和锐化等过程，从而提高给到算法端的图像质量。

识别和测距主要实现对目标类型的判别并上报目标的运动数据。对于一般障碍物主要利用深度学习实现；对于车道线及道路标识主要通过基于特征检测和深度学习实现。双目摄像头可以通过像差实现深度估计，相比于单目在测距方面具有优势。在时域上的目标追踪则可以通过光流估计、帧间目标匹配等方法及算法实现。

传统图像识别方法的重点在于从图像中查找和提取人工设计的特征以帮助分类，如边缘、角落和颜色等，然而随着图像中目标物的增加，很难针对每种目标物设计其特有的特征，因此算法最好能够自动学习图像中目标物的特征，随着近些年计算机技术的快速发展，基于神经网络和深度学习的图像识别算法逐渐成为主流，尤其是基于 CNN 的相关算法。

根据 CNN 图像识别算法是否需要生成候选区域，可以将算法分为两阶（Two Stage）算法和一阶（One Stage）算法，所谓两阶算法指的是算法先通过某种方式生成一些候选区域，然后再对候选区域里的内容进行筛选和分类，这类算法包括 R-CNN[151]、SPP-net[152]、Fast R-CNN[153]、Faster R-CNN[148] 和 Cascade R-CNN[154] 等。与两阶算法不同，一阶算法的思路是直接对图像进行各个位置上的边界框预测和分类，不需要预先生成一些候选区域，包括 YOLO[155]、SSD[156]、FPN[157]、RetinaNet[158] 等。本节将对比较典型的 Faster R-CNN、YOLO 以及 SSD 进行介绍。

1）Faster R-CNN 算法。Faster R-CNN 算法是由 Shaoqing Ren 等[148] 于 2016 年提出的基于 Faster R-CNN 的优化算法，其算法流程大致可分为四步，如图 4-16 所示。

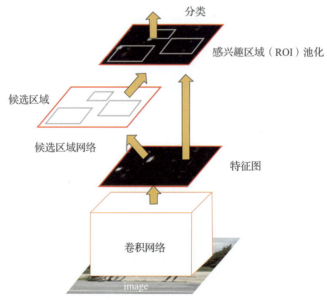

图 4-16　Faster R-CNN 网络架构[148]

①卷积层：Faster R-CNN 首先使用一组基础的卷积 + ReLU + 池化层来提取图像的特征地图，文中使用了 ZF 和 VGG16 两种网络，对于 VGG16 网络而言，其具备 13 个卷积层、13 个 ReLU 层和 4 个池化层。

②区域生成网络：经典的检测方法生成边界框时都非常耗时，如 OpenCVadaboost 使用滑动窗口 + 图像金字塔生成边界框[159]，或者 R-CNN[151] 使用选择性搜索（Selective Search）来生成边界框。而 Faster R-CNN 直接使用区域生成网络来生成边界框，极大地提升了算法的运行速度。

③感兴趣区域（ROI）池化层：由图可知，ROI 池化层共有两个输入，分别是原始的特征地图以及候选区域，该模块负责将二者结合并计算出每一个候选特征地图。

④分类层：分类层根据 ROI 池化层输出的候选特征地图，通过全连接和 Softmax 计算每个候选区域具体属于哪个类别，同时利用边界框回归获得每个候选区域的位置偏移量，在此基础上生成更加精确的目标边界框。

2）YOLO 算法。YOLO（You Only Look Once）是由 Joseph Redmon 等[155] 于 2016 年首次提出的图像识别算法，并于 2016 年末和 2018 年分别发布了 YOLOv2[160] 和 YOLOv3[161] 版本，相比于其他的图像识别算法，YOLO 在牺牲了一定识别精度的情况下极大地提升了算法的实时性，又因为开源而被工业界广泛采用，是目前计算机视觉领域最知名的图像识别算法之一。YOLO 算法的流程如图 4 – 17 所示，主要包含三个步骤：重塑图像尺寸、卷积神经网络和非极大值抑制。

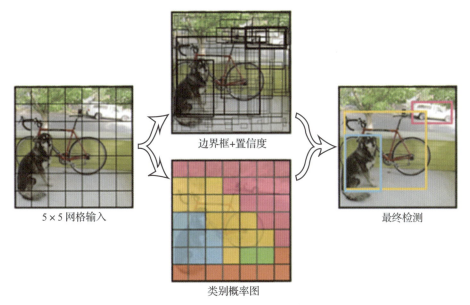

图 4 – 17　YOLO 算法流程[155]

①重塑图像尺寸：为了减少卷积计算的耗时，YOLO 算法首先对输入图像进行尺寸重塑，统一将图像重塑为 448pix×448pix，并将图像划分为 7×7 的网格。

②卷积神经网络：YOLO 采用单个卷积神经网络来进行整张图像的统一检测（Unified Detection），网络架构如图 4-18 所示，共包含 24 个卷积层和 2 个全连接层。对于图像中每一个网格，网络将针对每个类别预测 2 个边界框以及 1 个类别概率。

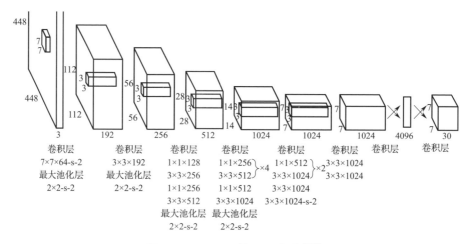

图 4-18　YOLO 的 CNN 架构[155]

③非极大值抑制：首先根据阈值去除置信度较低的边界框，随后根据网格的最大类别概率对边界框进行非极大值抑制处理，得到最终的边界框和类别。

YOLO 算法具有极好的实时性，但是其精度较两阶算法还存在一些不足，同时该算法对小物体的检测效果较差。

3）SSD 算法。SSD（Single Shot MultiBox Detector）算法是另一个经典的一阶算法，是由 Wei Liu 等[156]于 2016 年提出，可以将其视为 Faster R-CNN 和 YOLO 的结合，该算法整体沿用了 YOLO 的理念在整张图像中直接回归出边界框的位置和类别，同时又参考 Faster R-CNN 的候选区域引入了先验框（Default Box）概念，并将最后的检测结果视为先验框的偏移。SSD 算法包含三个模块：特征提取网络、目标检测网络和非极大值抑制，其算法架构如图 4-19 所示。

①特征提取网络：首先算法将输入图像重塑至 300pix×300pix，然后将其输入特征提取网络来获得不同大小的特征映射，特征提取网络的主体架构是基于 VGG16 网络，但是将第 6 和第 7 个全连接层替换为了卷积层，并去掉了所有的 Dropout 层和第 8 个全连接层。

②目标检测网络：网络抽取了图中的 Conv4_3、Conv7、Conv8_2、Conv9_2、Conv10_2、Conv11_2 层的特征地图，然后分别在这些特征地图上的每一个点构造

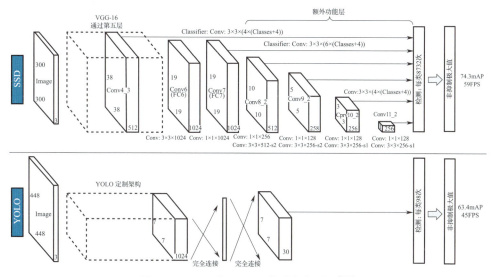

图 4-19　SSD 与 YOLO 算法架构对比[156]

6 个不同尺度大小的边界框,分别进行分类并计算置信度。

③非极大值抑制:与 YOLO 相似,算法首先根据阈值去除置信度较低的边界框,随后基于非极大值抑制对不同尺度特征地图上的边界框进行处理,得到最终的检测结果。

综上所述,视觉传感器作为典型的被动式传感器,其感知过程的工作原理主要为外界光照在目标物上产生折射和反射,反射的光线经透镜折射后打在图像传感器上,图像传感器信号经过 A/D 转换后形成原始图像。针对感知过程的性能局限主要考虑外界环境对光照条件的影响以及大气漂浮物在视觉传感器表面的遮挡,导致视觉传感器无法有效感知外界信息。针对认知过程的工作原理主要是在复杂多样的图片中检测到目标物,并对其分类、跟踪等,因此,针对认知过程的性能局限主要考虑目标物的光线折射异常,导致识别错误。

(3) 毫米波雷达工作原理分析

毫米波雷达是指工作在 30G～300GHz 频段,波长为 1～10mm 的雷达,毫米波兼有微波与远红外波两种波谱的优点。毫米波雷达具有探测距离远、响应速度快、适应能力强等特点,其探测距离可达 250m 以上,传播速度与光速一样,并且其调制简单,配合高速信号处理系统,可快速地测量出目标的距离、速度、角度等信息。毫米波雷达与其他雷达相比,穿透能力比较强,在雨、雪、大雾等极端天气下也能进行工作,同时不会受颜色、温度、光照度等因素的影响,具有全天候的特点。

车载毫米波雷达按采用的毫米波频段不同,分为 24GHz、60GHz、77GHz 和 79GHz 等四个频段,主流可用频段为 24GHz 和 77GHz。按探测距离可分为近距离(SRR,小于 60m)、中距离(MRR,100m 左右)和远距离(LRR,大于 200m)三种。按工作原理可以分为脉冲式和调频式两类，目前大多数车载毫米波雷达都为调频式。

毫米波雷达的工作过程是通过天线向外发射毫米波，接收机接收目标反射信号，经信号处理器处理后快速准确地获取汽车周围的环境信息，如与其他物体之间的相对距离、相对速度、角度和行驶方向等，然后根据所探知的物体信息进行目标追踪和识别其工作过程，如图 4 – 20 所示。下面以调频连续波毫米波雷达（Frequency Modulated Continuous Wave，FMCW）为例说明其测距、测速和测角原理。

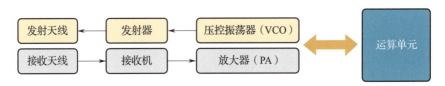

图 4 – 20　毫米波雷达工作过程

1）毫米波雷达测距原理。雷达调频器通过天线发射一列连续调频毫米波，发射信号遇到目标后，经目标的反射会产生回波信号，发射信号与回波信号相比形状相同，时间上存在差值 Δt，频率上存在偏差 f_B，如图 4 – 21 所示。按照下面的公式可以计算出雷达与目标之间的相对距离。

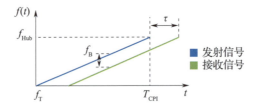

图 4 – 21　毫米波雷达测距原理

$$f(t) = f_T \pm \frac{f_{Hub}}{T_{CPI}} \cdot t \qquad (4-1)$$

$$R = \frac{c}{2} \cdot \frac{f_B}{f_{Hub}} \cdot T_{CPI} \qquad (4-2)$$

2）毫米波雷达测速原理。毫米波雷达测速根据多普勒理论，当毫米波在发射后，碰到物体反弹回波的频率以及振幅会随物体的运动状态改变，若物体朝着毫米波发射的方向前进时，此时反弹回来的毫米波频率会增加；反之，若物体是朝着远离毫米波方向行进时，则反弹回来的毫米波频率则会减小，如图 4 – 22 所示。按照下面的公式可以计算出雷达与目标之间的相对速度。

$$f_D = -f_T \cdot \frac{2v_r}{c} = -\frac{2v_r}{\lambda} \qquad (4-3)$$

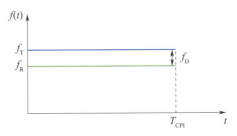

图 4-22　毫米波雷达测速原理

3) 毫米波雷达测角原理。毫米波雷达测角原理是通过毫米波雷达并列的接收天线（不同品牌的雷达并列接收天线个数不同），收到同一监测目标反射回来的毫米波的相位差，就可以计算出被监测目标的方位角，如图 4-23 所示。

$$\phi = \frac{2\pi L}{\lambda}\sin\theta \tag{4-4}$$

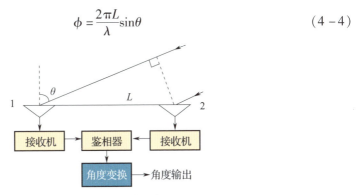

图 4-23　毫米波雷达测角原理

综上所述，毫米波雷达的工作过程是通过天线向外发射毫米波，接收目标反射的毫米波，经信号处理器处理后获取汽车周围的环境信息。因此，针对毫米波雷达感知过程的性能局限考虑维度与激光雷达感知过程相同。针对认知过程的性能局限主要考虑目标物对测距、测速过程中的频率差和测角过程中相位差的影响。

3. 基于工作原理的感知系统性能局限和触发条件分析方法

性能局限和触发条件是感知系统预期功能安全危害的主要来源。由各典型传感器的工作原理可知，各传感器工作过程可大致分为感知过程和认知过程，性能局限涵盖感知过程和认知过程各个环节。感知系统工作过程即通过传感器获取外部环境信息，并提取特征以获取认知结果。上述事件链任一环节存在性能局限，均会导致感知系统输出非预期结果。因此，本节提出一个基于事件链的感知系统性能局限与触发条件分析框架[162]，如图 4-24 所示，支持系统且完善地识别感知系统性能局限和触发条件，主要包括触发源、触发机制和触发效果三部分。

1) 触发源即自动驾驶系统所面临的各种环境要素，其通过特定的属性触发感知系统性能局限。根据触发源与自动驾驶系统的交互关系，将触发源分为交互实体、

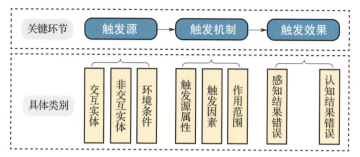

图4-24 基于事件链的感知系统性能局限和触发条件分析框架

非交互实体和环境条件。其中交互实体即与自动驾驶系统存在交互作用的实体元素,感知系统需正确感知交互实体,例如各类交通参与者、交通设施等。非交互实体即与自动驾驶系统不存在交互作用的实体元素,非交互实体体积和质量可以忽略,感知系统无须识别非交互实体,例如易拉罐、落叶等。而环境条件则包括降水、大气微粒、光照和其他能量源的环境因素。

2)根据感知系统的工作原理分别构建感知过程和认知过程的触发机制。感知过程主要指传感器感知环境中的目标物后,输出原始数据(如激光点云、图像)的过程。认知过程主要指获得原始数据后,利用感知算法获得目标物信息的过程。感知过程触发机制即在不同工作阶段,不同属性的触发源影响感知过程关键因素,从而触发相应性能局限的机制,主要包括触发源属性、触发因素和作用范围三部分。触发源属性即触发源本身的物理属性;触发因素即影响感知过程数据生成质量的关键因素,包括反射率、透射率和反射面积等;而作用范围则是传感器感知目标物的不同阶段。认知过程触发机制为触发源属性影响认知过程具体因素,从而触发相应性能局限的机制,主要包括触发源属性和触发因素两部分。其中认知过程触发源属性与感知过程相同,认知过程触发因素即影响认知结果的关键因素,包括变异程度、观测程度、突出程度和差异程度等。

3)触发效果即触发源所能够导致的感知系统结果错误。感知过程和认知过程输出结果不同,相应的触发效果也不同。针对感知过程,其触发效果根据主动传感器和被动传感器的输出差异需单独分析,主动传感器感知过程为向目标发射信号,接收目标反射的信号,触发效果则是接收信号的强度、数量和噪声等。而被动传感器感知过程输出为接收的环境信息,触发效果则是指信息的完整度、准确度和噪声等。认知过程输出为语义分割、目标识别和目标跟踪结果等,因此,触发效果为相应认知结果的正确性。

基于上述性能局限识别框架搭建触发条件生成矩阵,其中视觉传感器感知过程触发条件生成矩阵示例见表4-2。基于上述矩阵识别三类传感器共计66条触发条件,包括44条感知过程触发条件,22条认知过程触发条件,见附录D表D-1和表D-2。

表4-2 视觉传感器触发条件生成矩阵示例

触发源				触发机制		触发效果				触发条件
分类	要素	触发源属性	触发因素	影响程度	作用范围	图像关键信息缺失	图像关键信息失真	图像噪声	性能局限	
非交互实体	大气微粒	成分	反射率	高	能量传播	影响	无影响	影响	传感器受光照影响，光传输受遮挡	雪、雨等
			反射率	低	能量传播	无影响	无影响	无影响	无	无
		浓度	透过率	高	能量传播	影响	无影响	影响	传感器受光照影响，光传输受遮挡	雪、雨等
			透过率	低	能量传播	影响	无影响	无影响	传感器受光照影响，光传输受遮挡	雾、霾等
	微小物	成分		高	传感器	无影响	无影响	无影响	无	无
				低	传感器	影响	影响	影响	传感器受光照影响，光传输受遮挡	视觉传感器表面泥点、落叶、垃圾等
	光照条件	光源		高	传感器	无影响	影响	影响	光照动态范围小	晴朗天气驶出隧道
				低	传感器	无影响	影响	影响	低光照条件，图像质量较低	夜晚光照过低
	外部能量	振动源		高	传感器	无影响	影响	影响	传感器工作振动频率区间小	传感器附近存在振动源（共振）
		温度		高	传感器	影响	影响	影响	传感器工作温度区间较小	高温环境
				低	传感器	影响	影响	影响	传感器工作温度区间较小	低温环境

4. 基于数据的感知系统性能局限和触发条件识别

本节围绕降雨和光照条件对感知系统的影响开展场地试验和数据分析。

1）介绍了开展模拟降雨和光照试验的必要性。

2）针对降雨条件和光照条件对传感器的影响设置试验，并筛选不同传感器的客观评价指标。

3）基于客观评价指标对试验结果进行分析。

4）基于试验结果分析感知系统性能局限。

（1）基于模拟降雨试验的感知系统性能局限和触发条件识别

1）试验目的。目前现有的感知系统识别算法基本是基于良好天气情况下实现的，然而恶劣的天气对感知系统的感知过程和认知过程均有较大的影响。降雨是一种常见的自然现象。雨滴与飞溅的雨水会影响激光雷达的反射效果，且雨滴会吸收部分激光，导致激光雷达的探测范围降低。而降雨也会对光学成像带来噪声影响，导致图像纹理模糊、对比度降低、边缘细节缺失、内容遮挡等，降低图片质量。毫米波雷达通常在恶劣天气条件下表现良好，但是降雨同样会引起毫米波的衰减效应。因此，有必要研究不同降雨条件对感知系统的影响。

围绕不同降雨强度对各类传感器的影响开展模拟降雨场地测试和数据分析。接下来对场地测试进行简单介绍。

2）试验设置。试验基于降雨模拟设施进行，以保证对降雨的可控性和降雨量的可量化性，试验场地为位于上海临港智能网联汽车综合测试示范区内的降雨模拟路段。试验场地配备的降雨模拟设施共有5个降雨等级，不同降雨等级所对应的降雨强度详见表4-3，由于降雨模拟设施硬件条件的限制，降雨量不可连续调节，表中降雨等级与真实的降雨情况存在一定误差，但在可接受范围内。

表4-3 不同降雨等级

降雨等级	降雨强度
1级	小雨
2级	中雨
3级	大雨
4级	暴雨
5级	大暴雨

测试时的场景包括静态场景和动态场景两类，其中静态场景的测试目标物包含白色纸箱、假人、汽车三类，设置如图4-25所示。动态场景的目标物为一辆行驶的汽车，汽车以20km/h的恒定车速驶离传感器采集位置，设置如图4-26所示。

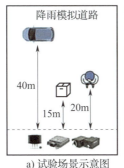 

a) 试验场景示意图　　　　　b) 试验现场照

图 4-25　静态场景设置

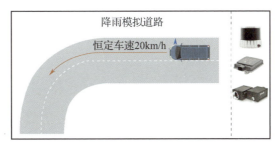

图 4-26　动态场景设置

对于三种类型传感器，分别选用不同的评价指标，对数据采集的结果进行量化评价，评价指标的选择见表 4-4。其中激光雷达通过静态场景采集的数据进行评价，毫米波雷达和视觉传感器分别通过静态场景和动态场景采集的数据进行评价。

表 4-4　数据采集结果评价指标

传感器类型	激光雷达	毫米波雷达	视觉传感器
评价指标1	平均点云数量	目标检测概率	漏检率
评价指标2	平均反射率	横向定位相对误差	平均分类置信度
评价指标3	反射率信息熵	纵向定位相对误差	平均分类信息熵
评价指标4	反射率信噪比	速度相对误差	—
评价指标5	纵向距离相对误差	—	—

3）试验结果。以毫米波雷达的目标检测概率为例说明降雨对感知系统影响。毫米波雷达包括两款被测对象，分别为雷达 1 和雷达 2。由于两款毫米波雷达的性能参数相近，因此将两款雷达对同一目标物的检测结果放在一起进行分析。

如图 4-27 所示，降雨环境下，毫米波雷达对静态汽车的检测率比较稳定，均能达到接近 100%，对动态汽车的检测率有小幅度的削弱作用；对白色纸箱和假人的检测非常不稳定，在降雨量为 1 级和 2 级时，两款雷达均出现了没有检测到目标物的情况。

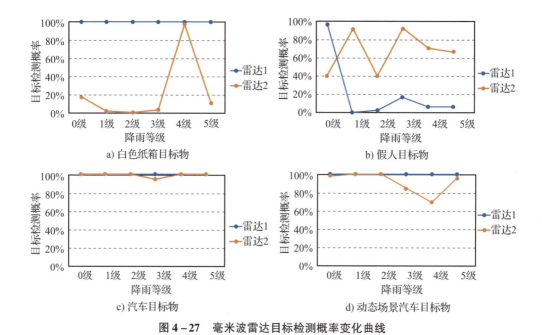

图 4-27　毫米波雷达目标检测概率变化曲线

4）试验结论。降雨对于激光雷达、毫米波雷达、视觉传感器三类智能网联汽车常用的传感器存在不同程度的削弱效果，具体反映在各类评价指标上。

①对于激光雷达，降雨会显著减少点云数量，同时会大幅度减小点云的反射率均值和信噪比；但同时，降雨也会使得目标物点云的反射率一致性变好，并在一定程度上减小点云的距离波动。降雨强度为小雨时对于激光雷达的削弱作用最强，这可能是由于该强度的降雨时雨滴有着较为明显的雾化现象，导致雨滴密度较大，对激光信号产生较大的影响。但不同型号的激光雷达在降雨环境中的感知结果也会存在较大差异。因此，降雨将触发激光雷达感知过程性能局限，导致点云缺失和一定程度上的点云失真，增加点云噪声，且小雨（雾化）加剧上述感知错误，降雨可作为激光雷达典型的触发条件之一。

②对于两款毫米波雷达，对汽车的检测信号受降雨的影响较小，数据采集结果较稳定，但对白色纸箱和假人的检测信号稳定性较差。这可能是由于毫米波对白色纸箱和假人的穿透性较好，导致返回的信号较差。不同型号的毫米波雷达在降雨条件中的信号采集结果存在差异。因此，降雨触发毫米波雷达性能局限程度与感知目标物相关，针对汽车目标物而言，尺寸较大，降雨导致的触发效果（信号强度和噪声等）在可接受范围内；而针对假人和白色纸箱目标物，尺寸较小，降雨导致的触发效果较为严重。降雨条件下小尺寸目标物感知即毫米波雷达触发条件之一。

③对于视觉传感器，降雨环境会降低目标物检测的分类置信度，增大分类信息熵，且静态场景下，两种视觉传感器均没出现误检和漏检。不同视觉传感器对不同目

标物识别效果不同,且受降雨的影响程度也存在较大差异。因此,降雨会触发视觉传感器性能局限,导致认知性能下降,降雨条件可作为视觉传感器的触发条件之一。

(2) 基于模拟光照试验的视觉传感器性能局限和触发条件识别

1) 试验目的。智能网联汽车在运行过程中会面临各种光照条件,如在夜间行驶、凌晨和傍晚行驶、隧道以及阴天等条件。尤其是在光照强度较低的环境下拍摄的图片往往存在亮度低和对比度弱等问题,相邻像素联系紧密,使得图像的细节、噪声等信息都集中在较窄的动态范围内[163]。此类图片除了影响视觉上的主观效果,也会影响认知任务如检测与识别。因此,研究不同光照条件对视觉传感器的影响具有很强的现实意义。

围绕光照条件对视觉传感器感的影响开展模拟光照场地测试和数据分析。接下来对场地测试进行简单介绍。

2) 试验设置。本节共选取两款视觉传感器作为试验对象:A 和 B,基本参数见表 4-5。前者采用某公司内部算法进行识别,后者采集的图像分别采用 Faster R-CNN 和 YOLOv5 进行识别。两款视觉传感器的纵向位置相同均处于静止状态。

表 4-5 试验所用视觉传感器基本参数

视觉传感器型号	A	B
分辨率	1280×960 像素	1280×960 像素
帧率	20fps	30fps
传感器类型	CMOS	AR0132 RGB
水平视角	52°	52°
垂直视角	43.4°	39°

本次测试场地由上海淞泓智能汽车科技有限公司支持,测试场地位于上海市嘉定区安亭镇博园路会展中心北馆测试场地,如图 4-28 所示。测试场地在夜晚低光照条件时可以实现对环境光照的有级调节,不同光照强度等级对应的光照强度详见表 4-6。此外,由于环境光照的干扰,实际光照强度与表中设置的光照强度存在细微差异。

图 4-28 模拟光照测试场地实拍图

表 4-6　不同光照强度等级

光照强度等级	光照强度/lx
0 级	0
1 级	20
2 级	40
3 级	60
4 级	80
5 级	100

根据试验目的的不同设置了动态目标物、目标物距离变化以及对向机动车灯影响三类场景，场景设置如图 4-29 所示。其中动态目标物场景设置了交通场景中常见的行人横穿、自行车横穿以及机动车纵向驶离三类子场景，具体参数见表 4-7。目标物距离变化场景则是设置光照强度 20lx 不变，静态假人和自行车距离变化，距离参数见表 4-8，并增设了自车开启近光灯的对照组。而对向机动车灯场景则设置了行人、自行车和机动车三个静态目标物，机动车在邻左车道开启远光灯由远处驶来，具体参数如图 4-29c 所示。

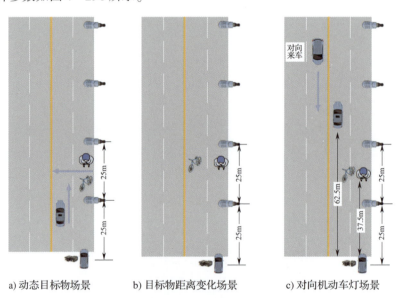

a) 动态目标物场景　　b) 目标物距离变化场景　　c) 对向机动车灯场景

图 4-29　场景设置

表 4-7　动态目标物场景参数

序号	目标物	速度	纵向位置	光照强度等级
1	横穿行人	5km/h	37.5m	0:1:5
2			50.0m	0:1:5

(续)

序号	目标物	速度	纵向位置	光照强度等级
3	横穿自行车	10km/h	37.5m	0:1:5
4			50.0m	0:1:5
5	同向机动车	10km/h	—	0:1:5

在测试中，两款视觉传感器同步地采集不同光照条件下的图像，动态场景采集时长需包含整个运动过程，静态场景采集时长不低于1min。为保证光照强度稳定，每次调整光照强度后，需等待至少3min后再进行数据采集。

表4-8　目标物距离变化场地参数

距离等级	纵向距离/m
1级	12.5
2级	37.5
3级	62.5
4级	87.5

3）认知结果客观评价指标集。由于自动驾驶系统更关注不同光照条件对视觉传感器的认知结果影响程度，因此本节筛选面向视觉传感认知结果的评价指标来评价上述影响。结合之前研究以及其他领域对视觉传感器的评价，本节选取了四项典型指标对视觉传感器认知结果进行量化分析，包括漏检率、位置偏差、类别置信度和置信度香农熵。下面将对各个指标的计算方式进行说明。

①漏检率。漏检率是指未检测到目标物帧数占所有采集帧数的比例，该指标用来衡量识别目标物的精度。可由下式得到：

$$Miss_{rate} = \frac{n_F}{n_F + n_P} \tag{4-5}$$

式中，$Miss_{rate}$为漏检率；n_F为未检测到目标物的帧数；n_P为检测到目标物的帧数。

②位置偏差。位置偏差是指检测到目标物的位置标准差，该指标用来衡量目标物位置识别精度。可由下式得到：

$$\sigma_d = \sqrt{\frac{\sum_{i=1}^{n_P}(d_i - \bar{d})^2}{n_P}} \tag{4-6}$$

式中，σ_d为位置偏差；d_i为第i帧里目标物的纵向距离或横向距离，单位为像素；$\bar{d}$为检测到目标物帧数里目标物的纵向距离或横向距离平均值，单位为像素。

③类别置信度。类别置信度指识别目标物属于某一类的概率，该指标用来衡量目标物种类识别的精度。

④置信度香农熵。置信度香农熵可以客观评价目标物种类识别的一致性，即香农熵越小，目标物种类的置信度的分布越集中。可由下式得到：

$$\overline{E}_{ref} = -\sum_{i=1}^{10} p_i \log_2 p_i \quad (4-7)$$

$$p_i = \frac{n_i}{n_p} \quad (4-8)$$

式中，$\overline{E}_{ref}$为置信度香农熵；p_i为置信度（confidence）位于第i等级 [confidence $\in$ (0.1×i-0.1, 0.1×i)] 的类别置信度占比。

4）试验结果。根据场景设置共收集两款视觉传感器的44组测试数据，其中动态目标物30组、目标物位置8组，以及对向车灯影响6组。下面以动态目标物场景为例具体分析提出的4项指标受光照条件变化影响的情况。

机动车纵向行驶识别结果如图4-30所示，除了在光照强度为0lx时视觉传感器无法感知目标物外，其他光照强度视觉传感器均能稳定识别机动车，总体效果Faster R-CNN效果最优，且识别车辆位置偏差最小。

5）试验结论。可以得到光照对视觉传感器影响的结论如下：

①针对不同横穿目标物，在低光照条件时，均导致较高的漏检率。此外，由于图像中自行车轮廓易受光照强度影响，视觉传感器对自行车的识别效果较差。不同的感知算法由其训练数据和自身结构原因，对不同目标物的识别效果也各不相同。低光照条件是视觉传感器典型触发条件，且目标物轮廓模糊会加剧低光照条件的触发效果。

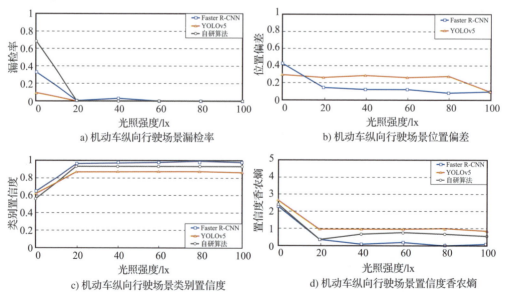

图4-30 机动车纵向行驶识别结果

②针对目标物距离变化场景,当目标物距离过大时,视觉传感器对图像中小目标物识别效果急剧下降。且不同感知算法的识别效果存在一定差异,两阶段算法(Faster R-CNN)优于一阶段算法(YOLOv5)。同理,小目标物检测是视觉传感器典型触发条件,但两阶段算法针对该性能局限具有较优鲁棒性。

③自车开启近光灯对不同算法的识别效果均有显著提升,因此,在夜晚低光照条件下开启自车近光灯行驶有利于提升安全性。

④针对对向车灯影响场景,对向车灯一定程度上提高了环境光照,提高识别效果。但在对向机动车接近目标物过程中,目标物附近处于过曝光状态,无法正常感知目标物。因此,对向车灯虽在整体上提升了视觉传感器性能,但在一定程度上触发了视觉传感器性能局限,导致视觉传感器在特定时刻出现感知错误,也属于视觉传感器触发条件一种。

4.1.3 感知系统预期功能安全评价体系研究

针对上一节识别的感知系统性能局限与触发条件,本节探究感知系统在上述触发条件作用下的性能水平。由上一节可知,触发条件包括感知过程和认知过程两部分,不同类型触发条件导致感知性能下降程度不同。因此,本节针对感知系统的硬件属性和目标检测性能展开研究,构建感知系统目标检测性能评价体系。

1. 评价体系架构

(1) 现有感知系统评价维度

感知系统目标检测的评价主要包括定量和定性评价两种。定量评价流程可以归纳为建立评价模型、选择评价指标、评价指标预处理和性能综合评价[164]。Wang 等人[164]从目标跟踪性能、目标物参数识别精准性和目标分类准确性三个方面构建了一套感知系统性能评价体系。张学显等人[165]从目标识别和目标分类两个角度评价感知系统性能,并基于 TOPSIS 法构建一套感知系统性能量化评价体系。定性评价方法从感知系统性能本质出发,利用专家知识、经验和判断,通过观察被评价对象的表现或状态,以归纳分析等非量化手段对感知系统性能进行评价。最终的评价结果是宏观的感知系统性能水平划分,而非精确的数值。如 RosiqueF 等[166]提出的蛛网模型从一个原点往外辐射出几条轴,每条轴代表一个决定感知系统的关键性能,在每个轴上根据技术成熟度分为若干个等级,最后把每条轴上的对应点连接起来构成蛛网的纬线,以此评价感知系统性能,如图 4-31 所示。

综上所述,感知系统评价体系架构主要从感知过程性能和认知过程性能两部分考虑,针对感知过程主要评价感知系统获取的数据质量,包括图像、点云和毫米波回波等信号的质量,对感知系统部件自身参数的考虑较少,不利于指导感知系统的开发。对感知系统认知过程的性能评价主要评价目标检测效果,主要包括目标分类

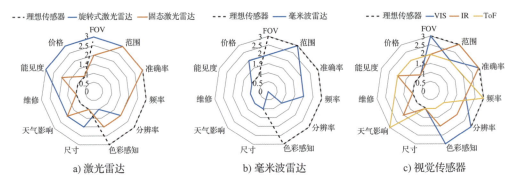

图 4-31 感知系统性能评价蛛网模型[166]

性能、目标跟踪性能、目标参数识别精度和耗时等，但未构建一套综合感知系统认知过程性能评价体系。

(2) 感知系统评价体系架构

现有感知系统性能评价体系研究主要从感知过程和认知过程两方面展开，一类评价传感器输出感知数据的质量；另一类评价认识过程目标检测能力。基于现有研究，本节首先提出一个两层的感知系统 SOTIF 评价框架，将感知系统评价分为传感器部件级性能评价和特定场景下的感知系统性能评价，如图 4-32 所示。评价框架中传感器部件级性能评价关注传感器输出原始数据的质量；特定场景下的感知系统性能评价关注感知系统对环境中目标检测的能力。本节重点考察系统层面的感知结果，即感知系统认知结果，而传感器部件级性能评价重点关注传感器硬件属性，不作为本节研究重点。

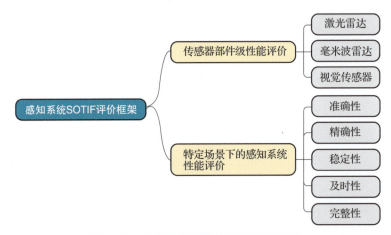

图 4-32 感知系统预期功能安全评价框架

在自动驾驶系统中，感知系统输出的结果是决策系统的输入，应保证在较短的时间内，准确识别目标信息，减少漏检误检，且具备一定的鲁棒性。经过分析，本节从准确性、精准性、稳定性、及时性和完整性五个维度评价特定场景下的感知系统性能，并构建了一个感知系统综合量化评价体系。

2. 传感器部件级性能评价性能指标

本节分别介绍毫米波雷达、激光雷达和视觉传感器等传感器部件级性能评价指标。毫米波雷达部件级性能评价指标见表4-9，在表中对部分专业名词进行了解释。

表4-9 毫米波雷达部件级性能评价指标[167][168]

指标			指标解释
单目标检测	（水平/垂直）距离	（水平/垂直）最远探测距离	—
		（水平/垂直）最近探测距离	—
		（水平/垂直）测距精度	—
	速度	速度探测范围	—
		速度探测精度	—
	角度	角度测量范围	—
		角度测量精度	—
	目标刷新频率		—
多目标区分度检测	距离分辨力		—
	速度分辨力		—
	角度分辨力		—
	最大目标跟踪数量		—
	虚警概率		目标不存在时系统判断目标出现的概率
	探测概率		目标存在时系统判断目标出现的概率
射频性能	工作带宽		发射机工作在最大功率下，雷达的工作带宽应为发射信号99%能量的信号带宽，对应的上、下限不能超过所规定的频率范围
	等效全向辐射功率（Effective Isotropic Radiated Power, EIRP）		输出到天线上的功率在指定方向上相对于全向天线的天线增益的乘积
	发射天线水平方向图		发射天线水平角度范围为-90°~90°，竖直角度为0°，不断改变天线角度，在极坐标图上记录下每个角度时天线的发射功率，将每个角度的发射功率连成一条闭合曲线，即为天线水平方向图
	发射天线垂直方向图		发射天线竖直角度范围为-90°~90°，水平角度为0°，不断改变天线角度，在极坐标图上记录下每个角度时天线的发射功率，将每个角度的发射功率连成一条闭合曲线，即为天线垂直方向图
	频率调频线性度		调频连续雷达，调制频率偏离理想值的程度
	功率平坦度		在雷达的有效工作带宽内，功率的最大值与最小值之差
	调制周期和占空比		占空比：在一串脉冲序列中，正脉冲的持续时间与脉冲总周期的比值

(续)

指标			指标解释
射频性能	调制波形参数	实际有效工作带宽	—
		调频时间	—
		调频连续波重复时间	—
		调制频率误差	—
	雷达威力		雷达在空间各角度的最大探测范围
	抗干扰能力		雷达在干扰关键中工作时，消除或抑制干扰的能力
	带外发射		—
	发射机杂散发射		—
	接收机杂散发射		设备在接受状态时，在杂散域的无用发射

激光雷达部件级性能评价指标见表 4-10，表中对部分专业名词进行了解释。

表 4-10 激光雷达部件级性能评价指标[169]

指标		指标解释
角度	线束	水平角度分辨率表征系统对水平角度细节的分辨能力。由于点云密度与场景相关，使用线束和水平角度分辨率表征点云密度
	水平角度分辨率	
	竖直角度分辨率	竖直角度分辨率表征系统对竖直角度细节的分辨能力
	水平视场角	通过在指定条件下对相同或相似物体水平方向上的最大检测角度
	竖直视场角	通过在指定条件下对相同或相似物体竖直方向上的最大检测角度
	单束激光在光罩上的光斑面积（衡量光斑尺寸）	—
	发散角（衡量光斑尺寸）	影响激光雷达对物体边缘的探测和角度分辨率等参数
测程	最小测程	在某一确定的光照强度下，保证探测概率为 P_{od}，且噪点率小于 p 的情况下，激光正入射反射率为 R 的物体时所能探测的最近距离
	最大测程	在某一确定的光照强度下，保证探测概率为 P_{od}，且噪点率小于 p 的情况下，激光正入射反射率为 R 的物体时所能探测的最远距离
探测精度	水平探测角度精确度	通过在指定条件下对相同或相似物体角度进行重复测量获得的指示值或测量值之间的一致性及在重复测量中保持不变的测量误差分量
	垂直探测角度精确度	
	探测距离精确度	通过在指定条件下对相同或相似物体距离进行重复测量获得的指示值或测量值之间的一致性及在重复测量中保持不变的测量误差分量
时间性能指标	系统冷启动时间	—
	点云时间漂移	—
	点云平均延迟	—

(续)

指标		指标解释
特殊现象	拖点	一个激光束在两个物体上引起的两个物体边缘之间的假点
	噪点	超过一定距离且在时间上和空间是不连续的点即为噪点（重点在环境中有干扰源的情况下进行测试）
	鬼像	一个明显的目标，其位置或频率或两者都不与任何真实目标相对应，而是由于雷达电路对存在的其他真实目标信号的失真或误解而导致的
反射率相关	反射率识别范围	识别在典型距离下反射率为 $x\%$ 到 $y\%$ 的标准样品，$x\% - y\%$ 即为反射率识别范围
	反射率测量精度	典型距离下的反射率测量精度（%）
探测概率	探测概率	提供有效范围回波的脉冲的概率 探测概率 = 有效范围回波/理论总回波数
安全性	人眼安全	对人眼是否会造成伤害
	最大回波数量	光敏系统按一定时间间隔接收并解析到从不同距离反射回来的激光脉冲，这样就可以利用一束激光测得两次以上的距离值

视觉传感器部件级性能评价指标见表 4 – 11。

表 4 – 11 视觉传感器性能评价指标[170~174]

指标	指标子类
图像性能	帧率
	水平视角
	纵向视角
	有效像素
	分辨率
	信噪比
	动态范围
	最高照度
	最低照度
	自动增益控制
	白平衡
	色彩还原
	炫光
	畸变
	暗角
系统	系统延时
	启动时间

3. 特定场景下的感知系统性能评价指标

特定场景下的感知系统测试项包括车辆、行人、道路标识、红绿灯和车道线等。特定场景下的感知系统性能评价指标包含准确性、精准性、稳定性、及时性和完整性五个维度,每个维度下包含若干的评价指标。

(1) 特定场景下感知系统测试项

本节列举了智能网联汽车运行过程中常见的感知目标及其需要感知的参数,见表4-12。

表4-12 特定场景下的感知系统测试项

感知目标	参数类别	参数代号	参数定义
车辆、行人、道路标识、红绿灯	基础信息	id	目标标识
		id_lane(使用其中一种即可)	目标相对于本车道位置 目标所在车道id
		age	目标生命周期/ms
		type	目标类型(参见目标分类表)
		prob	目标概率(或置信度)
		cipv	当前路径目标id/主目标id
		move_sts	运动/静止状态
		length	长度/cm
		width	宽度/cm
		height	高度/cm
		color	颜色
	运动学参数	long_s	纵向方向距离/m
		long_v	纵向方向速度/(m/s)
		long_a	纵向方向加速度/(m/s^2)
		lat_s	横向方向距离/m
		lat_v	横向方向速度/(m/s)
		lat_a	横向方向加速度/(m/s^2)
		yaw_s	横摆角/rad
		yaw_v	横摆角速度/(rad/s)
		yaw_a	横摆角加速度/(rad/s^2)
		roll_s	侧倾角/rad
		roll_v	侧倾角速度/(rad/s)
		roll_a	侧倾角加速度/(rad/s^2)
		pitch_s	俯仰角/rad
		pitch_v	俯仰角速度/(rad/s)
		pitch_a	俯仰角加速度/(rad/s^2)

(续)

感知目标	参数类别	参数代号	参数定义
车道线/道路边缘	基础信息	id（使用其中一个即可）	车道相对于自车位置标志
			标识
		age	生命周期/ms
		type	类型
		prob	概率（或置信度）
		height	路沿高度/cm
		width	线宽/cm
		color	颜色
		Confluence / diversion	分流/合留点位置/m
		position	横向位置/m
		Curvature	曲率
	三次表达式	c0	表达式系数
		c1	表达式系数
		c2	表达式系数
		c3	表达式系数
		start	起点
		end	终点
		range	有效长度/m

感知系统输出的车道线的可能是三次表达式系数，实际评价过程中并不考察三次表达式系数的准确性，而是将三次表达式系数换算为与横向位置进行评价，通过对比横向位置与真实车道线偏差进行评价。

（2）特定场景下感知系统性能评价指标

评价指标包含 5 项维度：准确性是针对阶跃型数据结果的正确性评价；精准性是针对连续型数据结果的精确度评价；稳定性是针对检测结果关于对象、空间、时间的一致性进行评价；及时性是针对感知系统检测目标的迟滞性评价；完整性是针对检测结果的完备性的评价。表 4-13 是各项维度及其细分指标。

表 4-13 特定场景下感知系统性能评价指标

评价维度	评级指标	指标解释
准确性	TP	True Positive, 真阳。正确的正预测，预测为正类，且预测正确了，实际为正类
	FP	False Positive, 假阳。错误的正预测，预测为正类，且预测错误了，实际为负类
	TN	True Negative, 真阴。正确的负预测，预测为负类，且预测正确了，实际为负类

（续）

评价维度	评级指标	指标解释
准确性	FN	False Negative，假阴。错误的负预测，预测为负类，且预测错误了，实际为正类
	Precision（等效误检率）	查准率，正预测准确率，TP/（TP+FP），从预测结果的角度，预测为正类的对象中，预测正确的比例，即识别的准确率
	Accuracy	识别精度，正确预测准确率，（TP+TN）/Total，从实际和预测结果对应的角度，预测结果符合实际的占总集合的比例
	ROC	1. 真正类率（True Postive Rate，TPR）：TP/（TP+FN），代表分类器预测的正类中实际正实例占所有正实例的比例 2. 负正类率（False Postive Rate，FPR）：FP/（FP+TN），代表分类器预测的正类中实际负实例占所有负实例的比例 3. ROC曲线横坐标为FPR(0–1)，纵坐标为TPR(0–1)，ROC为AUC（Area Under the Curve）面积（0–1）。AUC作为数值可以直观地评价分类器的好坏，值越大越好
	mAP	AP：Average Precision，平均查准率。横坐标为Recall(0–1)，纵坐标为Precision(0–1)，AP为AUC(Area Under the Curve) 线下面积(0,1)。mAP是各种目标物的AP均值
	IoU	Intersection of Union，交并比
	MOTA	Multiple Object Tracking Accuracy，多目标跟随准确率
精准性	delta（TeRe-GrTr）	差值，TeRe（Test results）代表感知结果，GrTr（Ground Truth）代表真实值
	Ratio((TeRe-GrTr)/GrTr)	比值，TeRe（Test results）代表感知结果，GrTr（Ground Truth）代表真实值
	mean（TeRe-GrTr）	均值，TeRe（Test results）代表感知结果，GrTr（Ground Truth）代表真实值
	median（TeRe-GrTr）	中位数，TeRe（Test results）代表感知结果，GrTr（Ground Truth）代表真实值
	Std((TeRe-GrTr)/GrTr)	相对误差标准差，TeRe（Test results）代表感知结果，GrTr（Ground Truth）代表真实值
	max(TeRe)-min(TeRe)	极差，max(TeRe)代表感知结果最大值，min(TeRe)代表最小值
	MOTP	Multiple Object Tracking Precision，多目标跟随精度
稳定性	DutyFactor	占空因子。如：分母为同一个真值目标总时长，分子为TP时长
	JumpCounter	跳动次数。如：同一个真值目标全生命周期内，id的跳动次数
	Fragmentation	跟踪打断次数，标记物体没有被匹配上的次数
	Std（TeRe-GrTr）	绝对误差标准差，TeRe（Test results）代表感知结果，GrTr（Ground Truth）代表真实值

(续)

评价维度	评级指标	指标解释
稳定性	max（TeRe-GrTr）	最大值，TeRe（Test results）代表感知结果，GrTr（Ground Truth）代表真实值
	min（TeRe-GrTr）	最小值，TeRe（Test results）代表感知结果，GrTr（Ground Truth）代表真实值
及时性	ReportDelay	上报延迟
	ConvergenceTime	收敛速度
完整性	Recall（等效漏检率）	查全率/召回率，TP/（TP＋FN），从预测的角度，应该被预测为正类的对象中，被正确识别的比例

4. 感知系统性能综合量化评价体系

根据不同自动驾驶功能提出感知系统性能要求，各类感知要素的评价指标及权重各不相同。本节对不同的评价指标提出了参考阈值，实际研发过程中需根据自动驾驶功能需求进行调整。

（1）综合量化评价体系

特定场景下的感知系统性能评价整体考察感知系统对环境目标整体检测能力。本节从多场景评价、单场景评价和单层级评价三个层面构建了感知系统综合量化评价体系，如图 4-33 所示。逐层对感知系统相关评价指标进行计算，最终得出感知系统整体评价结果。多场景评价主要考虑不同触发条件的难度水平；单场景评价基于《智能网联汽车预期功能安全场景要素及管理规范》中静态场景要素七层架构中的 Layer1 至 Layer4 展开，分层对感知系统识别结果进行评价；针对各层次中的场景要素，均考虑在准确性、精准性、稳定性、及时性、完整性五个维度上进行评价。

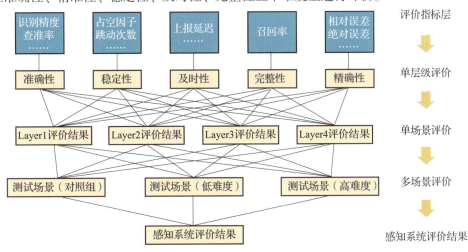

图 4-33 感知系统综合量化评价体系

(2) 多场景评价

感知系统预期功能安全测试场景中，触发条件是最重要的组成部分。触发条件的严苛程度，直接影响感知过程和认知过程。在多场景测试中，若对触发条件进行了严苛等级划分，则需要考虑感知系统正常工作的难度水平，在评价过程中予以权重区分，表 4-14 展示了难度等级与权重系数的一个示例。其中，难度等级数量可以根据实际测试场景数量、难度水平等进行调整；权重系数需要相关专家综合考虑多个传感器的影响予以评定。

多场景评价输出的结果即被测感知系统评价结果，输入为感知系统在单场景下的评价结果，具体公式为：

$$Score_{MultipleScene} = \sum_{i=1}^{N} W_{Level_i} \cdot \left(\frac{1}{M} \sum_{j=1}^{M} Score_{Level_i SingleScene_j} \right) \quad (4-9)$$

式中，$Score_{MultipleScene}$ 为多场景感知系统预期功能安全性能评价结果，取值范围 [0, 1]；W_{Level_i} 为测试场景难度等级 i 的权重系数，$\sum_{i=1}^{N} W_{Level_i} = 1$；$M$ 为测试场景难度等级 i 所包含的场景个数；$Score_{Level_i SingleScene_j}$ 为第 i 难度等级的第 j 个测试场景的单场景评价结果；N 为难度等级的个数。

表 4-14 场景难度等级与权重系数示例

难度等级	触发条件	权重系数
1	基础场景	0.25
2	一般触发条件	0.30
3	严苛触发条件	0.45

如果没有对触发条件进行细分等级，可以直接取单场景评价得分的均值作为多场景评价的最终得分。

(3) 单场景评价

单场景评价基于《智能网联汽车预期功能安全场景要素及管理规范》中静态场景要素七层架构展开，对各个场景要素层次中的场景要素进行评价。其中 Layer5 自然环境、Layer6 数字信息和 Layer7 自车状态中的场景要素不作为本节考察重点。本节重点考察 Layer1 至 Layer4 场景要素层次中的要素，见表 4-15。

不同场景要素层次感知系统评价结果做加权，即为当前场景的感知系统评价结果。其中权重需要基于专家知识进行综合评定。单场景评价输入为感知系统对不同场景要素层次的评价结果，具体公式为：

$$Score_{SingleScene} = \sum_{i=1}^{N} W_{Layer_i} \cdot Score_{Layer_i} \quad (4-10)$$

式中，$Score_{SingleScene}$ 为单场景感知系统预期功能安全性能评价结果，取值范围 [0, 1]；

N 为场景要素层次的个数，$N=4$；W_{Layer_i} 为场景要素层次 i 的权重系数，$\sum_{i=1}^{N} W_{\text{Layer}_i} = 1$；$Score_{\text{Layer}_i}$ 为场景要素层次 i 的评价结果。

表 4-15　Layer1 至 Layer4 场景要素层次中的感知要素

场景要素层次	感知要素
Layer1 道路结构	道路拓扑（车道线、车道标线、车位标线等）
Layer2 交通基础设施	交通信号灯、交通标志
Layer3 道路和设施临时改变	车道变化、车道占据、道路条件变化
Layer4 交通参与者	车辆、行人、动物、物体

（4）单层次评价

单层次评价从准确性、精准性、稳定性、及时性和完整性 5 个维度展开。单层次评价结果取决于各个维度的评价结果，各维度之间有不同的权重；同一维度下，存在多个评价指标，不同评价指标间存在不同的权重。

不同评价指标量纲不同，且各个评价指标的相关性不同，需要做归一化处理。可以采用线性分段、非线性分段和多分段等方法进行评价指标归一化，本节采用线性分段的方法进行评价指标归一化处理，如图 4-34 所示。

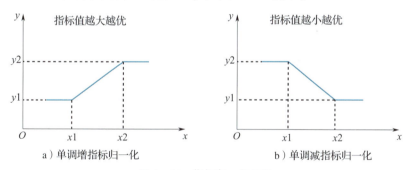

图 4-34　指标归一化函数

针对 Layer1 中的车道线，进行评价指标归一化示例，见表 4-16。

表 4-16　车道线相关评价指标归一化函数参数

评价对象	维度	指标	相关性	指标评判函数				
				$x1$	$x2$	$y1$	$y2$	斜率
车道 id	稳定性	DutyFactor	正相关	0.93	0.98	0.60	1.00	8.00
	完整性	Recall	正相关	0.60	0.90	0.60	1.00	1.33
车道类型	准确性	Precision	正相关	0.93	0.98	0.60	1.00	8.00
	准确性	Accuracy	正相关	0.93	0.98	0.60	1.00	8.00
	稳定性	DutyFactor	正相关	0.93	0.98	0.60	1.00	8.00
	及时性	ReportDelay	负相关	33.00	200	1.00	0.60	-0.002
	完整性	Recall	正相关	0.60	0.90	0.60	1.00	1.33

(续)

评价对象	维度	指标	相关性	指标评判函数				
				x1	x2	y1	y2	斜率
车道线横向误差/cm	精准性	绝对误差 (0~20m)	负相关	2.00	10.00	1.00	0.60	-0.05
	精准性	绝对误差 (20~50m)	负相关	10.00	30.00	1.00	0.60	-0.02
	精准性	绝对误差 (50~80m)	负相关	30.00	50.00	1.00	0.60	-0.02

针对不同维度评价指标得分进行加权,可以得到单层次得分。单层次评价输入为感知系统在不同维度的识别结果,具体公式为:

$$Score_{Layer_j} = \sum_{i=1}^{N} W_{Dimension_i} \cdot Score_{Dimension_i} \quad (4-11)$$

式中 $Score_{Layer_j}$——即第 j 层次视觉感知系统预期功能安全性能评价结果;

N——即评价维度个数,此处 $N=5$;

$W_{Dimension_i}$——即第 i 维度的权重系数;

$Score_{Dimension_i}$——即第 i 维度的感知系统预期功能安全性能评价结果。

考虑到部分场景比较复杂,针对不同的测试场景,应基于自动驾驶功能的特点和需求,从安全性角度规定其必须感知的目标。若识别场景中的全部目标,一方面对感知系统提出了较高的挑战;另一方面过多的冗杂信息输入,造成决策算法任务复杂性增加,对资源需求急剧增加。不同维度的感知系统预期功能安全性能评价结果由各个感知目标识别结果得到。

$$Score_{Dimension} = \sum_{i=1}^{N} W_{Obj_i} \cdot Score_{Obj_i} \quad (4-12)$$

式中 $Score_{Dimension}$——即某维度的感知系统预期功能安全性能评价结果;

N——即该场景要素层次下感知目标个数;

W_{Obj_i}——即目标 i 在该维度下的权重系数;

$Score_{Obj_i}$——即目标 i 在该维度下的感知系统预期功能安全性能评价结果;

$Score_{Dimension_i}$——即第 i 维度的感知系统预期功能安全性能评价结果。

针对特定目标物,各维度下评价指标使用平均权重进行归一化。归一化结果取决于各个评价指标结果。公式如下:

$$Score_{Obj} = \frac{1}{N} \sum_{i=1}^{N} Score_{Index_i} \quad (4-13)$$

式中 $Score_{Obj}$——即某目标物的感知系统预期功能安全性能评价结果;

N——即该维度下评价指标个数;

$Score_{Index_i}$——即该维度下第 i 个评价指标得分,该指标由目标物特定参数计算得到。

（5）评价示例

本小节进行感知系统综合量化评价结果示例展示。假设有 3 个测试场景，各场景权重如表 4-17。

表 4-17 测试场景难度权重

场景编号	触发条件编号	权重系数
场景 1	1	0.10
场景 2	2	0.40
场景 3	3	0.50

场景中有 Layer1 中的车道线和 Layer4 中的车辆识别任务，各场景下的不同场景要素层次权重见表 4-18。同一场景要素层次内各维度权重见表 4-19。

表 4-18 场景要素层次权重

场景编号	Layer1 权重	Layer4 权重
场景 1	0.60	0.40
场景 2	0.50	0.50
场景 3	0.50	0.50

表 4-19 各维度权重

维度（Dimension）	权重系数
准确性	0.20
精准性	0.20
稳定性	0.20
及时性	0.20
完整性	0.20

Layer1 中的车道线各评价指标测试数据见表 4-20，根据指标归一化函数可计算不同指标得分。

表 4-20 测试场景中 Layer1 中的车道线测试数据

维度 (Dimension)	指标	场景 1		场景 2		场景 3	
		测试数据	得分	测试数据	得分	测试数据	得分
稳定性	DutyFactor	0.70	0.60	0.88	0.60	0.95	0.76
及时性	ReportDelay	50.03	0.96	45.35	0.97	52.47	0.95
完整性	Recall	0.92	1.00	0.99	1.00	0.40	0.60
准确性	Accuracy	0.82	0.60	0.42	0.60	0.98	1.00
精准性	横向绝对误差（20m）	1.00	1.00	6.00	0.80	15.00	0.60

Layer4 中的车辆各评价指标测试数据见表 4-21，根据指标归一化函数可计算该指标得分。

表 4-21 测试场景中 Layer4 中的车辆测试数据

维度 (Dimension)	指标	场景 1		场景 2		场景 3	
		测试数据	得分	测试数据	得分	测试数据	得分
稳定性	DutyFactor	0.70	0.60	0.88	0.60	0.95	0.85
及时性	ReportDelay	52.68	0.95	50.09	0.60	56.04	0.94
完整性	Recall	0.92	0.90	0.99	1.00	0.40	0.60
准确性	Accuracy	0.82	0.75	0.42	0.60	0.98	0.97
精准性	横向绝对误差 (20m)	0.04	1.00	0.07	0.80	0.10	0.60

各维度的权重系数相同，场景 1 中 Layer1 中的车道线感知系统预期功能安全性能评价结果如下：

$$Score_{Layer_1} = 0.2 \times 0.6 + 0.2 \times 0.96 + 0.2 \times 1 + 0.2 \times 0.6 + 0.2 \times 1 = 0.83$$

(4-14)

按照此方法计算三个场景中各场景要素层次得分，见表 4-22。

表 4-22 测试场景中各场景要素层次得分

场景要素层次	场景 1	场景 2	场景 3
Layer1	0.83	0.80	0.78
Layer4	0.84	0.72	0.79

按照表 4-21 测试场景中各场景要素层次得分和各个场景要素层次的权重，可以获得各个场景得分，场景 1 感知系统预期功能安全性能评价结果如下（保留 2 位有效数字）：

$$Score_{scene_1} = 0.83 \times 0.6 + 0.84 \times 0.4 = 0.83 \quad (4-15)$$

$$Score_{scene_2} = 0.80 \times 0.5 + 0.72 \times 0.5 = 0.76 \quad (4-16)$$

$$Score_{scene_3} = 0.78 \times 0.5 + 0.79 \times 0.5 = 0.79 \quad (4-17)$$

根据表 4-16 中各个场景的权重，可以计算被测感知系统多场景评价结果：

$$Score_{MultipleScene} = 0.83 \times 0.1 + 0.76 \times 0.4 + 0.79 \times 0.5 = 0.78 \quad (4-18)$$

即被测感知系统在 3 个测试场景下的预期功能安全性能评价结果为 0.78。

4.1.4 感知系统预期功能安全测试方法研究

结合触发条件和基础场景构建感知系统测试场景，并综合考虑测试效率、测试成本和测试需求等方面合理选择测试方法，基于测试结果计算感知系统预期功能安全性能评价结果。本节总体技术路线如图4-35所示。

测试用例是测试的核心和源头，本节定义感知系统测试用例由基础场景（逻辑场景）结合触发条件得到。首先，基于感知系统性能局限和触发条件分析方法获取评价感知系统的触发条件清单。其次，根据被测感知系统服务的自动驾驶功能定义基础场景，若被测感知系统未定义服务的自动驾驶功能，则可以参考标准[175][176]筛选相应的基础场景。再次，根据触发条件作用的对象不同，在基础场景中添加触发条件。最后，基于被测感知系统的性能参数确定逻辑场景中的参数。

仿真测试是感知系统研发过程中的重要一环。一方面，仿真测试具有测试效率高、资源消耗低、可重复性好等优点。另一方面，自动驾驶系统仿真技术的优势更接近真实的复杂动态环境，尤其对机动车、非机动车、行人等交通参与者的动态交互行为。因此，针对此部分触发条件可以采用仿真测试的手段实现。

封闭场地测试是开展智能网联汽车预期功能安全技术研发和应用不可或缺的重要环节，并且是智能网联汽车开放道路测试的前提条件，尤其是针对感知系统的预期功能安全开发。针对自动驾驶系统仿真技术的弱势方向，例如提供各类光照条件变化和天气条件，必须开展封闭场地测试。

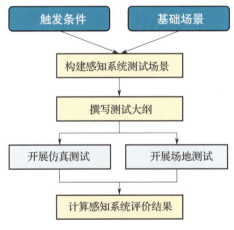

图4-35 感知系统测试方案

1. 面向被测感知系统的测试用例

本节选取北京地平线机器人技术研发有限公司提供的Horizon Matrix Mono 2.0（简称Mono 2.0）单目前视解决方案为被测对象具体说明测试场景构建方法。Mono 2.0具备车道线检测、车辆检测、行人检测和交通灯检测等十余种感知功能。

首先，Mono 2.0是基于地平线Journey 2（简称J2）芯片的单目视觉感知系统，为SAEL0-L2的ADAS功能提供视觉感知能力。Mono 2.0感知功能见表4-23。

表 4-23 Mono 2.0 感知功能

序号	内容	输出结果
1	车道线检测	输出 4 条车道线、车道线置信度、车道线宽度、三次曲线方程系数、车道线颜色、车道线类型等
2	车辆检测	车辆 id、三维尺寸、类型、生命周期、横纵向位置、速度、纵向加速度等
3	行人检测	行人 id、三维尺寸、类型、生命周期、横纵向位置、速度、纵向加速度等
4	道路边沿检测	道路边沿信息
5	交通灯检测	交通灯 id、信号灯类型（圆形、左转右转、直行、直行右转等）、交通灯颜色、交通灯相对位置
6	交通标识检测	标识牌 id、标识牌类型、交通灯相对位置
7	锥桶检测	id、横纵向相对位置
8	施工区域检测	锥桶围成区域连线
9	可行驶区域	可行驶区域边界 64 个采样点、边界采样点参数、类型等
10	场景识别	天气（晴天、雨雪雾）、光照（正常、低光照）、光线（正常、直射）、场景（高速、城市等）
11	光源检测	环境光源及车辆光源（车辆头灯、车辆尾灯）
12	图像信息	图像时间戳、SPI 时间戳
13	图像诊断	图像诊断信息：遮挡、模糊、冻结等

其次，由 4.1.2 的基于工作原理的系统局限性理论分析方法输出面向视觉传感器的触发条件清单，见附录 E 表 E-1。根据触发条件作用机制不同，将触发条件分为传感器特征、环境条件、光照条件、目标物特征和目标物关系五类，共计 45 个触发条件。其中传感器特征类是指触发条件直接作用在传感器本身从而触发感知系统性能局限；环境条件类是指触发条件通过降水及大气颗粒等环境条件触发感知系统性能局限；光照条件类则是指触发条件通过光照信息来触发感知系统性能局限；目标物特征类则是指目标自身属性奇特导致感知系统无法有效识别目标物；最后，目标物关系类是指触发条件通过目标物之间的位置关系触发感知系统性能局限，具体分类如图 4-36 所示。

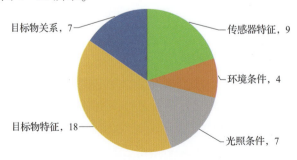

图 4-36 视觉传感器触发条件类型（共计 45 个）

第三，构建面向感知系统测试的基础场景。本节所分析的感知系统未定义自动驾驶功能，因此，基础场景的构建借鉴了《智能网联汽车自动驾驶功能场地试验方法及要求（征求意见稿）》。该标准规定了智能网联汽车自动驾驶功能场地试验方法以及要求，共介绍了33个基础场景，并对场景中的目标物、道路标记和交通设施等信息进行详细描述。其中，标准中场景的通过要求是面向智能网联汽车整车系统的，但本节更关注感知系统测试结果，因此，对上述基础场景进行筛选。筛选原则如下：

1）典型感知任务相关场景：标准中的部分场景服务于决策系统测试，不适用于本节基础场景。

2）场景包含多个感知要素：同一场景包含较多感知要素以便提高测试效率。

3）场景易于设置：标准中部分场景难以复现，不利于后续仿真与场地测试，不作为基础场景。

4）Mono 2.0 感知功能相关：基础场景需满足被测对象 Mono 2.0 感知功能要求。

基于上述筛选原则对标准中的基础场景进行筛选，共计得到14个基础场景。此外，对标准中基础场景不能支持的触发条件补充设计了2个基础场景，16个基础场景见附录 E 表 E-2。最终筛选后基础场景清单见附录 E 表 E-3。

最后，基于触发条件的作用对象将触发条件结合至基础场景上生成测试用例，并根据 Mono 2.0 感知系统的性能要求确定触发条件中的参数范围，将45个触发条件结合至16个基础场景共计得到456个测试用例，详见附录 F。需要说明的是，由于部分触发条件场地测试和仿真测试均较难实现，故该部分测试用例不参与后续测试。因此，共筛选得到239个测试用例进行后续测试，其中仿真测试168个场景，场地测试71个场景。

2. 仿真测试

（1）仿真测试方案

针对自动驾驶感知系统预期功能安全仿真测试需求，构建以 J2 芯片为基础的硬件在环（Hardware-in-the-Loop，HIL）仿真测试平台，仿真测试包括仿真场景设置、车辆模型设置、模型数据传输、仿真数据回灌及检测算法识别若干步骤，其架构如图 4-37 所示。

仿真场景通过虚拟仿真软件搭建，包括静态场景和动态场景设置。静态场景包括道路模型、天气模型及交通环境模型等。动态场景包括车辆运动参数、行人及动物运动参数等。完成包括对照组在内共计168个场景测试。

车辆模型设置也通过虚拟仿真软件搭建，主要包括自车动力学模型和视觉传感器模型。其中，视觉传感器模型参数设置需要由 J2 内部传感器参数进行标定。

模型数据传输环节通过 CAN 盒将虚拟仿真软件的测试用例信息传输给 J2。

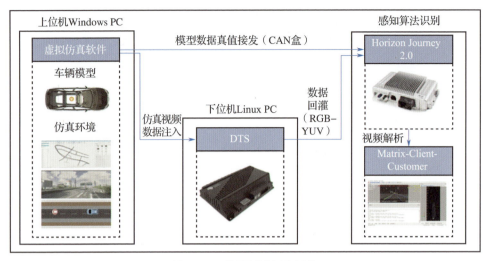

图4-37 仿真测试平台架构

仿真数据回灌注入环节主要任务为虚拟仿真软件将原始视频数据注入数据传输系统（Data Transmission System，DTS），DTS再将数据由RGB格式转化为YUV格式，回灌给J2和Matrix-Client客户端两部分。

检测算法识别主要由J2内集成的感知算法对图像数据进行处理，并通过Matrix-Client客户端对感知视频进行录制和回放，以满足数据分析和处理需求。

(2) 仿真测试用例构建

根据输出测试用例清单，共计168个测试用例需要开展仿真测试。基于虚拟仿真软件搭建相应的测试用例。不同触发条件的仿真场景图4-38至图4-41所示。

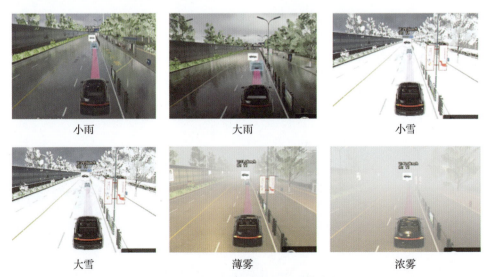

图4-38 不同环境条件的仿真场景

低光照　　　　　　　　色温异常　　　　　　　　太阳光直射

图 4-39　不同光照条件的仿真场景

破损车道线　　　　　　破损指示牌　　　　　　施工区域间隔较大

行人速度较快　　　　　机动车速度较快　　　　自行车速度较快

图 4-40　不同目标物特征的仿真场景

机动车压线行驶　　　白色机动车与白色天空　　白色行人与白色天空

行人部分遮挡　　　　　自行车部分遮挡　　　　　锥桶部分遮挡

图 4-41　不同目标物关系的仿真场景

(3) 仿真测试结果输出

以"低光照时行人横穿马路"的仿真测试用例来介绍仿真测试方案的测试步骤。测试场景为夜晚低光照,自车自 100m 处以 10m/s 速度驶入双向三车道十字路口,同时行人以 1.2m/s 速度横穿马路。

仿真测试步骤:
①搭建测试用例。根据场景描述,在虚拟仿真软件中搭建仿真场景和车辆模型。
②开启 Mono 2.0,运行 DTS 数据回灌程序与 CAN 传输程序。
③在虚拟仿真软件中运行仿真测试用例。
④Matrix-Client 客户端录制仿真视频,分析感知数据,仿真测试结束。

3. 场地测试

实车场地测试是开展智能网联汽车预期功能安全技术研发和应用不可或缺的重要环节,封闭场地测试智能网联汽车道路测试的前提条件。基于输出的场地测试用例,在封闭实验场地开展实车测试,收集感知系统在不同场景下的感知数据。

(1) 场地测试的选取

基于输出的场地测试用例清单,复现测试用例进行场地测试。本次场地测试在同济智能网联汽车测试评价基地进行,共计开展两次场地测试获得 71 组测试数据。根据测试用例可知,本次测试主要为高速场景与城市场景,因此选择西区和一环作为测试场地。其中,西区为综合型独立城市区块,通过综合部署交通环境要素、信息通信要素、交通参与要素,形成真实城市街景,如图 4 – 42a 所示,一环道路是环形道路,用于进行连续高速测试,如图 4 – 42b 所示。

a)西区场地实拍图　　b)一环场地实拍图

图 4 – 42　测试场地实拍图

(2) 场地测试方案

针对感知系统预期功能安全场地测试需求,构建场地测试环境。场地测试环境主要包括测试场地、装载 Mono 2.0 系统的车辆、触发源(交通参与者、光照条件和天气条件等)。

对于每一个场景执行如下步骤,步骤 4 可最后统一处理。

步骤 1:开启 Mono 2.0 系统与真值系统(评测 Mono 2.0 的专用设备),记录感知数据和评测数据。

步骤 2:激活测试用例,按照预定测试用例规划进行。

步骤 3:测试用例结束关闭 Mono 2.0 系统与真值系统。

步骤 4:预处理感知数据与评测数据,计算评价指标。

本节以"交通标志、车道线识别"场景为例,来说明进行场地测试的测试步骤、测试方法及触发条件。

1) 测试场景。试验道路为长直道和弯道的组合道路,直道长度至少 150m,半径值 250m,弯道长度应大于 100 m,在弯道入口处设置 60km/h 限速标志牌,如图 4 - 43 所示。

2) 测试方法。试验车辆以在长直道稳定车速至 60km/h,驶入弯道。试验过程中,J2 系统与真值系统始终开启,记录相关数据。

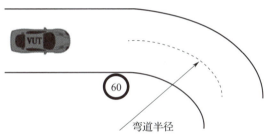

图 4 - 43　交通标志、车道线识别示意图

3) 触发条件。该场景下的试验需在以下不同触发条件下进行,见表 4 - 24 测试用例。

表 4 - 24　测试用例

测试用例编码	触发条件	备注
S2 - T1 - 2	黑色塑料袋覆盖传感器表面	—
S2 - T1 - 3	雨覆盖传感器表面	—
S2 - T3 - 2	高光照 100000lx	—
S2 - T3 - 3	驶出隧道时,光照强度突变 100 至 10000lx	—
S2 - T3 - 4	机动车远光灯驶过(直射摄像头),环境光照 20lx	机动车位于邻左车道 20km/h 匀速行驶,纵向相对自车 200m,横向相对自车 3.5m

4. 感知系统量化评价

根据 3.4 提出的感知系统综合量化评价体系,基于仿真和场地测试数据评价被测感知系统预期功能安全性能水平,由于部分场景目前缺少真值数据不参与感知系统性能评价，共计72组测试数据参与评价。

1）多场景评价权重系数：对照组场景权重系数 $W_{\text{Level}_1}=0.2$，测试场景权重系数为 $W_{\text{Level}_2}=0.8$。对照组场景中无触发条件，感知系统性能易达到正常水平，故难度等级为1；测试场景包含触发条件，在触发条件作用下，感知系统性能难以达到正常水平，设定难度等级为2。

2）单场景评价权重系数：场景要素层次权重 $W_{\text{Layer}}=1$。每个测试场景中的关注目标只涉及一个场景要素层次，故权重为1。

3）单层次评价权重系数：评价维度权重 $W_{\text{Dimension}}=0.2$。该被测对象针对不同维度性能要求相同。

以场地测试中穿雨衣骑行自行车纵向行驶后切出场景为例，说明不同测试场景的感知系统预期功能安全性能量化评价结果计算方法，该场景评价指标见表4-25。

表4-25 穿雨衣骑行自行车纵向行驶后切出场景评价指标

指标	DutyFactor	ReportDelay	Recall	Accuracy
得分	1	0.96	1	1

对上述评价指标进行归一化，单场景评价结果如下式所示：

$$Score_{\text{SingleScence}}=\frac{(1+0.96+1+1)}{5}=0.95 \qquad (4-19)$$

基于上述方法，计算场地测试与仿真测试不同类型场景得分，结果见表4-26。

表4-26 各类别测试得分

测试方法	类别	数量	平均得分	权重
场地测试	对照组场景	10	0.98	0.2
	测试场景	43	0.84	0.8
仿真测试	对照组场景	2	0.88	0.2
	测试场景	17	0.90	0.8

最终，基于场地测试数据的被测感知系统预期功能安全性能评价如下：

$$Score_{\text{场地}}=0.98\times0.2+0.84\times0.8=0.87 \qquad (4-20)$$

基于仿真测试数据的被测感知系统预期功能安全性能评价如下：

$$Score_{\text{仿真}}=0.88\times0.2+0.90\times0.8=0.90 \qquad (4-21)$$

综上所述，场地测试中该被测感知系统在性能得分为0.87。相较于对照组场景，感知系统在测试场景性能有所下降，该感知系统受到触发条件的一定影响。而仿真测试中该被测感知系统在性能得分为0.90。相较于对照组场景，感知系统在测试场景性能略微上升。分析原因，对照组场景数量较少且部分触发条件仿真场景复现真实度不高。对比场地结果和仿真测试结果，可以得出光照条件类、环境条件类触发条件在仿真场景中真实度不高。

4.1.5 感知系统性能局限改进措施研究

智能网联汽车依赖视觉传感器、激光雷达、毫米波雷达和利用路端传感器的 V2X 等来获取车辆周围的环境信息，处理的任务包括道路场景理解、目标物检测与跟踪等。可根据智能网联汽车是否依赖 V2X 等外部信息设备将感知系分为单体环境感知和协同环境感知两种[177]。本节针对基于视觉传感器和 V2X 感知系统的高速公路自动驾驶辅助系统进行感知系统性能局限分析，并提供改进措施示例。

1. 改进措施基本原则与思路

本节针对感知系统性能局限的改进措施展开讨论，且遵循 ISO 21448 所提供的基本原则和思路。针对感知系统性能局限提出改进措施的基本原则为：

1）避免风险。
2）减轻风险。

针对感知系统性能局限提出改进措施的基本思路包括：

1）系统改进（System Modification）：系统改进用于避免预期功能安全风险，目标为维持预期功能。系统改进可以通过以下方式达成：

①增进传感器性能和（或）准确性。
②改进传感器干扰侦测的能力，以便用于触发告警和降级。
③识别是否脱离既定 ODD。
④部署不同类型的感知器。
⑤改进传感器校正和安装。

2）功能限制（Functional Restrictions）：功能限制用于减轻预期功能安全风险，目标为透过降级或是限制预期功能，维持部分预期功能。功能限制可以透过以下方式达成：

①针对特定用例限制预期功能。
②针对特定用例限制预期功能的权力。
③针对特定用例移除预期功能的权力。

3）权力移交（Handling Over Authority）：权力移交用于减轻预期功能安全风险，目标为降低自动化，进而提高控制权。权力移交可以透过以下方式达成：

①修改人机界面（Human Machine Interface，HMI）。
②修改用户通知和 DDT（Dynamic Driving Task）应变策略。
③结合先前人机界面研究所提出的指导。

2. 具体自动驾驶功能及感知系统性能局限

以高速公路辅助驾驶系统（Highway Assist，HWA）为分析对象，开展本节分析，其自动驾驶功能和感知系统定义见表 4-27，其中 V2X 主要被用作感知系统的延展形式，提升感知系统性能以提高自动驾驶功能安全性。

表4-27 自动驾驶功能及感知系统定义

自动驾驶功能	感知系统定义	功能	运行设计区域（ODD）
高速公路辅助驾驶系统（Highway Assist, HWA）	视觉传感器与V2X协同感知系统	自动辅助导航驾驶（Navigate on Autopilot, NOA）保持车道：预设模式。变换车道：如系统存在高精地图，则启动此模式。提供超越前车、进入/离开匝道等操作	高速公路
		紧急制动预警（Emergency Brake Warning, EBW）前车发生紧急制动时，发出短程无线通信广播。自车接收该广播后，判断与其是否相关。如是，则进行手动/自动紧急制动	

性能局限可从感知系统的定义推导而出。针对基于视觉传感器的感知系统，其中的一条定义可能为：可感知位于其视野中的物体。对应此条定义可以得出如下的性能局限：无法感知位于其视野外的物体。针对V2X系统，主要考虑将其作为感知系统的延展形式，其性能局限主要来自于信息源（Information Source）、信息中继（Information Relay）以及信息接收（Information Receiver）三个方面。因此，性能局限需要从通信组件层面和感知系统信息输入层面考虑，例如其中一条性能局限可能为：信息源受到其他设备和周围设施的干扰。

3. 感知系统改进措施

根据前述的基本原则和思路，针对基于视觉传感器和V2X的感知系统给出了改进措施示例见表4-28。

表4-28 改进措施示例

类别	性能局限	改进措施	
		类型	具体描述
V2X	由于路边设施覆盖密度不足，无法接收信息	功能限制	如果在一段时间内无法接受信息，则限制此功能
		权力移交	如果在一段时间内无法接受信息，则将权力移交给驾驶人
		系统改进	提高路边设施覆盖度
	来自其他设备和周围设施的干扰	权力移交	当信噪比 SNR 低于 xdB 或者丢包率大于 y% 并持续 $z$ms 时间，则将权力移交给驾驶人
	对前车或者侧面车辆的位置估计误差超出可接受阈值	功能限制	限制利用位置信息进行车辆决策和控制
		系统改进	感知系统增加视觉传感器模块，用于探测车辆的位置信息
	发送信息时间过长	系统改进	根据应用相关要求，调整信息发送时延

(续)

类别	性能局限	改进措施	
		类型	具体描述
视觉传感器	由于天气条件（雨、雪、雾等）导致的性能下降	系统改进	根据 ROI（Region of Interest）检测画面模糊，确定降级模式
	由于道路结构导致的性能下降。例如：自车出隧道口时，由于光线骤变，导致无法正确感知前方车辆	系统改进	感知系统增加 V2X 模块，用于接收 RSU（Roadside Unit）消息判断前方车辆是否存在及其距离
	无法检测被遮挡的物体（部分或完全覆盖的地标、车辆等）	权力移交	如果目标检测的置信度在 t 毫秒内低于 $q\%$，则将权力移交给驾驶人。
	如果物体太近（m 米）并以相似的速度（$+/-n\text{km/h}$）移动，则无法检测和区分物体	系统改进	增强相机以及算法的性能规格以使其能区分相邻（距离大于等于 m 米）且保持相似速度行驶（$+/-n\text{km/s}$）的两物体

4. 评价改进措施有效性

为验证改进措施的有效性，需对改进后的感知系统进行新一轮测试评价。评价思路可以借鉴 ISO 21448 标准条款 10、11、12 和 13。如评价结果表明改进措施无效，则改进措施需要再进一步调整并加以测试。

此外，对于评价基于传感器融合的感知系统改进措施（例如在基于视觉传感器的感知系统中增加 V2X 模块），可以对比在特定场景下改进的感知系统对目标的检测效果，来评价改进措施对于目标检测性能的有效性。

4.2 感知算法预期功能安全探索与实践

当前自动驾驶感知算法主要基于深度学习技术，本节在 ISO 21448 标准的指导下开展，针对自动驾驶感知算法中基于视觉的深度学习算法预期功能安全问题展开研究。首先从深度学习的不确定性出发，分析感知算法的局限性和触发条件，建立感知算法预期功能安全的评价体系；然后在评价体系的基础上对感知算法进行测试评估；最后根据测试结果，并参考在 ISO 21448 标准建议的准则，对典型感知算法的局限性提出改进措施。

4.2.1 感知算法局限性与触发条件分析

导致感知能力不足的问题主要来自于两个方面：输入和模型。导致输入出现问题往往是因为外部环境和传感器，例如恶劣环境造成数据噪声增大、传感器自身原理限制或者传感器视野受限等。模型的问题则主要来自于算法本身。目前自动驾驶感知算法，特别是基于视觉的感知算法，大多基于深度学习技术，深度学习模型的训练依靠大量的标注数据，当感知算法面对未知的物体或特殊姿态和形态时，往往会出现错检、漏检和虚检，造成感知算法的局限。同时，深度学习算法自身的不确定性也会导致感知算法的局限性。人工智能燎原式发展的如今，卷积神经网络（Convolutional Neural Networks，CNN）已然成为大型感知模型的重要组成部分，但其内部过程仍像是一个"黑盒"，人们很难判断深度学习模型中隐藏层、神经元、激活函数形式等对结果产生的影响，使得其解释性和可溯源性较弱，实际应用过程中在个别情况下很差的输出结果难以找到其原因，且可能导致严重的交通事故。

在自动化感知系统中，分类网络不仅要准确，还应指出它们何时可能失误。在图像分类、语义分割、目标检测等基于深度学习模型的感知算法的开发和运行过程中，Czarnecki 等人定义了七种感知不确定性的来源，形成了感知三角形，如图 4-44 所示。在开发过程中，定义感知问题（U1）、收集和注释选定场景的数据（U2~U5）、训练模型（U6）时存在不确定性，在运行期间，由于训练和测试数据集之间的分布差异或领域偏移，会产生额外的不确定性（U7）。

感知算法局限性分析旨在研究相关模型内部功能不足风险的直接量化方法，针对基于深度学习的感知算法面临的难解释、难泛化等问题，探索感知不确定性的产生与向后续的预测、决策模块的传播机理，通过不确定性等无须真值对比的指标实现算法的在线性能监测与评估。因此，在感知算法中可以引入不确定性量化技术，检测输入数据是否与训练数据之间存在着异常，以此提升感知的安全性能。

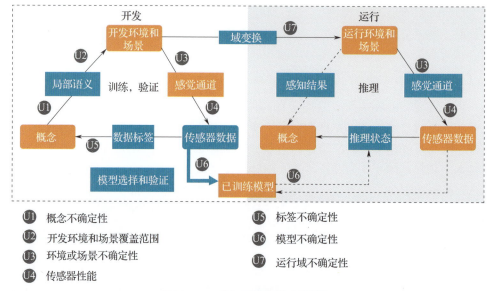

图 4-44 感知不确定性分类[178]

4.2.2 感知算法评价体系研究

如前所述,通过对感知算法的局限性和触发条件分析,需要对深度学习算法的不确定性进行量化,即对其进行评价。因此需要从感知算法的功能需求和任务出发,构建评价体系架构。在视觉任务领域存在众多评价指标,可以从不同的角度来反映或比较感知算法的性能。本节首先总结了感知算法的基本评价指标,其次联系上下游任务,总结了任务级的感知评价指标,最后针对感知算法预期功能安全问题,分析总结了面向预期功能安全的感知不确定性评价指标。

1. 基本感知评价指标

根据目标检测算法的感知结果和标注真值得到的各级评价指标,见表4-29。

表4-29 基本感知评价指标

序号	名称	缩写	功能描述
1	Intersection over Union	IoU	算法检测到的边界框与人工标注的边界框的重叠部分面积与面积之和的比
2	Background False Postive	Background FP	算法虚检的样本,即本不存在目标,而检测到了边界框
3	Background False Negative	Background FN	算法漏检的样本,即本应存在目标,却没有检测出边界框
4	True Postive	TP	算法检测正确的样本,即检测到的边界框存在对应目标,且类别正确
5	False Postive	FP	属于算法检测错误的样本,某类别C的FP,即检测到的边界框存在对应目标,但本应是其他类别,却被错检为类别C
6	False Negative	FN	属于算法检测错误的样本,某类别C的FN,即检测到的边界框存在对应目标,但本应是类别C,却被错检为其他类别
7	Confusion Matrix	混淆矩阵	将各类的TP、FP、FN、Background FP、Background FN等填入以检测结果为行、标注真值为列的矩阵列表中,能直观反映算法的分类能力和漏检情况
8	Accuracy	Acc	各类的TP在总样本中的占比,反映了算法的检测准确率
9	False Positive Per-Image	FPPI	每帧误检数,反映算法平均的误检情况,与此相似的还有每帧漏检数、每帧虚检数等
10	Precision	Precision	类别C的查准率P,反映算法在所有检测为类别C的样本中的检测准确率
11	Recall	Recall	类别C的查全率R,反映算法在所有真值为类别C的样本中的检测准确率
12	True Positive Rate	TPR	真正率,反映算法在所有真值为类别C的样本中判断正确的比重,与R相等

(续)

序号	名称	缩写	功能描述
13	False Positive Rate	FPR	假正率，反映算法在所有真值不是类别 C 的样本中判断错误的比重
14	F-score	F-score	F 值，是 P 和 R 的加权调和平均值，反映算法在查准率和查全率方面的综合水平，若 P 的权重大，则指标更倾向于 P
15	F1-score	F1-score	F1 值，是 P 和 R 的平权调和平均值，是特殊的 F-score
16	Receiver Operating Characteristic Curve	ROC 曲线	受试者工作特性曲线，取不同的样本百分比，分别计算 FPR、TPR，得到多组坐标值，以 FPR 为横坐标，TPR 为纵坐标，绘制而成的曲线，曲线下的面积为 AUC，理想值在区间 [1/2, 1] 内
17	Precision-Recall	P–R 曲线	取不同的样本百分比，分别计算 P、R，得到多组坐标值，以 R 为横坐标，P 为纵坐标，绘制而成的曲线
18	Average Precision at IoU = x	APx	AP 为 P–R 曲线下的面积，越大越好，x 为计算 P、R 时的百分比 IoU 阈值，即当算法检测的边界框和标注真值的边界框的 IoU 超过阈值时才认为匹配成功，否则视为虚检或漏检的情况，常用的 x 值为 50、75、95 等，AP50 和 AP75 最常见，AP95 对感知算法的定位精度要求较高
19	Average Precision for small objects/ AP for medium objects/ AP for large objects	APs、APm、APl	小、中、大目标的 APx 值，反映算法对不同尺寸目标的检测性能，尺寸大小的界定一般用像素面积来表示，可自定义阈值
20	Mean Average Precision	mAP	某 IoU 阈值下，各类别的 APx 的平均值，是最常用的用于评价目标检测算法综合性能的指标之一
21	Mean mAP	mmAP	取不同 IoU 阈值计算得到的 mAP 的均值，是 mAP 在定位精度这一维度上的平均

2. 任务级感知评价指标

上述基本感知评价指标对所有错检、漏检、虚检进行相同的惩罚，没有考虑相关感知目标是否是安全关键的，是否对下游的预测、决策等模块起到重要作用。任务级的度量应满足计算量不大、结果可解释、与具体方法无关（只用黑盒结果）、能捕捉下游任务中的不对称等性质。近年来，出现了许多联系上下游任务考虑对感知进行评价的研究，或是显式地考虑安全关键的因素，或是通过预测或决策结果隐式地考虑任务中的安全关键的因素，见表 4–30。

表4–30　任务级感知评价指标

序号	名称	缩写	功能描述
1	Mean Average Precision for Heading	MAPH	认为朝向（Heading）比边界框的尺寸和中心坐标更重要，因为对未来的预测对于朝向更加敏感，因此利用目标检测结果的朝向准确度进行惩罚和加权
2	Safety-Aware Metric	SAM	将图像划分为高、中、低风险区域，根据目标所在具体位置与移动速度设置权重，影响了P、R、F1等基本指标的计算，使其成为考虑了安全关键因素的评价指标
3	NuScenes Detection Score	NDS	NuScenes Detection Score，考虑了5种与TP样本相关的指标mAT（translation）E、mAS（scale）E、mAO（orientation）E、mAV（velocity）E、mAA（attribute）E，将它们与mAP进行加权，惩罚了FP、FN、平移、尺寸、方向、速度、属性等误差项，与人类对安全驾驶的直觉达到很好的一致
4	Average Delay	AD	对于专门检测视频的目标检测器设置该指标，考虑检测结果时变性等因素，可以作为AP的替代者，反映AP不能体现的目标跟踪相关的性能
5	Planning Kullback-Leibler Divergence	PKL	Planning Kullback-Leibler Divergence，将感知性能分析与下游驾驶任务的性能相结合，通过测量车辆在只接收检测目标结果时和只接收标注真值结果时的规划差异来实现，隐式地惩罚了距离、速度、方向等安全关键因素，并能反映不同目标漏检、虚检对后果严重性的敏感程度，与人类对安全驾驶的直觉的一致性优于NDS
6	Planning-Informed Metric	PI-Metric	Planning-Informed Metric，在基本感知评价指标的基础上进行加权，不同于NDS中各指标的确定性权重，PI-Metric的权重为目标对自车规划的敏感度，作者设计了与目标状态、自车行为等相关的规划损失函数，用它相对于目标状态的梯度来表示该目标的敏感度

3. 感知不确定性的评价指标

随着近年来不确定度量化算法以及概率目标检测算法的发展，有的研究不再仅根据确定性感知结果来评判感知算法性能，而是考虑感知结果服从的概率分布了，不过相关研究刚刚起步，提出的指标目前还比较少，见表4–31。

表4–31　感知算法不确定性的评价指标

序号	名称	缩写	功能描述
1	Jaccard Intersection over Union	JIoU	测量两个含不确定性的边界框的空间分布，当它们的位置、大小和空间分布完全相同时JIoU为1，JIoU同时考虑了真值标签中固有的模糊性与不确定性，但也需要一个生成真值标签不确定性的独立模型，目前只在激光雷达点云数据中有所应用
2	Probability-based Detection Quality	PDQ	用于衡量2D概率目标检测质量，定义为空间质量和标签质量的几何平均值，其中空间质量包含前景和背景质量，评估预测结果的空间概率分布与真值的吻合程度，而标签质量可以显式地评估真值类别的概率，不需要设置任何阈值

(续)

序号	名称	缩写	功能描述
3	Patch Accuracy vs Patch Uncertainty	PAvPU	这是概率语义分割的一个指标,将图像分割为不同的小块(Patch),根据内部所有像素点的分割准确率和不确定度进行标记,从而计算结果准确且不确定度低、结果不准确且不确定性高等标签的占比等
4	Uncertainty Error	UE	不确定性误差,也成为检测误差,该度量表示不确定性度量接受正确检测并拒绝错误检测的能力
5	Confidence	Confidence	根据置信度高低、不确定度大小、结果正确与否来评价,进一步考虑感知算法输出置信度与不确定度的关系,有助于对虚警等情况的分析

在此基础上,本节内容在目标检测方面进行了扩展,依据"正确与否""确定与否"两个判定条件将所有目标分为四类,见表4-32融合不确定性的评价指标分类。相对于一般的评价指标进行了扩维,结果级评价指标不只考虑"正确与否",而考虑了不确定度后会进一步考虑"确定与否",由此设置了如下评价指标:

$P(\text{accurate} \mid \text{certain})$:$rl/(rl+wl)$,反映算法对其输出确信时无误的比率,值越高越好。

$P(\text{uncertain} \mid \text{inaccurate})$:$wh/(wl+wh)$,反映算法出错时对其输出不确定的比率,值越高越好,同时也可用于表示算法的预警准确率。

$P(\text{tradeoff})$:$(rl+wh)/(rl+rh+wl+wh)$,引入 rh 样本进行协调,防止不确定度阈值被设置得过低,同时也是上述两种情况占总样本的比率,值越高越好,见表4-32。

表4-32 融合不确定性的评价指标分类

准确性和不确定性	低	高
正确	rl	rh
错误	wl	wh

4.2.3 感知算法预期功能安全测试方法研究

基于上一节感知算法 SOTIF 的评价指标,要对深度学习算法的不确定性进行测试。Kendall 等人从实际应用的角度入手,将深度神经网络中的预测不确定性分解为认知不确定性和偶然不确定性[179]。其中,偶然不确定性主要来源于环境变化和传感器噪声等,与运行过程中感知三角形的 U3 和 U4 部分相关,认知不确定性主要来源于概念模糊、场景丰富度不足、模型架构不合适等,与开发过程和运行过程中的感知三角形各部分都有关联。偶然不确定性表示模型捕获的数据噪声,可反映变化环境中的传感器限制,原则上不可消除。认知与偶然不确定性共同组成了感知算

法的预测不确定性,可作为算法性能实时监测的重要指标

$$P(y|x,D) = \int P(y|x,\omega)P(\omega|D)d\omega \quad (4-22)$$

感知算法的推断过程可总结如上式,其中,$P(\omega|D)$ 表示模型参数 ω 在训练集数据 $D=(X,Y)$ 下的后验概率,由于认知不确定性导致其存在一定的概率分布;$P(y|x,\omega)$ 表示在给定模型参数 ω、测试输入 x 的情况下的输出结果,也存在一定的概率分布。该贝叶斯模型由于神经网络结构的非线性和非共轭性,很难实现精确的后验推理。从实际应用的角度出发,可以以深度集成(Deep Ensembles,DE)算法作为评估认知不确定性的方法对感知算法进行测试。

1. DE 基本理论

DE 中的每一个模型的参数都是确定的,这使得其单个模型的推断速度占优。以估计认知不确定性为目标的 DE 中的所有成员遵循相同的体系结构,使用不同的参数初始化,使用总体相同但随机打乱的训练数据进行训练,从而具有同构异参的性质。DE 的每个网络的输出被视为混合模型的独立样本,这些样本的均值和方差就可以近似表示认知不确定度相关的概率分布,最后分布由 M 个网络平均加权得到,如下式所示:

$$P(y|x) = \frac{1}{M}\sum_{m=1}^{M}P_{\theta_m}(y|x,\theta_m) \quad (4-23)$$

2. 基于 DE 的认知不确定性测试方法

以目前最新提出的目标检测算法的 YOLOv5s 为例,首先建立感知错觉场景,场景设计为一个清洁工在直道上工作,由于其制服的颜色和条纹与交通锥非常相似,这可能导致错误分类或较高的认知不确定度,测试场景如图 4-45 所示。

图 4-45 测试场景(左图为清洁工弯腰、右图为清洁工蹲坐)

通过 DE 算法估计模型的认知不确定性,测试方法流程图如图 4-46 所示。首先在 BDD 数据集上训练了 YOLOv5s 算法架构,使其能识别基本交通参与物,再向包含交通锥的相关数据集进行迁移,使其具备识别交通锥的能力,最后引入 DE 算法,使得检测结果中的边界框和分类结果都有一个不确定度。

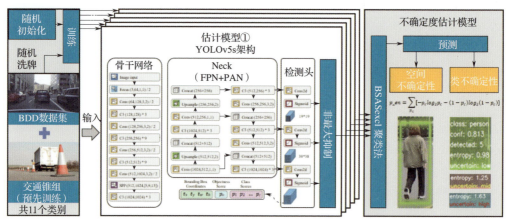

图 4-46 Deep Ensemble 对 YOLOv5s 分析流程图

实际运行过程为：图像数据输入后分别经过集成中不同参数的 YOLOv5s 网络生成检测框，单独地进行 NMS 生成每个网络的检测结果，再将这些网络的结果合并起来，使用具备样本排他性的基本序列算法（BSASexcl），参照文献[180]通过空间关联因素（IoU）和语义关联因素进行聚类，这样每一个聚类就代表了一个检测目标，用聚类中所有成员（不会超过集成内网络数量）的均值作为概率目标检测算法的最终输出，随后计算边界框坐标的方差作为空间不确定度，计算类别概率向量的预测熵作为语义不确定度。从设计场景下的 538 帧有效测试视频数据中截取出测试目标的感知结果，检测错误中高不确定性比例达到 97.7%，低不确定性中检测正确比例达到 97.6%，结果如图 4-47 所示。

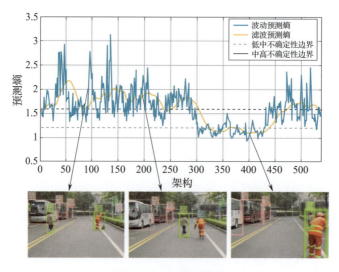

图 4-47 实验结果图

在测试结果的基础上,还可以基于分类结果为感知算法引入预警功能。当环境恶劣、识别错误、集成中各网络预测出现分歧时不确定度往往较高,此时应提醒驾驶人或后续预测、决策等模块注意对该物体的处理。仿照语义分割中的不确定性评价指标 PAvPU,根据检测结果的正确与否和不确定性高低将其分表 4 – 32 中的四类:rl、rh、wl、wh,并通过计算表 4 – 31 中感知不确定性的相关评价指标:即 rate1 = P(accurate | certain)、rate2 = P(uncertain | inaccurate) 和 rate3 = P(tradeoff) 来评价算法输出的认知不确定性与检测结果正确性是否很好地关联,从而判断预警是否准确、虚警是否频繁等。这些指标的计算与不确定性阈值的选取相关,如图 4 – 48 所示:若阈值太低,相当于全为高不确定性,rate1 无意义,rate2 恒为 1,rate3 退化为检测错误率;随着阈值的增大,rate1 与 rate2 降低,rate3 升高;若阈值太高,相当于全为低不确定性,rate1 和 rate3 退化为检测正确率,rate2 恒为 0。

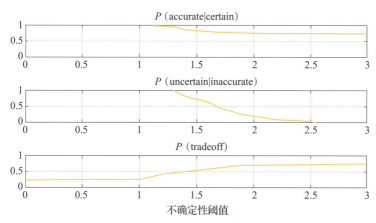

图 4 – 48 感知算法不确定性评价指标结果分析

4.2.4 感知算法性能局限改进措施研究

为了能够完整且准确地获取驾驶环境信息,使用多传感器进行环境感知对基于视觉的感知算法进行改进。本节给出基于多传感融合的感知算法改进思路。多传感器融合按照融合的层次不同可分为数据级、特征级、决策级。各融合级别的特征对比见表 4 – 33。

表 4 – 33 各融合级别的特征对比

特征	数据级	特征级	决策级
信息量	大	中	小
信息损失	小	中	大
抗干扰能力	弱	中	强
容错能力	弱	中	强
融合精度	高	中	低
算法难度	高	中	低

不同层级的融合方式各有利弊，实际应用中常多方面考虑传感器特性和速度、精度、可靠性等需求，进行具体融合方案的制定。基于预期功能安全四象限方法以及视觉方案的触发条件特点，多传感器融合方式对视觉感知方法预期功能安全的提升可以从两个方面考虑：

1）提升已知场景检测概率、鲁棒性。

2）帮助扩展视觉感知的安全边界。

通常情况下，现有的基于视觉的感知算法并不一定能满足全部设计场景下检测特定对象的任务，为了提升对不安全场景的感知能力，从而对视觉感知方案进行有效补充，可以通过增加其他传感器（比如毫米波雷达、激光雷达等）帮助提升系统对于不安全场景的感知力。对于衡量基于多传感器融合的感知系统，对在特定场景下的感知对象的感知力，可以考虑采用基于检测概率 P 的贝叶斯方法，应满足以下公式：

$$P(X_i|Y) = P(Y|X_i)\frac{P(X_i)}{P(Y)} = P(\cup y|X_i)\frac{P(X_i)}{P(\cup y)} \qquad (4-24)$$

此处考虑将基于多传感器融合的感知算法 Y 下不同场景 i 中对象的感知概率，转换为基于在给定场景中能感知到感知对象情况下，选择多传感融合算法的概率。分数中 $P(X_i)$ 表示在给定场景下检测给定对象的先验概率，表示采用多传感融合算法设计的概率。进一步可以将 Y 分解为多个特定多传感融合算法设计 y，并通过测量特定设计下感知对象的检测概率，来评估利用多传感器感知算法的情况下对特定场景的特定感知对象的检测概率。

综上可以利用多传感融合的方法对基于视觉的感知算法进行改进，并对改进后的效果进行评估。

4.3 决策算法预期功能安全探索与实践

本节在 ISO 21448 标准的指导下开展，针对决策算法的预期功能安全问题展开研究。首先需要完成对决策算法的定义，之后基于专家知识经验、事故数据统计以及对决策算法的局限性分析和触发条件的分析等方式，识别出决策算法的潜在 SOTIF 关键场景。在此基础上，首先进行语义级别分析构建决策算法的功能场景，在功能场景的基础上基于预期功能安全场景七层架构，设计逻辑场景，对逻辑场景进行组合泛化研究，构建出实际用于决策算法预期功能安全测试使用的测试场景。然后根据安全性 - 合规性 - 社会符合性，构建决策算法 SOTIF 性能评价体系。其次，基于 VTD、Carsim 等仿真软件以及实时机、上位机等硬件平台搭建预期功能安全硬件在环仿真平台。将被测的决策算法部署在硬件在环仿真平台上，选择决策算法预期功能安全测试的具体测试场景，对决策算法进行仿真测试评价。根据仿真测试结果，对决策算法进行评价，如果算法性能未达到要求则需要继续进行算法的性能局限改进。本节研究技术路线如图4-49所示。

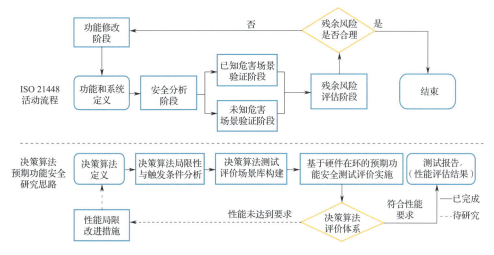

图4-49　决策算法预期功能安全研究技术路线

4.3.1　决策算法局限性与触发条件分析

随着自动驾驶决策算法面向综合化、智能化和模块化的方向发展，其算法复杂程度呈级数增长，因此诱发了许多因为算法功能性不足、软硬件结合等方面的新型交通事故。这些新型系统的事故并不单纯来源于决策算法某一功能模块的故障，也可能来源于非故障模块之间的不安全协同作用。其故障因素通常表现为模块间的非期望相互作用，算法性能不足以及模块间的交联不良。

常用的局限性分析方法主要有故障树分析、失效模式及效应分析、危险与可操作性分析、系统理论过程分析四种方法。对比传统的基于分解分析的 FTA、事件树分析、故障危险源分析，它们都是通过分解控制行为的事件链，对系统组件或子系统进行独立的检查与分析。然而，针对决策算法失效的新型事故而言，事故的发生可能源于未发生故障的算法模块之间的不安全交互。综上所述，传统的故障分析方法不具有降低算法安全运行风险的可行性，基于 STPA[179] 的决策算法局限性分析方法被提出。

面向预期功能安全的决策算法局限性分析方法分为以下步骤，如图 4-50 所示。

1) 建立决策算法控制结构。
2) 定义系统级别损失。
3) 定义初始风险列表。
4) STPA-1 识别不安全控制行为。

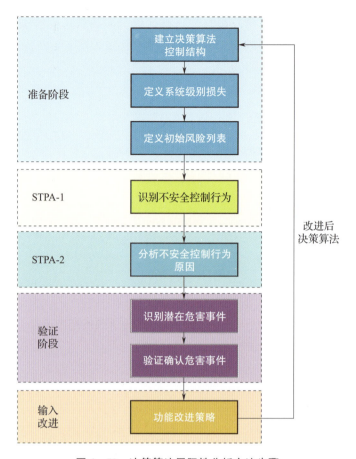

图 4–50　决策算法局限性分析方法步骤

5）STPA-2 分析不安全控制行为原因。

6）识别潜在危害原因。

7）验证确认危害事件。

8）功能改进策略。

面向预期功能安全的决策算法局限性分析方法旨在通过考虑算法理论过程，即多模块协同作业下的信号交互，建立鲁棒性决策算法控制结构。进而识别算法内潜在的不安全控制行为并溯源其发生原因，针对其原因设定可以削减其预期功能安全风险的控制约束。最终在潜在发生不安全控制行为的致因场景中，验证该功能改进策略是否保证了决策算法的安全运行。

决策算法控制结构决定了系统的决策过程。一般来讲，控制结构建模起始于抽象控制结构并反复添加细节。针对决策算法，包含多模块的分层控制结构被用于控制结构建模。分层控制结构的纵向分层象征着系统内的控制层级，所有下向箭头代表控制行为，而上向箭头代表反馈。总的来说，决策算法可以通过反馈控制增益输出智能网联汽车的期望路径与期望速度，同时可以通过状态观测器观察受控过程的反馈进行针对不安全受控过程的安全约束。清晰的决策算法架构可以帮助把握系统复杂性并使得控制关系及反馈回路更加容易辨识，使得解决多个功能模块或子系统协同工作时的潜在预期功能安全问题。

基于系统理论过程分析方法，面向预期功能安全的决策算法控制结构如图4-51所示，本节以基于模型预测控制（Model Predictive Control，MPC）的决策算法为例，进行整个过程的分析。通常，基于 MPC 的决策算法包含三个主要功能模块，分别为全局路径规划模块、基于常速模型的环境信息预测模块与基于 MPC 的运动规划模块。当决策算法运行时，当前时刻环境信息被分别传递至全局路径规划模块与基于常速模型的环境信息预测模块，以用于分别生成智能网联汽车的期望行驶车道、期望行驶速度与运行域中未来一定时间内其他交通参与者的运动预测信息。这些信息被传递至基于 MPC 的运动规划模块，通过优化求解综合考虑了行车安全的代价函数与汽车自身的动力学约束，输出决策算法期望路径与期望速度。同时，为降低决策算法预期功能安全风险，可设置状态观测器实时观测自车状态并反馈至运动规划模块，通过实际观测所得的控制状态，利用预期功能安全评价指标，实时评价系统运行预期安全性能，当指标超过一定阈值后，增加系统安全约束，以降低决策算法预期功能安全风险。

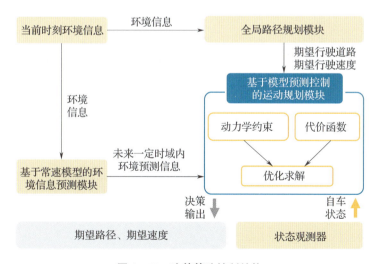

图4-51　决策算法控制结构

不安全控制行为（Unsafe Control Actions，UCA）指的是在特定情景下及最坏环境下可能导致危险的控制行为。如图4-52所示，决策算法的输出为期望路径与期望速度。基于系统理论过程分析方法，以下四种情况均代表控制行为可能存在安全隐患：

1) 未提供控制行为。
2) 提供控制行为,但控制行为具备风险。
3) 提供可能安全的控制行为,但提供节点过早、过晚或顺序错误。
4) 控制行为持续过久或停止过早。

其具体分类见表 4-34。具体各个不安全控制行为及其实例需要依据其触发场景说明,以换道超车场景为例,如图 4-52 所示,黑色智能网联汽车遭遇前方缓行车辆,其相邻车道同时存在并行车辆。

表 4-34 决策算法不安全控制行为

决策算法的不安全控制动作编号（UCA）			期望路径决策（CA1）	期望速度决策（CA2）
提供	不需要约束	GW1 有风险	UCA1-1	UCA2-1
	需要约束	GW2 数值过大	UCA1-2	UCA2-2
		GW3 数值过小	UCA1-3	UCA2-3
		GW4 持续时间过短	UCA1-4	UCA2-4
		GW5 持续时间过长	UCA1-5	UCA2-5
		GW6 开始时间过早	UCA1-6	UCA2-6
		GW7 开始时间过晚	UCA1-7	UCA2-7
未提供	需要约束	GW8 用于保持安全	UCA1-8	UCA2-8

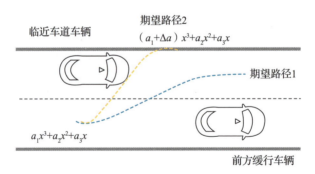

图 4-52 UCA1-2 换道超车场景示意图

若黑色智能网联汽车决策算法输出期望路径 1,则系统不会处于不安全状态。但如其输出期望路径 2,如图 4-52 中所示,系统将因输出期望路径数值过大,而与相邻车道的并行车辆产生碰撞风险,导致系统级别损失。因此,需要对于决策输出路径进行预期功能安全约束,避免其输出路径数值过大引起预期功能安全风险。

决策算法局限性分析(表 4-35)可以通过不安全控制行为作为起始点,反向解释是什么导致决策算法提供(或不提供)控制行为。通常来讲,性能局限性来源于:

1) 特定决策算法运行漏洞。
2) 特定决策算法逻辑存在漏洞。
3) 特定决策算法由于退化逐渐体现不实用性等[179]。

因此，基于决策算法控制结构，溯源控制结构内引起不安全控制行为的决策算法自身性能局限。

表 4-35　决策算法局限性分析溯源

性能局限来源	编号		描述
自身性能局限	CR1.1	CR1.1.1	基于常速模型的环境信息预测模块未能给出正确的行车环境预测
	CR1.2	CR1.2.1	全局路径规划模块给出错误的期望行驶道路
		CR1.2.2	全局路径规划模块给出错误的期望行驶车速
	CR1.3	CR1.3.1	成本函数设置不合理，导致决策生成非预期期望的轨迹
		CR1.3.2	成本函数设置不合理，导致决策生成非预期期望的车速
		CR1.3.3	决策算法未生成期望轨迹保持车辆正常行驶
		CR1.3.4	决策算法未生成期望车速保持车辆正常行驶
		CR1.3.5	决策算法生成非预期轨迹车辆不正常行驶
		CR1.3.6	决策算法生成非预期车速车辆不正常行驶
	CR1.4	CR1.4.1	动力学约束不合理，导致决策生成轨迹参数过小
		CR1.4.2	动力学约束不合理，导致决策生成轨迹参数过大
		CR1.4.3	动力学约束不合理，导致决策生成期望车速过小
		CR1.4.4	动力学约束不合理，导致决策生成期望车速过大
	CR1.5	CR1.5.1	缺少处理相关危险场景的模块设计
输入信息有误	CR2		决策算法未能从感知获取到正确的环境信息和定位信息
输出信息有误	CR3		决策算法未能及时将正确的决策期望输出到控制系统

4.3.2　决策算法测试评价场景研究

为了构建可用于决策算法 SOTIF 测试的场景，需要组合场景的静态要素和动态要素，形成高合理性、高覆盖率、高多样性的场景库。目前的测试场景多由固定的静态事物、交通参与者和固定的行驶轨迹构成。此类场景与真实交通场景差异巨大，不能体现测试车辆在各类情况下的真实反应。因此有必要生成随机可交互的连续场景，即场景中的静态要素、动态交通参与者都可以根据需要随机生成，且各交通参与者之间能够实现自主交互，形成测试环，使得测试场景能够真正实现演绎而成而不再是人工编写。

随机可交互连续场景库的形成难以在一朝一夕间完成，因此将决策场景构建拆分为了如图 4-53 所示的五个阶段，达到从"编写剧本"到"天然演绎"的渐次升级。其中，第一阶段（Level 1）为固定场景阶段，即静态因素固定，参与者及其动力学参数与行驶轨迹固定的剧本编写式场景。第二阶段（Level 2）首先通过离散泛化场景内交通参与者的动力学参数，进而考虑交通参与者之间的行为交互影响，随机化各交通参与者的形式路径。第三阶段（Level 3）在第二阶段的基础上，随机组成场景内的静态因素。第四阶段（Level 4）为串联第三阶段所生成的完全随机可交互场景，形成连续场景集。当前阶段的主要任务为通过离散随机化，将第一阶段的固定场景升级为第二阶段的离散随机化场景。

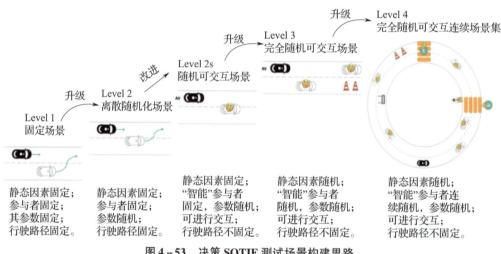

图 4-53 决策 SOTIF 测试场景构建思路

1. 固定场景

常见的决策算法评价测试固定场景见表 4-36。

表 4-36 常见的决策算法评价测试固定场景

固定场景示意图	场景描述
	平直道路，测试车辆以 $v1$ 速度直线行驶于左侧车道，右侧车道存在多辆以速度 $v2$ 低速行驶车辆，此时一辆摩托车，开始以速度 $v3$ 准备汇入左侧车道，测试车辆在目标车辆视野盲区内，并未开启左转转向灯
	平直道路，测试车辆以 $v1$ 速度直行行驶，对向车道存在一违停车辆，此时一目标车辆，开始以速度 $v2$ 汇入测试车辆车道，借道超车，并未开启左转转向灯

(续)

固定场景示意图	场景描述
	平直道路，测试车辆以 $v1$ 速度直行行驶。此时，车道前方出现一行人，以速度 $v2$ 横穿道路
	平直道路，测试车辆以 $v1$ 速度直线行驶，车道前方存在一违规停车车辆。此时，对向车道一目标车辆正以速度 $v2$ 直行行驶
	平直道路，测试车辆以 $v1$ 速度直线行驶于左侧车道，右侧车道存在多辆违停车辆，此时一违停目标车辆，开始以速度 $v2$ 准备汇入左侧车道，测试车辆在目标车辆视野盲区内，并未开启左转向灯
	平直道路，测试车辆以 $v1$ 速度直线行驶。此时，对向车道一目标车辆 A 正以速度 $v2$ 直线行驶，另一目标车辆 B 在视野盲区下未注意到测试车辆行动轨迹，以速度 $v3$ 掉头汇入测试车辆行驶车道
	测试车辆以目标车速 $v1$ 进入信号灯管控十字路口。测试车辆左转通过十字路口过程中，交通信号灯由绿变黄，前方对向车道出现电动自行车错用机动车道，以速度 $v2$ 闯入十字路口并有超速行为
	雨夜，能见度低，交通信号灯管控路口，左转信号灯为绿色，测试车辆以速度 $v1$ 进入路口，同时，左侧人行道行人闯红灯跑入斑马线，以速度 $v2$ 穿过交叉路口
	测试车辆以目标车速 $v1$ 准备进入信号灯管控十字路口。测试车辆前方人行横道存在行人，未注意驶来车辆，以速度 $v2$ 闯红灯直行通过斑马线
	信号灯管控十字路口，直行灯变红，左转灯变绿时，测试车辆以速度 $v1$ 准备进入十字路口。此时左向垂直车道出现闯红灯左转电动自行车，错误估计测试车辆驶入路口速度，以速度 $v2$ 进入十字路口左转
	信号灯管控路口，信号灯为绿色。测试车辆以速度 $v1$ 直行进入十字路口。前方十字路口中，存在一目标车辆，对于测试车辆运动轨迹存在误判，未遵守路权规定，避让直行测试车辆，以速度 $v2$ 超速左转通过十字路口

（续）

固定场景示意图	场景描述
	信号灯管控路口，测试车道信号灯为绿色。测试车辆以速度 $v1$ 直行进入十字路口。前方十字路口内，一相邻车道目标车辆准备以速度 $v2$ 左转，一对向车道目标车辆准备以速度 $v3$ 左转，因视野盲区存在，未注意测试车辆行驶轨迹
	匝道汇入汇出处，测试车辆以速度 $v1$ 试图汇出主路进入匝道。此时，匝道上一目标车辆，因视野盲区存在影响，并未注意到测试车辆运行轨迹，以速度 $v2$ 试图在较短距离内汇入主路
	匝道汇入汇出处，测试车辆在匝道以速度 $v1$ 试图汇入主路。此时，主路存在一目标车辆，因视野盲区影响，并未注意到匝道目标车辆运动轨迹，试图在较短距离内从主路以速度 $v2$ 汇出
	匝道汇入汇出处，测试车辆在匝道以速度 $v1$ 试图汇入主路。此时，主路存在一目标车辆，因视野盲区影响，并未注意到匝道目标车辆运动轨迹，试图在较短距离内从主路以速度 $v2$ 汇出
	城市环岛道路，测试车辆以速度 $v1$ 驶入环岛。此时，环岛内存在一目标车辆，存在警惕性不足行为，未注意到测试车辆运动轨迹，以速度 $v2$ 准备左转驶出环岛
	城市环岛道路，测试车辆以速度 $v1$ 在环岛内行驶，试图在前方出口驶出。此时，环岛内右侧车道存在一目标车辆，在视野盲区影响下，未注意到测试车辆，以速度 $v2$ 正常行驶
	城镇弯道处，测试车辆试图以速度 $v1$ 顺时针行驶通过弯道。此时，对向车道存在一目标车辆，在视野盲区影响下，未注意到对向车道存在行驶车辆，且存在驾驶不规范行为，压线行驶并大弯小转借用对向车道，以速度 $v2$ 试图逆时针通过弯道
	城镇弯道处，测试车辆试图以速度 $v1$ 顺时针行驶通过弯道。此时，相邻车道存在一目标车辆，在视野盲区影响下，压线行驶并大弯小转汇入测试车辆车道，以速度 $v2$ 顺时针通过弯道

2. 离散随机化场景

在离散随机化场景中，静态因素固定、动态交通参与者固定，但交通参与者的参数随机，并根据参数生成相应的行驶轨迹。场景的离散随机化主要体现在对交通参与者的参数进行离散随机，同时基于获得的参数生成对应的行驶轨迹，以达到在一定程度上丰富交通场景，使得场景更加贴近真实场景的目的，并为日后实现测试场景连续可交互奠定基础。场景离散随机化的具体步骤为：

1）场景内测试车辆和其他动态交通参与者初始状态和末态状态随机化。

2）基于道路形状特性和随机生成的交通参与者的参数，拟合形成行驶路线。

3）根据交通规则和车辆运动特性等因素确定交通参与者完成末态状态的时间上下限。

4）综合考虑空间约束、加速度约束、时间约束、速度约束，给出交通参与者速度的可行解曲线。

5）组合生成交通参与者离散随机化运动轨迹。

为了更加清晰地阐述场景离散随机化的步骤，将以一个平直城市道路场景作为例子进行离散随机化的操作演示。如图4-54a所示，平直道路上，测试车辆

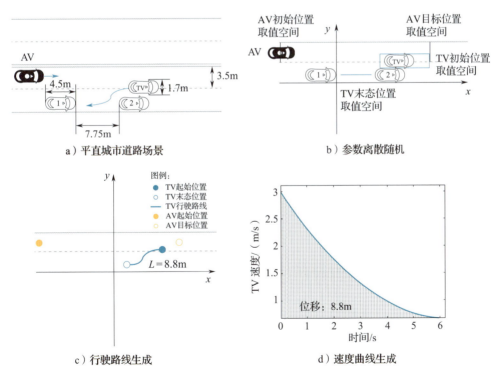

图4-54 平直城市道路场景

AV 直行行驶于左侧车道，右侧车道存在两辆违停车辆 1、2，此时目标车辆 TV 占用车道分界线，开始准备侧方停车于静止车辆之间，但并未开启右转转向灯。

首先基于场景基本信息、物理意义等确定初始状态和末态状态的取值范围，并随机获得始末状态，如图 4-54b 所示；并根据始末状态，基于参数化曲线，拟合形成车辆行驶路线，如图 4-54c 所示；最终，考虑达到末态状态的时间上下限、车辆的预计行驶空间、行驶路线长度、始末状态，计算得出符合车辆动力学特性的交通参与者速度曲线，组合即可形成一个经过离散随机的场景。

4.3.3 决策算法评价体系研究

自动驾驶决策算法的预期功能安全性能表现与人类驾驶安全决策水平的对比需要通过规范化评价指标的计算结果进行对比。传统交通安全分析与评价方法通常基于对已发生事故提取出的历史事故数据。但当运用这些事故数据进行交通安全分析时，因各个事故的相对稀缺性及随机性，这些数据不具有成为普遍性约束的意义。来自 Mobileye 的科研人员针对决策算法功能安全打造了一种责任敏感安全模型（Responsibility Sensitive Safety，RSS），以黑盒的形式基于智能网联汽车需保持的横纵向安全距离生成可行的决策轨迹，以避免因智能网联汽车的错误行为导致事故。这种方法具有评价借鉴意义，但其更多的是出于安全决策角度而非评价决策算法的预期功能安全性能表现。故此，一个多维度的综合评价体系在此章节被提出，如图 4-55 所示。多维度综合评价体系包括短期指标和长期指标，其中，短期指标综合考虑了决策算法的碰撞风险、违规风险以及违反习惯行为风险，是基于仿真或实车测试后的结果，根据自车与他车位置速度等离线数据直接评价车辆在驶过当前仿真场景时的决策表现。长期指标基于长时间积累的仿真或实车测试结果，以安全保持及任务完成度比例的形式，评价决策算法性能表现。

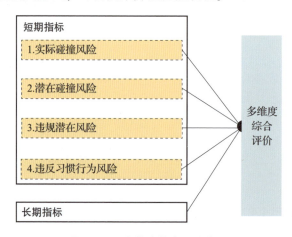

图 4-55　多维度综合评价体系

基于图4-55所提出的多维度的综合评价方法，对于面向决策算法预期功能安全评价的短期、长期评价指标进行设定并进行公式代码化实现，其具体评价指标见表4-37。

表4-37　决策算法预期功能安全评价指标

指标分类	一级指标			二级指标
	实际碰撞风险	潜在碰撞风险	违规潜在风险	违反习惯行为风险
短期指标	边界框重叠率	横纵向安全间距	道路规则违例	与平均交通流速度差
		可控性		
	损伤估计	碰撞时距（TTC）		
		潜在碰撞严重指数		驾驶风格（激进驾驶，侵占时间）
	忽略交通参与者导致的风险	人工势场		
长期指标	安全间隔和安全时间保持比例 错误执行降级操作的比例 碰撞比例 错误启动及停车比例 ……			

1. 边界框重叠率

边界框重叠率指标旨在检测自车在任一个时间点和其他的交通参与者或者道路设备发生的碰撞（空间时间发生重叠），使用 MATLAB 自带算法 bboxOverlapRatio，设置其输入为自车形心位置、航向角、长宽，他车形心位置、航向角、长宽以及期望输出的重叠率类型。其输出可以为两边界框的交并比最小面积比，及相交区域范围，两种类型如图4-56所示。

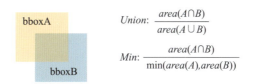

图4-56　边界框重叠算法示意图

2. 损伤估计

损伤估计指标旨在评估碰撞发生时，智能网联汽车与周围交通参与者的碰撞角度及速度不同，带来的不同碰撞造成的损伤严重程度。对于硬性物体则估计其碰撞能量，而对于软性物体（如车道中心花坛等不应驶入区域）则估计其重叠率。损失

估计值函数如下所示

$$\text{硬性物体：} \quad \Delta E = m\Delta \vec{v}\,\vec{\theta} \quad (4-25)$$

$$\text{软性物体：} \quad \Delta E = \gamma \quad (4-26)$$

其中 ΔE 代表损伤估计值；m 代表自车质量；$\Delta \vec{v}$ 代表自车与他车相对速度向量；$\vec{\theta}$ 为自车航向角单位向量；γ 为可得到的边界框重叠率。通过收集决策算法通过场景的自车与他车形心位置、航向角、长宽、速度，以及设定其碰撞边界框重叠率限制，可得到碰撞发生后的自车损伤估计。

3. 横纵向安全间距

横纵向安全间距指标旨在监测智能网联汽车是否和周围物体保持合理的安全间隙。横纵向安全间距指标基于 RSS 模型与法规在不同车速下的横纵向车间距保持要求，比对智能网联汽车是否与周围交通参与者保持适当的横纵向安全间距。

4. 可控性

可控性指标旨在通过衡量车辆在面对障碍物时的通行裕量来表征在各场景下车辆可达区域内系统保证安全的范围。可控性指标针对车辆决策算法进行量化评估，从控制裕量角度计算决策算法风险情况。可控性指标考虑车辆当前环境特征和交通参与者的动态行为，将行空间可化为视角锥形区域，并通过衡量突发事件下剩余空间区域来计算可控性。其具体公式为：

$$C = \frac{\sum \tan^{-1}\left(\dfrac{X_e - X_j - \dfrac{W_j}{2}}{Y_e - Y_j - \dfrac{L_j}{2}}\right) + \tan^{-1}\left(\dfrac{X_e - X_j + \dfrac{W_j}{2}}{Y_e - Y_j - \dfrac{L_j}{2}}\right)}{\min\left(\sin^{-1}\left(\dfrac{2\mu g(X_j - X_e)}{V_e^2}\right), \bar{\theta}\right) + \min\left(\sin^{-1}\left(\dfrac{2\mu g(X_e - X_j)}{V_e^2}\right), \bar{\theta}\right)} \quad (4-27)$$

式中，(X_e, Y_e, V_e) 分别表示自车当前位置横纵坐标和速度；(X_j, Y_j, V_e) 分别表示其他交通参与者当前位置横纵坐标和速度；边界矩形长宽信息 (L_j, W_j) 为交通参与物所形成边界矩形框的长度和宽度；μ 表示自车所处位置路面峰值附着系数；g 表示重力加速度；$\bar{\theta}$ 表示车辆最大转向角度。

5. 碰撞时距（TTC）

碰撞时距指标旨在检测自车与同车道距离最近的前车间的纵向碰撞时距和存在横向速度时，在横向速度方向上的非同车道距离最近的他车的横向碰撞时距，其具体公式为：

$$TTCX = \begin{cases} \dfrac{X_t - X_e}{v_e - v_t}, & v_e > v_t, \ X_e < X_t, \ |Y_e - Y_t| \leqslant 3.5 \\ \dfrac{X_e - X_t}{v_t - v_e}, & v_e < v_t, \ X_e > X_t, \ |Y_e - Y_t| \leqslant 3.5 \end{cases} \quad (4-28)$$

$$TTCY = \begin{cases} \dfrac{Y_t - Y_e}{u_e - u_t}, & u_e > u_t, \ Y_e < Y_t, \ |X_e - X_t| \leqslant L \\ \dfrac{Y_e - Y_t}{u_t - u_e}, & u_e < u_t, \ Y_e > Y_t, \ |X_e - X_t| \leqslant L \end{cases} \quad (4-29)$$

式中，X_e，Y_t，Y_e 分别为他车和自车的横纵向坐标；v_t，v_e，u_t，u_e 分别为他车和自车的横纵向速度；L 为他车长与自车长的和。

6. 潜在碰撞严重指数

潜在碰撞严重指数旨在检测自车与他车潜在碰撞严重程度，主要考虑自车与他车发生碰撞时的不同的碰撞速度与碰撞角度所带来的严重性，其具体实现公式为

$$PCSI = \sum_{i=1}^{n} W_{1i} W_{2i} f(\theta_{ci}) \quad (4-30)$$

式中，W_{1i} 为自车与第 i 辆他车航向角与位置权重；W_{2i} 为自车与第 i 辆他车相对速度权重；$f(\cdot)$ 为严重程度函数；θ_{ci} 为自车与第 i 辆他车的碰撞角度。

$$W_{1i} = \cos\theta\cos\left(\tan^{-1}\left(\dfrac{y_{ti}}{x_{ti}}\right)\right) + \sin\theta\sin\left(\tan^{-1}\left(\dfrac{y_{ti}}{x_{ti}}\right)\right) \quad (4-31)$$

式中，x_{ti} 和 y_{ti} 分别为第 i 辆他车相对于自车的位置的 X 方向和 Y 方向的坐标值，θ 为自车航向角。

$$W_{2i} = 10^{k\frac{t_{\min}}{t_{ri}}} \quad (4-32)$$

式中，$t_{ri} = \dfrac{L_{ri}}{V_{ri}}$；$t_{\min} = \sqrt{\dfrac{2L_{ri}}{a}}$；$L_{ri}$ 表示第 i 辆他车相对自车的距离；V_{ri} 表示第 i 辆他车相对自车的车速；k 为可调参数，a 为自车在当前路面上的最大制动减速度。

$$f(\theta) = \begin{cases} 1 & \theta = 0°\&180° \\ 4 & \theta = 0° \sim 15°\&165° \sim 180° \\ 3 & \theta = 15° \sim 45°\&135° \sim 165° \\ 2 & \theta = 45° \sim 90°\&90° \sim 135° \end{cases} \quad (4-33)$$

式中，θ 为自车与他车的碰撞角度。

7. 人工势场

人工势场指标旨在以势场的形式考虑自车所在运行域内动静态障碍物和车道线

的影响。人工势场分类为可跨越障碍物，不可跨越障碍物以及道路边界，其具体实现公式为

$$PF = ae^{-bs\left(\frac{X}{X_s}, \frac{Y}{Y_s}\right)} \tag{4-34}$$

$$X_s = X_0 + uT_0 + \frac{\Delta u_{ai}^2}{2a_n} \tag{4-35}$$

$$Y_s = Y_0 + (u\sin\theta + u_{0i}\sin\theta)T_0 + \frac{\Delta v_{ai}^2}{2a_n} \tag{4-36}$$

式中，PF 代表了障碍物势场；a，b 分别为障碍物的形状与强度参数；s 为决策算法测试评价自车与他车的安全间距函数；X_0，Y_0，X_s，Y_s 分别代表了横纵向最小距离以及横纵向障碍物安全间距；T_0 为安全时间间隔；u，u_{0i} 为智能网联汽车和障碍物车辆的纵向速度；u_{ai}，v_{ai} 为横纵向接近速度。

$$PF_r \begin{cases} a_q(s_{r_q}(X,Y) - D_a)^2 & s_{r_q}(X,Y) < D_a \\ 0 & s_{r_q}(X,Y) \geq D_a \end{cases} \tag{4-37}$$

式中，PF_r 代表了道路边界势场；a_q 为强度参数；s_{r_q} 为自车距离道路边界的安全距离；D_a 为自车距离道路边界的准许距离。

8. 违反习惯行为风险

违反习惯行为风险指标通过量化决策算法输出结果与驾驶人习惯行为的对比，评价决策结果是否过于激进而引发预期功能安全问题。例如，考虑自车车速和运行域内车内速度相差较大的时间占比，其通过计算自车车速大于周围其他车辆平均车速的时间占比，评价决策算法的违反习惯行为风险。同时，也可以利用跟车时间统计值，以及自车跟车时距；或者风险加速度，例如侧向加速度大于 $0.4g$，纵向加速度大于 $0.6g$；或超车借用对向车道时间过长去评价决策算法驾驶风格过于激进。

4.3.4　决策算法预期功能安全测试方法研究

1. 基于场景的硬件在环测试方案

硬件在环仿真（Hardware in Loop，HIL）是以实时处理器运行仿真模型来模拟被测对象的运行环境，通过 I/O 接口与被测的工控机连接，对被测工控机进行全方面、系统的测试。硬件在环仿真测试是自动驾驶算法、功能、系统测试的重要一环，减少了实车测试的次数，缩短开发时间并降低开发成本，增加了测试效率，有效提高测试过程安全性、可行性。

基于场景的硬件在环测试方案如图 4-57 所示。其中，实时机模拟被测对象的运行环境和车辆控制，车辆控制模型主要负责自车动力学情况；硬件设备包括工控机、驾驶模拟器等，等价于相关被测系统和组件；上位机为数据处理计算机，进行数据处理和测试评估。

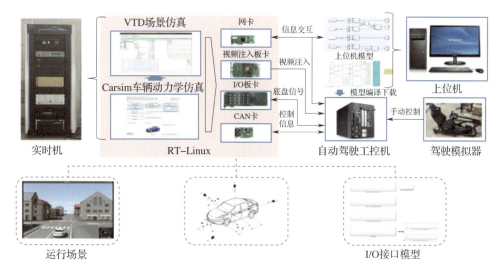

图 4-57 基于场景的硬件在环测试方案

实时机搭载有虚拟仿真软件 Virtual Test Drive（VTD），作为硬件在环测试的载体。工控机搭载自动驾驶相关算法程序和配置环境，可用于执行感知、决策、规划等被测功能。同时，运行结果将通过 UDP 通信实时控制 VTD 仿真场景中自车运行。视频注入设备模拟物理摄像头画面捕捉功能，将仿真场景配置摄像头视角渲染画面导入感知算法中进行处理。上位机配有 MATLAB 软件，分别进行数据处理和车辆模型构建。其中，基于 MATLAB 的 Simulink 模块，对 VTD 传输数据进行打包、解包、解析、输出，对获取环境和自车信息进行数据处理，从而计算相关测试指标；Carsim 软件对自车动力学进行仿真，输出统一可靠的位置、姿态、轮胎转速等自车控制信息。

首先，基于需求分析、数据采集等提取功能场景。基于具有相关参数和约束的逻辑场景，进行泛化，形成具体的 VTD 测试场景，将自车配置的摄像头通过相关设备进行视频注入，模拟物理摄像头。同时，通过 UDP 通信，将采集到的场景信息（包括环境、他车和自车信息）传入 Simulink 模块进行处理，一方面提供给决策算法或工控机，另一方面实时对预设的测试指标进行计算，从而评估性能结果。决策算法综合环境信息和感知结果，输出控制命令，转化为相应的车辆模型的相应输出，实时控制 VTD 测试场景自车的运动。

泛化程序基于逻辑场景，生成一组随机、合理、离散的具体参数，将逻辑场景转化为具体测试场景。Simulink 是 MATLAB 嵌入的一种可视化仿真工具，可以将构建的算法以模块的形式融入模型中。在硬件在环仿真方案中，Simulink 主要执行通信和测试指标计算两大功能。通信解析模块如图 4-58 所示，能够对 VTD 传输报文根据 UDP 报文格式进行解包、打包、提取、设置端口等。右上角模块为触发模块，

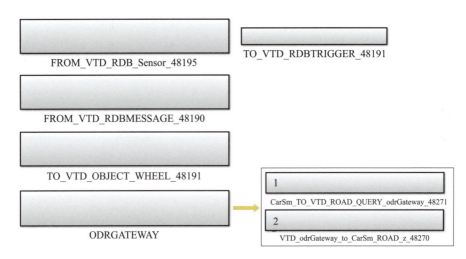

图 4-58 Simulink 通信解析模块

能够通过 Simulink 同步启动仿真场景。左侧四个模块，依次进行他车信息提取、自车信息提取、自车控制报文、路面触点信息。通过报文可以提取道路参数、自车姿态、他车位置等多种信息，也可以控制自车姿态、触点、速度、位置等参数，完整信息可参考 VTD 自带 RDB 模块。

测试指标模块从通信模块中接收到所需的自车和环境信息，根据指标计算公式进行计算、判断，实时获得车辆测试指标数值变化。被测对象包括自车决策、感知等自动驾驶功能或算法。其硬件配置包括 SpeedGoat 快速原型机和工控机两部分。工控机为一台 Ubuntu 的 X86 平台工控机。可用于被测对象环境配置和代码部署。并通过相关 CAN 口和 VTD 测试场景及 Simulink 进行通信。

2. 基于场景的硬件在环测试实例

本部分以自动驾驶决策算法为例，以潜在触发预期功能安全问题的十字路口典型决策测试场景为载体，结合多维度评价指标进行基于场景的硬件在环测试说明。实例示意如图 4-59 所示，测试实例静态描述见表 4-38。

本决策算法测试场景实例仿真于信号灯管控的城市十字路口，智能网联汽车在绿色信号灯下试图以速度 35km/h 直行通过十字路口。此时，在自车行驶方向前有一行人，违反信号灯规则

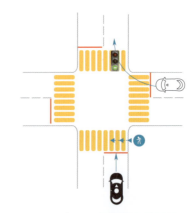

图 4-59 十字路口典型决策场景测试实例示意图

在人行横道线上横穿马路。同时，十字路口东侧有一目标车辆以 20 km/h 速度试图右转驶入智能网联汽车目标车道。

表 4-38 十字路口典型决策场景测试实例静态描述

分层	名称	内容
Layer 7	自车状态	无特殊状态
Layer 6	通信状态	无特殊状态
Layer 5	气候环境	无特殊天气影响
Layer 4	交通参与物	十字路口内有一横穿马路行人与另一目标车辆试图右转
Layer 3	道路和设施临时改变	行人违反信号灯规则横穿马路
Layer 2	交通基础设施	道路标线清晰
Layer 1	道路结构	交通信号灯管控十字路口，双向 2 车道

本仿真测试车辆动力学模型由 Carsim 提供，车辆模型选取最为常见的发动机前置前驱 C 级轿车，前轮转向，前后双独立悬架并配有 ABS，模型以 S-function 形式与 Simulink 中的待测试决策算法联合仿真。场景可视化软件选取为 VTD，其中车辆动力学模型输入端口接收 VTD 的四个车轮道路触点信息及决策算法的输出指令，输出端口输出自车的坐标、速度、加速度及姿态等相关信息作为决策算法的输入。待测试决策算法智能网联汽车通过场景后，使用其离线保存的相关数据，通过评价指标直接计算得出测试评价结果。

4.4 定位系统预期功能安全探索与实践

4.4.1 定位系统局限性与触发条件分析

1. 定位系统局限性分析方法理论

定位系统的主要功能是为上层应用提供当前车辆状态信息（经度、纬度、航向、速度等）。定位功能失效（无法定位、定位性能下降、定位出错等）对车辆驾驶行为的影响，取决于上层应用如何使用定位系统所提供的信息，不同的应用方式将带来不同的驾驶行为异常。考虑到以上因素，定位系统的局限性分析，主要参考 ISO 21448 所涉及的对于系统潜在功能缺陷和对应触发条件的两种分析方法。

表 4-39 所示为分析方法一，首先从系统架构出发分析系统组成模块的功能局限，进而导出触发该功能局限对应的触发条件（对应的场景）；其次给出相应的改进措施并加以验证；最后结合分析、改进和验证环节，给出是否接受该种局限性的结论和相应的论据。

表4-39 SOTIF 在系统隐患到触发条件的分析方法举例

分析项目	描述说明	
可能引起 SOTIF 相关危害的系统因素	系统架构功能	
	分配的系统或软/硬件要素	
	SOTIF 相关的接口或要素	
	已知系统设计中潜在的功能不足	
触发条件	已知潜在功能不足的先验最坏条件	场景特征（环境条件、道路/城市基础设施）
		驾驶条件（行为、事件、目标和车速）
		驾驶人、其他驾驶人、道路使用者的行为
	暴露度 O[①] 评价	
触发条件的影响	整车级影响（危害行为）	
	SOTIF 相关危害事件严重度 S[①] 评价	
改进 SOTIF 的措施	改进 SOTIF 的设计措施	
	提供系统响应或设计方法有效性证据的验证措施	
	SOTIF 措施有效性 M[①] 评价	
接受准则		

[①] 来源 ISO/DIS 21448：2021（E）Table B.9。

表4-40 所示为分析方法二，首先从可能的危害场景出发分析对应的系统功能局限和涉及的系统模块；其次进一步给出相应的改进措施并加以验证；最后结合分析、改进和验证环节，给出是否接受该种局限性的结论和相应的论据。

表4-40 从触发条件到潜在缺陷的 SOTIF 分析方法举例

分析项目	描述说明	
触发条件	已知危害用例	场景特征（环境条件、道路/城市基础设施）
		驾驶条件（行为、事件、目标和车速）
		驾驶人、其他驾驶人、道路使用者的行为
	暴露度 O[①] 评价	
可能引起 SOTIF 相关危害的系统因素	受触发条件影响的系统架构功能	
	受触发条件的影响系统架构要素	
	SOTIF 相关的接口/要素	
	已知系统设计中的潜在功能不足	
触发条件的影响	整车级影响（危害行为）	
	SOTIF 相关危害事件严重度 S[①] 评价	
改进 SOTIF 的措施	改进 SOTIF 的设计措施	
	提供系统响应或设计方法有效性证据的验证措施	
	SOTIF 措施有效性 M[①] 评价	
接受准则		

[①] 来源 ISO/DIS 21448：2021（E）Table B.11。

可能的危害场景分为算法相关危害场景及传感器相关危害场景两类。分析算法相关危害场景，必须要考虑以下因素：环境和定位、城市和乡村道路设施、高速设施等。分析传感器相关危害场景必须考虑以下因素：运行设计域的影响、气候影响、机械干扰影响（由于传感器在车辆上的位置而引起的振动导致传感器输出噪声）；电磁干扰影响；传感器精准性；传感器测量范围；传感器响应时间；由于长时间使用产生的耗损影响等。

2. 定位系统组成架构分析

(1) 组合导航定位系统架构

组合导航定位系统整体架构如图 4-60 所示。系统主要由卫星接收机、改正数服务、惯性传感器（Inertial Measurement Unit，IMU）、轮速传感器、定位引擎、车联网系统（Telematics Box，T-Box）以及网关/总线等组成。

卫星接收机用来接收不同星座的各卫星观测量和星历数据；IMU 主要用于提供加速度和角速度信号；两者分别用于全球导航卫星系统（Global Navigation Satellite System，GNSS）定位和惯导航位推算。轮速传感器提供车轮的速度信号，用于辅助惯导航位推算。

改正数服务独立于车载传感器，服务于云端系统。改正数可以实现对卫星及信号传输过程中的各种 GNSS 误差的补偿，实现实时差分定位（Real-Time Kinematic，RTK）或区域参考网增强精密单点定位（Precise Point Positioning RTK，PPP-RTK），提高 GNSS 定位精度。

定位引擎通过车载网关/总线，接收来自上述传感器的各路信号输入，计算并输出车辆当前所处的位置（经度、纬度、高程）、速度和航向角。

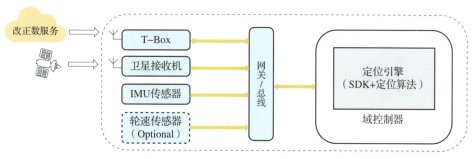

图 4-60　组合导航定位系统架构定义

(2) 同步定位与建图定位系统架构

同步定位与建图（Simultaneous Localization And Mapping，SLAM）定位系统整体框架如图 4-61 所示。SLAM 系统由前端里程计、后端优化、回环检测以及建图四部分组成。

前端里程计根据图像或激光点云序列计算帧间的相对位姿变化和运动估计。后端优化根据不同时刻的里程计测量位姿和回环检测的结果，对估计轨迹及地图进行全局优化。回环检测根据当前帧的传感数据，计算历史地图信息和位姿之间的相似程度，并判断当前帧的位姿是否接近于某一先前时刻的位姿。建图部分则通过里程计的估计位姿和当前估计的环境信息，通过域控制器和网关/总线最终输出 SLAM 定位系统的估计位姿。

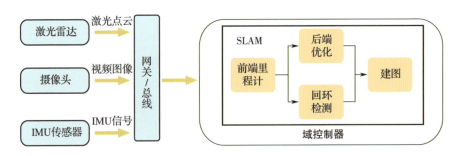

图 4-61　SLAM 定位系统架构

3. 定位系统局限性分析

定位系统局限性分析主要采用在系统隐患到触发条件的分析方法。

（1）组合导航定位系统局限性分析

1）GNSS 卫星接收机，主要考虑卫星信号传输过程中受到的各种环境干扰，见表 4-41。

表 4-41　卫星信号传输过程中受到的环境干扰

序号	干扰因素	场景
1	遮挡环境下，可见卫星数减少，导致 GNSS 定位误差增大。	该功能局限性主要考虑以下场景： 车辆一侧受遮挡（高速边坡、一侧山丘遮挡、路侧交通牌遮挡等） 车辆两侧受遮挡（两侧山丘遮挡等） 动态遮挡（高楼林立、夏季茂密森林荫树、隧道、山谷等） 完全遮挡（隧道等区域）
2	卫星信号反射（多径效应，图 4-62）	场景中因素造成卫星观测错误和信噪比降低，进而导致 GNSS 定位误差增大。
3	卫星信号传播路径的电离层、对流层延时极端天气条件（台风天气、电离层闪烁）	场景中因素造成周跳及信噪比降低，如极端天气条件。

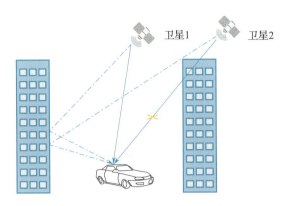

图4-62 城市峡谷多径效应示意图

2) IMU传感器,主要考虑高温情况下,IMU输出噪声和IMU偏置的增大。

3) 轮速传感器,考虑轮速信号无法真实反映车辆位移的驾驶工况,如低摩擦力路面(泥泞地),发生车轮空转;或轮胎半径与标称值不一致,导致实际车辆位移小于计算值。

4) 改正数服务,考虑网络中断导致车端无法接收改正数数据的问题。

(2) SLAM定位系统局限性分析

SLAM定位系统的局限性主要来源于传感器输入,具体见表4-42。

表4-42 SLAM定位系统局限性分析

序号	局限性分析	场景
1	SLAM运行过程中,环境能见度会影响SLAM的定位精度和建图精度	天气条件导致的能见度下降场景(下雨、下雪、雾霾等)
		外部光照条件变化导致的能见度下降场景(晴天、阴天、傍晚等)
2	SLAM系统的前端里程计、回环检测和建图算法均依赖于对感知数据(包括视觉和激光点云)的特征提取	环境结构单一的场景(如隧道、地下车库等)
		大范围场景(如住宅区、城市道路、工业园区等)
		复杂场景(如室内房间、工业工厂等)
		动态目标环绕场景(如行人、非机动车、机动车环绕等)

4.4.2 定位系统评价体系研究

1. 定位系统评价指标研究

定位系统评价主要从定位性能指标、定位结果可靠性以及定位结果可用率展开。

对组合导航定而言,定位性能指标,主要考虑定位精度(如CEP95)、首次定位时间、定位结果输出频率等指标。定位可靠性指标,借鉴航空领域的完好性评价体系,主要考虑告警门限(Alarm Limit, AL)、保护门限(Protection Limit, PL)、目标完好性风险(Target Integrity Risk, TIR)、告警时间等,衡量定位结果的可信度和安全性。可用率指标指输出的满足定位精度要求结果占整体定位结果的比例关系。

(1) 组合导航定位系统评价指标

1) 定位精度。实践中常用的定位精度衡量指标有 DRMS（均方根误差）、CEP68（68%圆概率误差）、CEP95（95%圆概率误差）等。

2) 定位可靠性指标。

① 告警门限和保护门限，均是距离层面上的度量。矩阵区域模型如图 4-63 所示。

a. 告警门限（AL）从车道级定位应用触发，一种合理的告警门限定义是区分水平方向和垂直方向的告警门限。水平方向上的侧向告警门限（AL_{AT}）和纵向告警门限（AL_{CT}）；垂直方向上的垂直告警门限（以真实位置为中心，垂直方向上下允许的最大误差）三者结合，指一定完好性风险等级所对应的最大位置误差的三维区域。

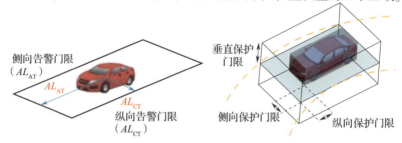

图 4-63 矩阵区域模型①

b. 保护门限（PL）表征一定置信度下的位置误差估计。与告警门限相对应，保护门限可分解为侧向保护门限（PL_{AT}）、纵向保护门限（PL_{CT}）以及垂直保护门限（PL_V）。

② 完好性风险（TIR）。图 4-64 展示了保护门限、告警门限和实际定位误差三者的关系以及对应的定位结果状态。图 4-65 的横轴代表实际的定位误差，纵轴代表对应的保护门限（PL），虚线代表固定的报警门限（AL），该图可分为 5 个区域，具体见表 4-43。

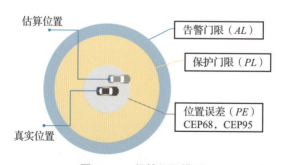

图 4-64 保护门限模型

---

① 2019, Ford Motor, Localization Requirements for Autonomous Vehicles。

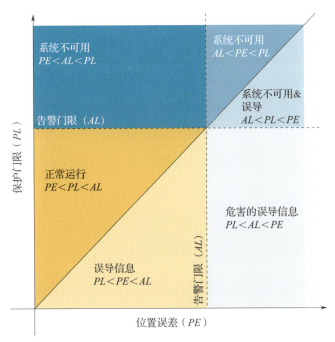

图 4-65　实际误差、PL 和 AL 三者之间的关系

表 4-43　完好性风险图例解释

序号	划分区域	定位结果评估
1	"Normal operations" 区域	定位结果可用，且未有误导信息
2	"System unavailable" 区域	PL 输出指示定位结果不可用
3	"Misleading Information" 区域	虽然 PL 输出无法约束实际定位误差，但定位结果仍然可用，无安全风险
4	"System unavailable & Misleading" 区域	PL 小于实际误差且 PL 和实际误差均大于 AL。此时由于 PL 大于 AL，PL 指示定位结果为不可用状态
5	HMI 区域	PL 小于 AL 且实际误差大于 AL

TIR 指标的定义具体指定位结果落在上图中红色区域内的概率指标。

3) 定位结果可用率。

①基于精度的可用率指标。基于精度的可用率指输出的满足定位精度要求定位结果占整体定位结果的比例关系，即 $P(PE < threshold)$。该指标用来评估定位结果的误差水平。

②基于定位完好性的可用率指标。基于完好性的可用与否的判定，主要通过 PL 和 AL 的大小关系来定义。当 $PL < AL$ 时，认为定位结果可用，否则判定为不可用。从图 4-66 可以看出，可用率的定义为落在区域 A 内的定位结果占所有定位输

出（区域 B）的比例，即：

$$P(PL<AL)=A/B \qquad (4-38)$$

真正可以保证安全的可用率为

$$P(safe)=P(PL<AL)-TIR \qquad (4-39)$$

即 $PL<AL$ 的输出结果中，需要刨除完好性漏警的输出结果。由于 TIR 一般为很小的数值，因此 $P(PL<AL) \approx P(safe)$。

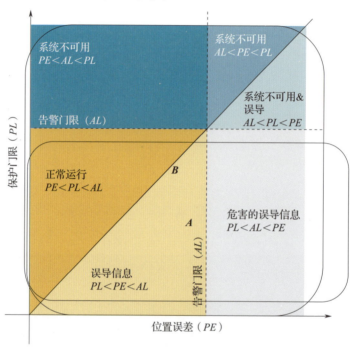

图 4-66 定位精度可用率关系

（2）SLAM 定位系统评价指标

SLAM 定位系统主要从建图与定位的性能和结果可靠性进行评价，包括定位精度、建图精度、鲁棒性、初始化时间、重定位时间以及内存使用及能耗等。

1）定位精度。

①绝对轨迹误差。绝对轨迹误差（Absolute Trajectory Error，ATE）是估计位姿和真实位姿的直接差值，可以非常直观地反映算法精度和轨迹全局的一致性。

②相对轨迹误差。相对轨迹误差（Relative Trajectory Error，RTE）将争端轨迹按照一定规则截取成若干小段。利用每一小段估计轨迹的起点状态与对应的真实轨迹求取变换矩阵进行对齐，再计算估计的轨迹终点与真实轨迹终点的误差。重复以上步骤即可得到多段轨迹的误差值，即相对轨迹误差。相对轨迹误差是一个数组，可以通过对其进行统计分析来评价算法的一致性。

③绝对位姿误差。绝对位姿误差（Absolute Pose Error，APE）主要描述的是时间同步机制下，估计位姿和真实位姿之间的误差。

④相对位姿误差。相对位姿误差（Relative Pose Error，RPE）主要描述的是相隔固定时间差 Δ 时相比于真实位姿的两帧位姿差的精度。

2）建图精度。

①点云的几何精度。由于 SLAM 建图系统输出的点云数据难免出现离群点，因此，需要对其进行剔除。剔除通常使用统计异常值去除（Statistical Outlier Removal，SOR）滤波器。在剔除离群点后，使用最近点迭代（Iterative Closest Points，ICP）算法进行点云配准。ICP 可以通过最小二乘法得到两个点云集之间的最优刚体变换关系。

通过计算点云之间的距离可以评估 SLAM 构建地图的几何精度。最常用的方法是直接计算点云到点云（Cloud-to-Cloud，C2C）的距离。针对每个需要比较的点，该算法都会在真实环境点云中寻找最近点，同时计算它们的欧氏距离，如图 4-67 所示。在 C2C 算法中，可采用豪斯多夫距离（Hasudorff Distance）计算点云之间的距离。

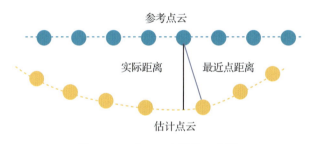

图 4-67　点云距离计算示意图

②点云地图的其他评估指标。为了更客观全面地评估 SLAM 算法的地图构建能力，在几何精度的基础上还可设置三个指标：点云噪声、点云稀疏程度以及 3D 重构能力。

使用的点云算法不能太过稀疏，像 LSD-SLAM 这种可以提供半稠密点云地图的算法更适用于导航任务。而对 SLAM 系统生成的 3D 点云地图进行评估时，不能仅仅只是关注精度的问题，还需综合考虑该 SLAM 算法的应用场景。

3）鲁棒性。

当 SLAM 系统运行时，可能会受到如光照变化、移动物体等来自于外界的干扰。一个鲁棒性较好的 SLAM 系统可以对这些干扰做出正确判断，并尽可能地减少这些干扰对其产生的影响，从而保证系统的稳定运行。

在极端情况下，视觉轨迹可能会出现跟丢的情况。对于一个鲁棒性较好的 SLAM 系统，子轨迹应该能够较好地与真实轨迹进行对齐。因此，SLAM 系统应该可以从丢失状态中快速恢复,并且回到正确的位置将新的位姿与之前的轨迹相结合。同时丢失的时间越短,重定位的误差越小,SLAM 系统的鲁棒性也就越好。

4)初始化时间。

通过判断运动的估计尺度是否稳定来确定初始化是否完成。将 SLAM 系统估计轨迹的尺度定义为当 SLAM 系统完成初始化时,需要达到一个稳定的尺度。当小于某个阈值时,就可以认为 SLAM 系统估计轨迹的尺度已经稳定,系统已经完成初始化。此时的时间表示 SLAM 系统的初始化时间。

5)重定位时间。

通过强迫系统进入重定位阶段可以准确地获取重定位时间。围绕一个有纹理的物体平稳旋转几圈,在绕过第一圈之后,将后面的一些帧换成黑色帧。当黑色帧到来时,SLAM 系统可以利用第一圈期间存储的视觉信息进入重定位阶段;在当黑色帧结束后,会有一段时间读取原始帧数据,SLAM 系统可以在这段时间内进行重定位。通过手动添加黑色帧的方式可以准确地计算出重定位的时间,即从黑色帧结束到开始输出估计姿态的时间差。

6)内存使用及能耗。

内存的使用及能耗是指 SLAM 系统在工作时所消耗的内存及能量。目前,SLAM 算法的动态内存消耗可以在每一帧的水平上进行精确测量,同时也可以计算整体的内存消耗。而对于 SLAM 系统能耗指标的测量,可以采用一种常用的传感器应用程序编程接口(Application Programming Interface,API)对其进行测量。

2. 基于特定场景定位性能表现的评价方法研究

在某些特定场景,相关外界因素通过影响 GNSS、IMU、激光雷达和相机的正常输出,从而影响整个系统的定位性能。

为了评价定位系统在这些特定场景的定位性能表现:

1)建立实测数据库。制定包含大部分场景(隧道、城市峡谷、颠簸路段)的标准路线,积累标准数据库。如极端温度,可在特定地点进行一段时间的专项数据采集;恶劣天气,可在恶劣天气发生比较频繁的地方和季节,进行一段时间的专项数据采集;其他特定场景,也可建立标准路线或进行专项测试采集数据,积累数据库。

2)建立真值系统。真值系统由位姿真值系统和三维点云真值系统构成。位姿真值系统指将高精度定位设备的原始数据通过后处理得到高精度的定位结果。三维点云真值系统指通过在特定场景下进行移动测绘,获得特定场景的三维点云真值系统。

3)建立评价体系。比较关键统计指标与需求规格之间的差异,按一定规则给予评分，具体的分值反映了在特定场景下定位系统定位性能表现。后续可以根据特定场景下各传感器数据特点，进行环境仿真。

3. 基于特定场景组合导航定位性能表现的评价指标研究

汽车在某场景下行驶的时间越长，行驶的距离越长，各传感器输出的信号受干扰程度也越大。通过统计特定场景关键指标与时间、距离的比值，更能准确反映定位系统在该场景的定位性能。

定位系统的局限性导致定位性能指标不同程度的降级，结合不同场景限制或不同传感器数据约束，可分为如下几类：

1) 不同遮挡场景下 GNSS 卫星接收机对定位性能指标的影响。具体见表 4-44。

表 4-44　不同遮挡场景下 GNSS 卫星接收机对定位性能指标的影响

序号	遮挡场景	影响
1	空旷场景下	搜星数、信噪比等数据正常，卫星信号稳定，RTK 或 PPP-RTK 可实现 GNSS 定位精度至厘米级别
2	单边遮挡场景	搜星数、信噪比等数据受到较小影响，卫星信号较稳定，RTK 或 PPP-RTK 可实现 GNSS 定位精度至亚米级别
3	双边遮挡或动态遮挡场景	搜星数、信噪比等数据受到较大影响，卫星信号较不稳定，RTK 或 PPP-RTK 可实现 GNSS 定位精度至米级别
4	完全遮挡场景	搜星数、信噪比等数据缺失，卫星信号不可用，将无法实现定位，此时需要基于 IMU 和轮速等信息，推算定位结果

2) 在完全遮挡且传感器数据异常情况下，定位精度降级，具体见表 4-45。

表 4-45　定位精度降级原因及消除误差方法

序号	定位精度降级原因	消除误差方法
1	在异常温度工况下，例如高低温/振动环境下，IMU 数据噪声和偏置增大，融合定位精度降级	主要依靠 IMU 保证温度性能指标，消除误差
2	低摩擦力路面或颠簸路面，发生车轮空转，车速误差增大，融合定位精度降级	融合算法需要通过故障诊断识别空转场景，剔除误差
3	轮胎磨损或胎压不足，导致轮胎半径与标称值不一致，融合定位精度降级	融合算法通过融合 GNSS 数据估计轮速比例因子，消除误差

3) 城市峡谷效应、大面积水域场景，卫星信号发生多径效应，融合定位精度降级。RTK 或 PPP-RTK 可以识别多径场景和周跳，剔除误差。

4) 卫星信号传播路径的电离层、对流层延时，极端天气条件（台风天气，电离层闪烁）造成周跳及信噪比降低，载波相位误差大且不稳定，融合定位精度降级。当前极端天气条件主要通过服务端大气实时建模精度保证。

5）不同应用场景，以及硬件和算法性能差异，定位结果输出频率不同。定位输出频率越高，对应车辆的位移越小，有助于车辆位置判断的实时性，常见的定位结果输出频率包括：1Hz/10Hz/25Hz/50Hz/100Hz 等。

6）差分改正数龄期越大，差分改正数质量越差。如：网络信号稳定无延迟情况，差分改正数龄期为秒级；移动网络信号不稳定延迟严重，差分改正数龄期为几十秒甚至更长；移动网络信号未覆盖区域，网络中断导致地面移动终端无法接收改正数数据，从而造成整体定位精度下降。

4.4.3 定位系统预期功能安全测试方法研究

1. SOTIF 组合导航定位系统测试体系

SOTIF 定位系统测试体系可以根据定位系统的安全目标，安全机制从不同层面的测试环境中进行验证。其中：安全机制的测试环境可以从仿真测试、硬件在环测试、实车测试等三方面进行建设。

（1）仿真测试

仿真测试的目的是验证融合定位算法在不同场景下的表现是否能够实现功能安全和预期功能安全的要求。优点是测试效率高，故障注入方便，能够快速验证软件功能；缺点是运行平台和实际操作系统有差异，部分功能只能验证软件层面的功能，硬件层面的功能无法验证。仿真测试需要的条件有仿真环境、融合定位算法、融合定位算法所需信号之间的调用关系。

（2）硬件在环测试

硬件在环测试是对定位终端系统的测试验证。优点是可以对定位系统进行功能验证，缺点是定位终端的输入信号均是仿真数据，与实际存在部分差异，如多径故障差异、卫星信噪比差异等。硬件在环测试系统所需的条件有车载定位终端、仿真GNSS 台架、IMU 仿真设备、差分服务仿真设备、车速和车辆里程计仿真设备。

硬件在环测试系统在定位系统的应用，主要是场景仿真。场景仿真测试需要从三方面考虑：路径轨迹、多径模型、场景建模，如图 4 - 68 所示。

1）路径轨迹描述（waypoint）文件需要支持以下格式：KML 文件（Google Earth 输出格式）、Waypoints 文件（R&S 定义格式）、txt 文件、xtd 文件（包括：位置、速度、姿态等信息）、NMEA 文件。

2）多径模型和场景建模从以下维度考虑：

①垂直障碍模型：城市、城市峡谷。

②路边平面模型：郊区、高速公路、盘山路。
③全信号遮挡模型：公路桥梁、停车场、隧道。
④自定义场景模型：User Defined。

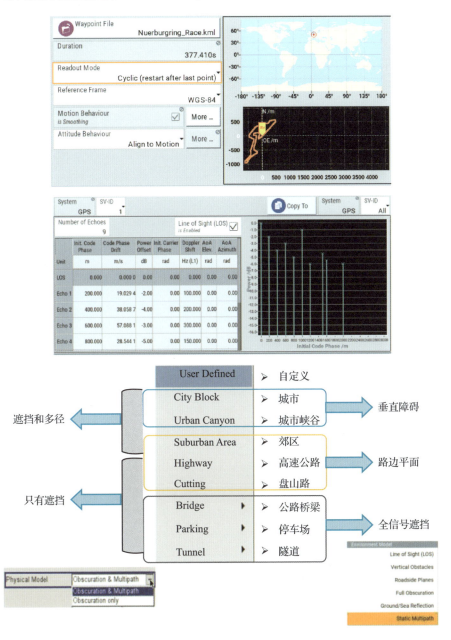

图 4-68　基于场景的硬件在环仿真

(3) 实车测试

实车测试是对定位系统功能和性能进行验证。优点是和用户场景一致；缺点是测试成本高，故障注入困难，不能将所有的安全机制和预期功能安全目标都验证充分。实车测试所需要的条件与实车测试环境部署如图 4-69 所示。

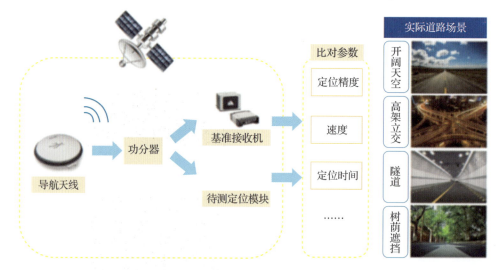

图 4-69 实车测试所需要的条件与实车测试环境部署

综上，结合三种测试的特点和优点，将 SOTIF 定位系统的测试进行合理划分将有效提高测试效率及测试质量，加快项目研发进度。

2. 基于场景的仿真测试

测试体系中的仿真测试与硬件在环测试通常同步开展，因此合并介绍，统称为仿真测试。车载导航定位系统是多源数据融合的方案，场景的仿真测试需要考虑场景变化对 GNSS、IMU、相机和激光雷达的影响。GNSS 和 IMU 是从数据模拟进行仿真，完成环境变化等对组合导航系统的影响；相机和激光雷达是从视觉图像和激光雷达点云进行仿真测试，完成能见度变化等对 SLAM 系统的影响。GNSS、IMU、相机、激光雷达等相关场景的仿真可以叠加进行。

以下将对 GNSS、IMU 仿真测试具体说明，并举例组合导航零部件的仿真测试研究。

(1) GNSS 相关场景仿真测试方法

环境变化对 GNSS 的影响主要表现为地面建筑物对卫星信号的遮挡和反射。GNSS 信号遮挡可以通过实测数据回放、GNSS 卫星信号模拟器两种方式来仿真，其中后一种方式目前应用广泛，且量值溯源体系完善；GNSS 信号反射可以基于实测数据通过卫星信号模拟器实现多路径仿真。

(2) IMU 相关场景仿真测试方法

环境变化对 IMU 的影响表现主要在两个方面：路面颠簸导致的冲击对导航定位结果的影响及环境温度变化导致 IMU 输出产生温度漂移误差对导航定位性能的影响。

路面颠簸导致的对 IMU 数据的冲击可以基于实测数据通过增加冲击误差的方式进行仿真测试，冲击误差基于颠簸路段的 IMU 测量数据进行提取。

环境温度变化导致 IMU 输出产生温度漂移误差从而影响导航定位的性能，温度漂移基于实测数据通过增加温度漂移误差的方式进行仿真测试。

(3) 基于场景仿真的组合导航零部件仿真测试研究

组合导航零部件仿真测试主要是配置场景参数、性能仿真测试及数据处理方法。场景包含静态、动态配置；性能仿真测试项目包含精度、首次定位时间、重捕获时间、灵敏度等；数据处理包含定位精度、速度精度。

1) 导航定位系统试验场景参数配置。导航定位误差来源很多，大体可分为 3 个大类：

① 由于卫星自身原因产生的误差，包括卫星钟差、星历误差等。

② 由于环境等因素影响产生的误差，包括相对论效应误差、多路径效应误差、电离层延迟等。

③ 接收机本身产生的误差，包括接收机钟差、观测噪声误差、天线相位中心误差等。

根据以上误差来源进行车载卫星定位系统试验场景的参数配置，具体见表 4-46 静态试验场景关键参数表与表 4-47 动态试验场景关键参数表。

表 4-46　静态试验场景关键参数表

参数	配置
位置	中国领土范围内的陆地位置
星座与信号	GPS L1，BDS B1I，Galileo E1，GLONASS G1
仿真可见卫星数	GPS≥6 颗，BDS≥6 颗，Galileo≥6 颗，GLONASS ≥6 颗
位置精度因子（PDOP）	开阔天空：$PDOP \leq 2.5$ 城市峡谷：$PDOP \leq 4$
场景仿真时长	1h
轨迹	静态
信号输出功率	-130dBm
卫星功率是否相同	是

表 4-47 动态试验场景关键参数表

参数	配置	
位置	中国领土范围内的陆地位置	中国领土范围内的陆地位置
星座与信号	GPS L1, BDS B1I, Galileo E1, GLONASS G1	GPS L1, BDS B1I, Galileo E1, GLONASS G1
仿真可见卫星数	GPS ≥6 颗, BDS ≥6 颗, Galileo ≥6 颗, GLONASS ≥6 颗	GPS ≥6 颗, BDS ≥6 颗, Galileo ≥6 颗, GLONASS ≥6 颗
PDOP	开阔天空：PDOP≤2.5 城市峡谷：PDOP≤4	开阔天空：PDOP≤2.5 城市峡谷：PDOP≤4
场景仿真时长	1h	—
轨迹	1. 起始位置开始向北初始速度为 30km/h 2. 在 250m 内从 30km/h 加速到 300km/h 3. 保持 300km/h 速度运动 400m 后，在 250m 内减速到 30km/h 4. 顺时针 90°转弯，转弯半径 20m，保持时速 30km/h 5. 在 250m 内加速到最终速度 300km/h 6. 保持 300km/h 速度运动 900m 后，在 250m 内减速到 30km/h 7. 顺时针 90°转弯，转弯半径 20m，保持时速 30km/h 重复第 2 至 7 步来完成矩形，并持续同样的运动轨迹至场景结束	1. 从起始位置开始，静止状态 2min 2. 向北运动在 5s 内加速到 5m/s，在 5s 内减速到 0m/s，保持静止 30s 3. 向北运动在 6s 内加速到 60m/s，在 6s 内减速到 0m/s，保持静止 30s 4. 向北运动在 5s 内加速到 100m/s，在 5s 内减速到 0m/s
信号输出功率	-130dBm	-130dBm
卫星功率是否相同	是	是

2) 零部件导航定位系统性能仿真测试。

①仿真实验原理及样品状态举例。

a. 实验原理。在实验室中通过 GNSS 卫星模拟器模拟静/动态场景、动态路径场景等仿真信号，并直接将信号输出至测试接收机。仿真测试设备连接如图 4-70 所示。

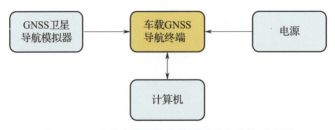

图 4-70 导航定位系统仿真测试设备连接示意图

b. 样品状态举例。以接收机 NMEA -0183（标准协议，是导航设备输出统一的数据流格式，每种数据流都是独立相关的 ASCII 格式，各级词条用逗号隔开，输出频率通常是 1Hz。GNSS 接收机上使用最广泛的协议，大多数常见的 GNSS 接收机、GNSS 数据处理软件、导航软件都遵守或者至少兼容这个协议）为例进行仿真测试，在接收机上，常见的 NMEA -0183 消息输出有 GGA（GPS 定位信息）、GLL（大地坐标信息）、GSV（可见的卫星信息）、GSA（卫星 DOP 值信息）等。测试流程为：

首先将被测接收机接入 GNSS 性能测试平台，设置 GNSS 卫星导航模拟器位置信息及时间信息。

然后启动 GNSS 模拟器场景仿真，设置所有卫星输出功率为 -130dBm。

最后打开车载导航终端定位开关，等待被测接收机定位成功，保持定位状态 2min。

② 性能仿真测试方法。组合导航零部件性能仿真测试项目包含精度、首次定位时间、重捕获时间、灵敏度等，下面将详述各项目的测试方法。

a. 精度试验。精度包含定位精度和测速精度。一般定位性能在开阔天空场景的性能表现最好，最常见场景影响定位性能在城市峡谷，因此选用开阔天空及城市峡谷场景作为精度测试方法举例。具体试验方法见表 4-48。

表 4-48 不同场景下精度试验方法

序号	精度种类	开阔天空场景	城市峡谷场景
1	静态定位精度	1. 使车载卫星定位系统处于冷启动状态，卫星信号模拟器运行开阔天空静态试验场景 2. 以卫星信号模拟器仿真的位置作为标准位置，将车载卫星定位系统输出的定位数据与标准位置进行比较，计算定位精度	与开阔天空场景方法类似，仅将场景换成运行城市峡谷场景
2	动态定位精度	1. 使车载卫星定位系统处于冷启动状态，卫星信号模拟器运行开阔天空动态试验场景 2. 其余操作与在静态定位时的操作相同	
3	测速精度	1. 使车载卫星定位系统处于冷启动状态，卫星信号模拟器运行开阔天空动态试验场景 2. 以卫星信号模拟器仿真的速度作为标准速度，将车载卫星定位系统输出的速度数据与标准速度进行比较，计算测速精度	

b. 首次定位时间试验。为了验证导航定位终端捕获卫星信号后的系统响应时间，需要开展首次定位时间测试。首次定位时间测试包括冷启动首次定位时间及热启动定位时间，测试方法见表 4-49。

表4-49 首次定位时间测试

序号	启动种类	测试方法
1	冷启动首次定位时间	1. 使车载卫星定位系统处于冷启动状态 2. 卫星信号模拟器运行开阔天空静态试验场景 3. 识别车载卫星定位系统首次连续10次输出三维定位误差不超过100m的定位数据的时刻,计算从开始运行试验场景到上述10个输出时刻中第1个时刻的时间间隔
2	热启动首次定位时间	1. 卫星信号模拟器运行开阔天空静态试验场景,在车载卫星定位系统正常定位状态下,对车载卫星定位系统进行关闭或休眠操作,60s后打开或唤醒车载卫星定位系统 2. 识别车载卫星定位系统首次连续10次输出3维定位误差不超过100m的定位数据的时刻,计算从打开或唤醒到上述10个输出时刻中第1个时刻的时间间隔

c. 重捕获时间试验。卫星信号模拟器运行开阔天空静态试验场景。在车载卫星定位系统正常定位状态下,中断卫星信号模拟器输出信号,30s后恢复输出。识别自卫星信号恢复后,车载卫星定位系统首次连续10次输出三维定位误差不超过100m的定位数据的时刻,计算从卫星信号恢复到上述10个输出时刻中第1个时刻的时间间隔。

d. 灵敏度试验。灵敏度包含捕获灵敏度、重捕获灵敏度以及跟踪灵敏度。几个灵敏度测试均需调整输出电压,具体测试方法见表4-50。

表4-50 灵敏度测试

序号	灵敏度种类	测试方法
1	捕获灵敏度	1. 使车载卫星定位系统处于冷启动状态 2. 卫星信号模拟器运行开阔天空静态试验场景,每次设置卫星信号模拟器输出所有通道信号功率电平从车载卫星定位系统不能捕获的量值开始,以1dB步进增加 3. 在卫星信号模拟器输出的每个信号功率电平下,判断车载卫星定位系统能否在300s内捕获卫星信号,并连续10次输出三维定位误差小于100m的定位数据,记录首次满足该条件的功率电平值,作为捕获灵敏度
2	重捕获灵敏度	1. 卫星信号模拟器运行开阔天空静态试验场景 2. 控制卫星信号模拟器中断卫星信号30s,随后每次设置卫星信号模拟器输出的信号功率电平从车载卫星定位系统不能捕获的量值开始,以1dB步进增加 3. 在卫星信号模拟器输出的每个信号功率电平下,判断车载卫星定位系统能否在信号恢复后180s内捕获卫星信号,并连续10次输出三维定位误差小于100m的定位数据 4. 首次满足该条件的功率电平值作为重捕获灵敏度
3	跟踪灵敏度	1. 卫星信号模拟器运行开阔天空静态试验场景 2. 设置卫星信号模拟器输出的所有通道信号功率电平以1dB步进降低 3. 在卫星信号模拟器输出的每个信号功率电平下,判断车载卫星定位系统能否在120s内连续10次输出三维定位误差小于100m的定位数据,记录首次不满足该条件的前一测试功率电平值,作为跟踪灵敏度

3）仿真测试中的数据处理方法。仿真测试中主要包含定位精度和速度精度的数据处理、定位精度计算位置、速度精度计算速度。定位精度的数据处理方法包含排序法、基于统计分布假设的数据处理法；速度精度仅使用排序法。

① 排序法。对比每个时间点卫星信号模拟器系统输出位置（或速度）与车载卫星定位系统输出的位置（或速度），得到每个时间点的位置（或速度）误差。将全部有效定位数据的误差从小到大进行排序，取位于全部有效样本总量95%处的样本点的误差作为定位精度（95%）测量结果。

② 基于统计分布假设的数据处理法。数据处理步骤见表4-51。

表4-51 基于统计分布假设的数据处理步骤

序号	数据处理方法描述
第一步	在得到的全部实时定位数据中，去掉平面精度因子（$HDOP$）>4 或位置精度因子（$PDOP$）>6 的测量数据
第二步	在下述处理过程中，应选用适当的统计判断准则（如 3σ 准则）剔除粗大误差数据
第三步	将车载卫星定位系统输出的大地坐标系（BLH）定位数据转换为站心坐标系（ENU）定位数据
第四步	按下述公式计算各历元输出的定位数据在站心坐标系下各方向（ENU 方向，即东北天方向）的定位误差： $$\Delta E_i = E_i - E0_i$$ $$\Delta N_i = N_i - N0_i$$ $$\Delta U_i = U_i - U0_i$$ 式中，ΔE_i、ΔN_i、ΔU_i 分别为第 i 次实时定位数据的 E、N、U 方向和水平方向的定位误差（$i = 1, 2 \sim n$），单位为 m；E_i、N_i、U_i 为第 i 次实时定位数据的 E、N、U 方向分量，单位为 m；$E0_i$、$N0_i$、$U0_i$ 为第 i 次实时定位的标准点坐标 E、N、U 方向分量，单位为 m
第五步	按下述公式计算站心坐标系下各方向的定位偏差 $$\overline{\Delta}_E = \frac{\sum_{i=1}^{n} \Delta E_i}{n}$$ $$\overline{\Delta}_N = \frac{\sum_{i=1}^{n} \Delta N_i}{n}$$ $$\overline{\Delta}_U = \frac{\sum_{i=1}^{n} \Delta U_i}{n}$$ $$\overline{\Delta}_H = \sqrt{\overline{\Delta}_N^2 + \overline{\Delta}_E^2}$$
第六步	按下述公式计算定位误差的标准差 $$\sigma_E = \sqrt{\frac{1}{n-1} \sum_{i=1}^{n} (\Delta E_i - \overline{\Delta}_E)^2}$$ $$\sigma_N = \sqrt{\frac{1}{n-1} \sum_{i=1}^{n} (\Delta N_i - \overline{\Delta}_N)^2}$$ $$\sigma_U = \sqrt{\frac{1}{n-1} \sum_{i=1}^{n} (\Delta U_i - \overline{\Delta}_U)^2}$$ $$\sigma_H = \sqrt{\sigma_N^2 + \sigma_E^2}$$ 式中，σ_E、σ_N、σ_U 分别为定位误差的标准差在 E、N、U 方向的分量，单位为 m；σ_H 为定位误差的标准差在水平方向的分量，单位为 m

(续)

序号	数据处理方法描述
第七步	计算置信概率为 95% 的定位精密度（precision） 对于水平方向，在各轴向随机误差接近正态分布，且误差椭圆轴比约为 1 的假设下，可取置信因子 $k=2$（$k=2.448/2 \approx 1.73$ 的安全的近似值），$k=2$ 时水平误差落在半径为 $2\sigma_H$ 的圆内的概率在 95.4%~98.2%，具体值取决于误差椭圆的轴比，$2\sigma_H$ 值通常作为水平误差大小的 95% 界限），按以下公式计算： $$U_H = k\sigma_H = 2\sigma_H, p = 95\%$$ 对于垂直方向，取置信因子 $k=2$（$k=1.96$ 的安全近似值），按以下公式计算： $$U_U = k\sigma_U = 2\sigma_U, p = 95\%$$ 式中，U_H 为置信概率 95% 的水平定位精密度，单位为 m；U_U 为置信概率 95% 的垂直定位精密度，单位为 m
第八步	分别报告偏差（bias）和精密度（precision） ENU 三个方向的定位偏差：（$\overline{\Delta}_E$，$\overline{\Delta}_N$，$\overline{\Delta}_U$）。 水平定位精密度：$U_H = 2\sigma_H$，$p = 95\%$。 垂直定位精密度：$U_U = 2\sigma_U$，$p = 95\%$。
第九步	计算定位精度（accuracy） 水平定位精度为：$M_H = \overline{\Delta}_H + U_H$ 垂直定位精度为：$M_U = \|\overline{\Delta}_U\| + U_U$

3. 基于场景的实车测试

（1）实车测试设备

基于场景的实车测试环境可以根据定位终端的定位性能分为两种：

1）普通融合定位，定位终端的精度在米级或者分米级别。

2）高精度融合定位，定位终端为厘米级。

车载定位测试需要的硬件元素见表 4-52。

表 4-52 车载定位测试需要的硬件元素表

名称	数量	描述
高精度定位参考设备	1	提供定位数据的参考值
车载定位终端	1	提供车辆的定位功能
GNSS 天线	3	高精度定位参考设备 2 个 GNSS 全频天线，车载终端 1 个车载 GNSS 天线
4G 天线	2	提供定位终端所需的 4G 网络天线
物联网卡	1	定位终端需要请求差分服务
稳压电源及逆变器	1	为高精设备和定位终端提供电源
数据采集设备	1	采集高精度设备和车载定位终端的定位数据
行车记录仪	1	带有 GNSS 时间戳的行车记录仪，记录行驶场景，用于场景划分，为定位分析做参考

(续)

名称	数量	描述
差分基站或差分账号	1	园区内测试可以采用差分基站，市区工况采用差分账号的形式
高线数激光雷达	1	采集用于激光 SLAM 系统的激光点云数据
视频摄像头	4	采集用于视觉 SLAM 系统的图像数据

（2）基于场景的实车测试方法

基于场景的实车测试使用基于需求的测试、故障注入的测试、实际使用条件下的用户测试等测试类型。

1）基于需求的测试，要根据 SOTIF 分析中得出的功能和安全目标设计测试用例。

2）故障注入的测试，融合定位的影响因素分别注入故障，对定位的质量和完好性进行评估。

3）实际使用条件下的用户测试，根据用户需求，规划满足测试需求的定位场景路线进行测试，典型的场景可划分为：开阔场景、半开阔场景、单边遮挡场景、双边遮挡场景、长隧道场景、地库场景、城市峡谷、城市高架等。

4.4.4 定位系统性能局限改进措施研究

1. 改进措施基本原则与思路

针对现有车载组合导航系统的性能局限性，SLAM 技术可以做到比较有效的补充和改进，具体而言就是 SLAM 可以弥补组合导航在失效情况下的轨迹误差累积问题，根据已有地图信息对轨迹误差进行校正。

2. 基于性能局限制定的改进措施

4.4.1 节对组合导航性能局限性的分析中指出，定位系统的性能局限性主要有 GNSS 卫星接收机在信号传输过程中受到的各种环境干扰，导致定位精度下降等问题；IMU 传感器在高温情况下输出噪声和偏置的增大；轮速信号无法真实反映车辆位移的驾驶工况；改正数服务，需要考虑移动网络信号未覆盖区域。

GNSS 是一种绝对定位系统，但是受到技术上的限制，存在一些弱 GNSS 环境，例如山洞隧道、枝繁叶茂的树林或高楼鳞次栉比的城市环境下，由于受到山洞、枝叶或高楼的遮挡以及多路径效应、电子干扰等因素的影响，GNSS 的信号十分微弱。在这种环境中 SLAM 技术作为一种典型的相对定位方法，就可以通过观测外部环境（地图）及相对变化信息来实现相对定位，形成局部区域内的闭环解，达到弥补 GNSS/INS 组合导航定位系统失效场景局限性的效果。值得一提的是，由于 SLAM 技术的实现依赖于提取环境中的特征信息实现，在 GNSS 信号弱的环境中 SLAM 技术的定位效果往往比较出色。

SLAM 作为组合导航的辅助定位技术，如果 GPS 可以正常工作，SLAM 辅助系统可以利用 INS/GPS 系统的导航解，建立基于路标信息的地图；如果 GPS 信号无法获得时，先前建立的地图就可以用来限制惯导误差积累。所以 SLAM 技术与 GNSS/INS 组合导航的融合主要就在于将 SLAM 与组合导航输出的坐标数据进行格式统一，具体的实现方法有松耦合以及紧耦合两种。

（1）松耦合

松耦合的融合方式指的是 SLAM 技术与组合导航定位系统仅在最后输出部分有连结，具体的改进措施是在车辆从强 GNSS 信号场景切换至弱 GNSS 信号场景（例如从室外驶入室内）时，SLAM 系统的位姿输出应当服从 GNSS/INS 组合导航系统在正常工况下的位置约束、姿态约束和运动状态约束。由此约束条件设计信息融合算法，如 EKF、UKF 等，实现弱 GNSS 信号下的 GNSS/INS/SLAM 组合导航系统，改善该场景下 GNSS/INS 组合定位系统的性能表现。

以误差状态卡尔曼滤波算法为例（Error State Kalman Filter，ESKF），融合定位算法首先对组合导航系统提供的位姿预测信息进行离散处理，得到运动学误差状态，而后对误差状态进行线性化处理，得到卡尔曼滤波的误差协方差矩阵传播方程，最后通过 SLAM 前端观测模型获得的环境信息矫正预测，通过对预测值的不断更新达到修正定位误差的效果。

另外在有先验的点云地图情况下，也可以利用 SLAM 的重定位功能，为 GNSS/INS 组合定位系统提供相对定位信息。通过预先标定计算先验地图在全局坐标系下的转换关系，可以为弱 GNSS 信号场景下的 GNSS/INS 组合导航系统提供定位信息，提高系统该场景下的定位精度。

（2）紧耦合

紧耦合的融合方式是指 SLAM 技术在各个技术环节都与组合导航技术结合，例如在前端内融合 IMU 信息生成估计位姿和点云关键节点后，使用图优化算法对 GNSS 信息、IMU 信息与前端的估计位姿进行计算，最终得到绝对坐标系下的位姿信息和运动状态信息。

4.5　HMI 系统预期功能安全探索与实践

2016 年，装备了"Autopilot 自动驾驶系统"（后更名为"自动辅助驾驶系统"）的特斯拉 Model S 在中国和美国先后发生了两起致命碰撞事故，导致事故发生的主要原因是驾驶人误以为该系统具备了自动驾驶能力，而未对行车安全进行监控[179]。但实际上该系统的设计意图是 L2 等级，尚不具备独立驾驶能力。可见人为操作失误对自动驾驶任务有着不可忽视的影响，轻则导致驾驶任务失败，重则危及驾驶人和外部人员的安全。因此，智能网联汽车人为误用分析对提高驾驶过程中安全性具有重要意义。车辆驾驶人人机交互分析示意图，如图 4-71 所示。

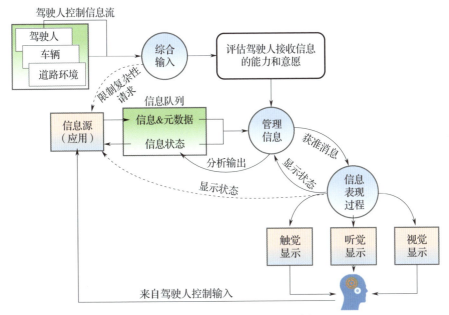

图 4-71　车辆驾驶人人机交互分析

4.5.1　HMI 系统局限性与触发条件分析

本节在 ISO 21448 标准的指导下开展，以交通拥堵导航系统（Traffic Jam Polit，TJP）的人机交互为例，探索 HMI 系统的 SOTIF 测试评价方法。首先，在安全分析阶段，结合 STPA 方法对 HMI 系统进行性能局限和触发条件分析，作为后续测试验证阶段的基础；其次，构建 HMI 系统的预期功能安全性能评价体系；最后，对 HMI 系统的测试评价方法及功能修改进行总结介绍。

1. 相关项定义

TJP 是在交通拥堵的情况下可以自动驾驶，自动驾驶系统可以完成一系列动作包括启动、转向、加速、制动，驾驶人双手可以离开方向盘，但双眼仍需观察路面情况，一旦接收到系统无法继续操作的信息，驾驶人需要重新对车辆进行接管。

驾驶人在整个自动驾驶过程中，主要考虑自动驾驶系统和车辆交互行为有：

1) 开启/关闭系统：此控制行为描述了驾驶人通过方向盘或其他位置上的功能按钮来激活或停用系统的操作。

2) 设置导航目的地：驾驶人在 ODD 内开启系统之后，需要给 TJP 系统指定一个目的地，TJP 导航系统会生成路径，智能网联汽车根据路径行驶到指定地点，完成自动驾驶任务。

3) 操纵车辆：加速、制动、转向的统称。驾驶人在手动驾驶过程中需要通过转向、制动来操纵车辆，在自动驾驶过程中，驾驶人可以通过踏板、方向盘短时间介入系统控制。

4）接管：当 TJP 出现系统故障或超出运行设计域时，系统向驾驶发送接管请求，驾驶人需要接管车辆控制权。

5）和车辆其他部件的交互：驾驶人与其他部件的交互包括系安全带、开车门等。

由上述功能定义可知，该系统为 L2 级的自动驾驶系统，当动态驾驶任务由系统执行时，其实现过程可以描述为：各感知传感器获取周围环境、交通流、障碍物以及道路标志以及车辆状态等信息，这些信息被传入自动驾驶域控制器，域控制器对这些信息进行理解、处理之后，对车辆的转向、制动、加速等执行系统输出控制律，如此循环往复，实现动态驾驶任务；当系统被关闭时，动态驾驶任务由人来实现，结合上述对功能和车辆配置的定义，可以得到初始系统架构，如图 4-72 所示。

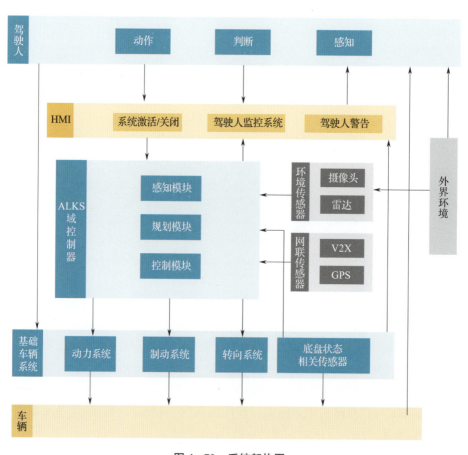

图 4-72 系统架构图

2. 基于 STPA 的 TJP 系统人为误用分析

(1) STPA Step 1：定义分析的目的

1) 定义事故，见表 4-53。

表 4-53 事故（Accident）

编号	事故
A-1	驾驶人和乘客或其他人员失去生命或受到伤害
A-2	车辆和车辆外部物体受到损坏
A-3	自动驾驶任务失败
A-4	用户对自动驾驶汽车失去满意度和信心，不会造成人身伤害和财产损失

2) 识别系统级的危险，见表 4-54。

表 4-54 系统级危险（Hazard）

编号	系统级危险
H-1	智能网联汽车与其他车辆、物体和地形等障碍物之间没有保持最小的安全距离［A-1、A-2、A-3、A-4］
H-2	智能网联汽车未能遵循预先设定的路线［A-1、A-2、A-3、A-4］
H-3	智能网联汽车未能遵循法律法规［A-3、A-4］

3) 确定安全约束，见表 4-55。

表 4-55 系统级安全约束（Safety Constraint）

编号	安全约束
SC-1	智能网联汽车必须保持自身与其他车辆、物体和地形等障碍物之间的最小安全距离
SC-2	智能网联汽车必须遵循预先设定的路线，在车道内行驶
SC-3	智能网联汽车必须遵循相关的法律法规

(2) STPA Step 2：建立控制结构框图

在分析的初始迭代中，如图 4-73 所示，创建了 TJP 系统控制结构框图。该结构只是一个通用的结构，概述了指令的执行是如何进行的，而不考虑所涉及的各个组件的完整内部功能。控制结构包括驾驶人控制器、自动驾驶系统控制器、人机交互系统、传感器、执行器和环境。

(3) STPA Step 3：识别不安全控制行为

通过 STPA 引导词识别的不安全控制行为见表 4-56。

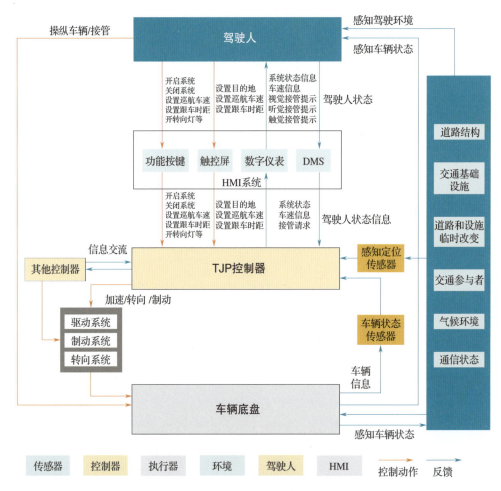

图 4-73 TJP 系统控制结构框图

表 4-56 驾驶人不安全控制行为

控制行为	没有提供控制行为造成的危害	提供控制行为造成的危害	提供控制行为提前、延迟或顺序错误	提供控制行为停止太早或持续时间太长
开启系统	UCA-1：当驾驶人想要自动驾驶系统承担驾驶任务，却没有开启自动驾驶系统 [H-3]	UCA-2：当自动驾驶汽车不在 ODD 范围内，驾驶人开启系统 [H-1]	UCA-3：驾驶人在开启自动驾驶系统之前放弃对车辆的控制，这样做会使车辆有碰撞风险 [H-1]	不适用

(续)

控制行为	没有提供控制行为造成的危害	提供控制行为造成的危害	提供控制行为提前、延迟或顺序错误	提供控制行为停止太早或持续时间太长
关闭系统	UCA-4：当道路环境条件不再适合自动驾驶系统继续运行时，驾驶人未关闭自动驾驶系统[H-3] UCA-5：当自动驾驶系统完成驾驶任务后，驾驶人未关闭系统[H-3]	UCA-6：当车辆处于碰撞路径上，自动驾驶系统正在运行，驾驶人关闭自动驾驶系统，但没有恢复手动控制[H-1]	UCA-7：当道路环境条件不再适合自动驾驶系统继续运行时，驾驶人关闭自动驾驶系统太晚[H-3]	不适用
执行驾驶操作	UCA-8：在系统不可用时，驾驶人未执行驾驶操作（例如驾驶人在手动驾驶过程中，前方车辆减速，驾驶人未进行制动）	UCA-9：在系统不可用时，驾驶人中执行了不充分的驾驶操作（例如驾驶人在控制车辆过程中，前方并无障碍物，本不需要制动，突然提供制动，使乘客受到伤害） UCA-10：驾驶人在自动驾驶系统运行时，驾驶人执行不充分的驾驶操作（驾驶人进行不可逆主动干预后未进行后续驾驶操作）	UCA-11：在系统不可用时，在某些情况下，太晚地对车辆执行驾驶操作（例如前方车辆减速，制动太晚）	UCA-12：在系统不可用时，在某些情况下，驾驶人执行驾驶操作停止太早（例如前方车辆减速，制动停止太早） UCA-13：驾驶人在自动驾驶系统运行时，驾驶人执行驾驶操作时间太长
接管	UCA-14：当自动驾驶系统发送接管请求时，驾驶人未接管操纵车辆[H-1、H-2、H-3]	UCA-15：当自动驾驶系统发送接管请求时，驾驶人错误地接管操纵车辆，使车辆处于危险状态[H-1、H-2、H-3]	UCA-16：当自动驾驶系统发送接管请求时，驾驶人太晚接管操纵车辆[H-1、H-2、H-3]	不适用
设置导航目的地	UCA-17：当驾驶人想要使用自动驾驶系统到达目的地时，未设置导航目的地信息[H-3]	UCA-18：当驾驶人想要使用自动驾驶系统到达目的地时，在触控屏设置错误的导航目的地信息[H-3]	UCA-19：驾驶人在开启自动驾驶系统之前，在触控屏设置导航目的地信息[H-3]	UCA-20：驾驶人在自动驾驶系统运行还未到达设置的目的地，关闭了导航目的地信息[H-1、H-3]
系安全带、离开驾驶位、开转向灯等	UCA-21：驾驶人未系安全带、驾驶人脱眼 UCA-22：驾驶人在转向时未开启转向灯	UCA-23：驾驶人在手动或汽车自动驾驶过程中，驾驶人解开安全带 UCA-24：驾驶人在自动驾驶过程中，离开驾驶位	UCA-25：驾驶人在路口转向时，开启转向灯太晚	不适用

注：UCA：不安全控制行为；H-1、H-2、H-3：系统级危险

(4) 危险事件识别

关于驾驶人不安全控制行为导致的潜在危害事件的识别，以驾驶人接管车辆 TJP 系统自动驾驶功能关闭为示例，潜在危害事件识别结果见表 4-57。

表 4-57 潜在危害事件

不安全控制行为	车辆级别危险	运行场景		潜在危险事件
		场景	交通参与者	
当自动驾驶系统发送接管请求时，驾驶人未接管操纵车辆	自动驾驶汽车与其他车辆、物体和地形等障碍物之间没有保持最小的安全距离	高速路/城市快速路	前方事故车	在城市道路/城市快速路行驶的自动驾驶汽车前方遇到事故车，自动驾驶系统发送接管请求，驾驶人未接管
TJP 正在运行，驾驶人关闭自动驾驶系统，但没有恢复手动控制	智能网联汽车处于失控状态	高速路/城市快速路	相邻车道上的机动车	在城市道路/城市快速路行驶的智能网联汽车正常运行，驾驶人关闭自动驾驶系统，未恢复手动控制
驾驶人手动驾驶去停车场停车，想要踩制动踏板减速，却踩下加速踏板	智能网联汽车与其他车辆、物体和地形等障碍物之间发生碰撞	停车场	停车场上其他车辆	在停车场，驾驶人停车，想要踩制动踏板减速，却踩下加速踏板

(5) 风险评估

驾驶人的不安全控制行为导致的车辆潜在危害事件应进行识别和风险评估（表 4-58），如果证明这些潜在危险事件不会导致不合理的伤害风险，则无需采取专门措施确保预期功能安全。

表 4-58 风险评估

潜在危险事件	潜在后果	严重度		可控度		风险是否可接受
		评分	说明	评分	说明	
在城市道路/城市快速路行驶的智能网联汽车前方遇到事故车需接管，自动驾驶系统发送接管请求，驾驶人未接管	与事故车发生碰撞	$S>0$	车速高，碰撞相对车速高	$C>0$	驾驶人未接管车辆	否
在城市道路/城市快速路行驶的智能网联汽车正常运行，驾驶人关闭自动驾驶系统，未恢复手动控制	与相邻车道车辆发生碰撞	$S>0$	车速高，碰撞相对车速高	$C>0$	驾驶人未恢复手动控制	否
在停车场，驾驶人停车，想要踩制动踏板减速，却踩下加速踏板	汽车与其他静止车辆发生碰撞	$S>0$	自车非预期加速，发生碰撞，驾驶人受到伤害	$C>0$	驾驶人来不及反应	否

(6) STPA Step 4：识别致因场景

一旦确定风险不可接受，下一步就是确定 UCA 可能的致因场景。对于每个 UCA，都有许多可能的致因场景[184]。在本节中，将进一步讨论以上两个示例 UCA，并确定每个示例 UCA 的一个致因场景，并提出安全需求。

UCA-1：当驾驶人想要自动驾驶系统承担驾驶任务，却没有开启自动驾驶系统。[H-3] 和 UCA-6：当车辆处于碰撞路径上，自动驾驶系统正在运行，驾驶人关闭自动驾驶系统，但没有恢复手动控制。[H-1] 和 UCA-14：当自动驾驶系统发送接管请求时，驾驶人未接管操纵车辆 [H-1、H-2、H-3] 为例，进一步分析驾驶人发出不安全控制行为的原因。见表 4-59 至表 4-61。

表 4-59　UCA-1 致因场景分析

误用场景	利害相关者	误用原因		致因场景	安全需求
		过程	引导词		
UCA-1：当驾驶人想要自动驾驶系统承担驾驶任务，却没有开启自动驾驶系统 [H-3]	驾驶人	识别	不理解	驾驶人不知道开启自动驾驶系统的按键位置　驾驶人不理解 HMI 显示的系统状态	开启系统的按键设计要放在显著便于操作的位置
			错误识别	驾驶人把开启系统的按键识别错误　HMI 系统显示错误的系统状态，驾驶人看到 HMI 系统状态处于开启状态（系统未开启但是系统状态显示开启）	开启系统的按键设计要便于驾驶人识别和理解　HMI 要正确显示自动驾驶系统的状态
		判断	错误判断	驾驶人混淆开启系统的按钮和其他功能按键　驾驶人把 HMI 显示系统其他状态认作系统开启状态	开启系统的按键和其他按键区别开来　系统开启状态显示和系统其他状态显示要明显区分开来
		执行	错误执行	驾驶人想要开启自动驾驶系统，但驾驶人分心时按错按键	在使用自动驾驶系统前，对驾驶人进行培训，保证驾驶人有足够的安全意识
			不能胜任	驾驶人不知道如何开启自动驾驶系统　开启自动驾驶系统的按键难以使用　驾驶人身体状态差	对驾驶人进行自动驾驶系统使用培训　开启系统的按键设计要便于驾驶人操作

表 4-60 UCA-6 致因场景分析

误用场景	利害相关者	误用原因		致因场景	安全需求
		过程	引导词		
UCA-6：当车辆处于碰撞路径上，自动驾驶系统正在运行，自动驾驶系统关闭，但没有恢复手动控制[H-1]	驾驶人	识别	不理解	驾驶人未注意到系统关闭状态显示 驾驶人虽然关闭自动驾驶系统，但是驾驶人不理解系统关闭指示信号，不知道系统已经关闭	当驾驶人关闭系统时，系统必须向驾驶人提供充分并且便于理解的反馈，且反馈需要明确指示驾驶人的下一步操作任务目标 驾驶人的应包含理解系统关闭信号的知识
			错误识别	驾驶人关闭自动驾驶系统，但是系统状态显示未更新，驾驶人以为系统未关闭	HMI 要及时更新自动驾驶系统的状态
		判断	错误判断	驾驶人混淆系统关闭按键和其他按键含义，误以为是其他按键	关闭系统的按键很难与其他按键区开来 对驾驶人进行功能按键含义培训
		执行	错误执行	驾驶人精神状态差，误操作关闭自动驾驶系统 驾驶人可能会通过错误地与基础系统交互（模式混淆、有意或意外）而无意地关闭系统	自动驾驶系统的设计必须防止驾驶人非预期的关闭系统
			故意执行	在自动驾驶系统运行过程中，驾驶人故意操作	在使用自动驾驶系统前，对驾驶人进行培训，保证驾驶人有足够的安全意识
			不能胜任	驾驶人按其他功能按键，不小心按到系统关闭按键。驾驶人身体状态差	必须防止驾驶人非预期的关闭系统 HMI 要及时更新自动驾驶系统的状态 在使用自动驾驶系统时，必须保证驾驶人良好精神状态

表 4-61　UCA-14 致因场景分析

不安全控制行为	UCA-14：当自动驾驶系统发送接管请求时，驾驶人未接管操纵车辆			
控制缺陷类型	输入和反馈	驾驶人行为	控制动作选择	其他
致因场景	CF1：HMI 系统提供的反馈不充分或缺失 CF2：驾驶人看手机分心，对 HMI 系统的感知不足 CF3：HMI 系统显示了错误的接管请求信号 CF4：接管请求信号持续时间太短	CF5：驾驶人不理解接管信号含义 CF6：驾驶人故意操作 CF7：驾驶人过度信任自动驾驶系统 CF8：驾驶人混淆接管信号和其他信号含义，误以为是其他指示信号而并非接管信号	CF9：驾驶人没有接管的经历，不知道如何去接管 CF10：驾驶人要去接管，但是执行结构（方向盘、制动踏板）故障，导致接管不成功	CF11：驾驶人健康条件差 CF12：驾驶人离开驾驶位 CF13：驾驶人困倦、睡觉
安全需求	SR1：自动驾驶系统和人机交互系统之间必须有充分的连接，并且有充分的人机界面操作，能够显示在接收请求时提供的反馈。HMI 系统必须就接管请求向驾驶人提供直观充分的反馈 SR2：HMI 系统接管请求的过程必须直观且易于由驾驶人执行 SR3：与其他车辆系统发出的警告不同，接管请求信号应采取多模态逐步升级的警策策略，避免单一化。将接管请求链接到手机上，当驾驶人分心时，在手机上显示接管请求 SR4：接管请求信号应便于驾驶人理解 SR5：接管请求信号应设置合理时间，保证驾驶人有充分时间接管	SR6：驾驶人必须包括理解人机界面提供的反馈所需的程序和知识 SR7：根据驾驶人监测系统确定的驾驶人参与程度，设定逐步升级的预警策略 SR8：驾驶人要保证良好情景意识，必须能够接收 HMI 提供的反馈	SR9：在使用自动驾驶系统前，对驾驶人进行培训，保证驾驶人有足够的安全意识 SR10：对接管相关执行机构进行可靠性分析，保证接管顺利 SR11：在驾驶人未验证接管请求的情况下，设计最小风险策略	SR12：驾驶人在使用自动驾驶系统时必须保证良好的健康状况和精神状态

注：CF：原因；SR：安全需求。

4.5.2 HMI 系统评价体系研究

智能汽车 HMI 评价可以从效用、效率、易学性、可记忆性、满意度、舒适度以及安全性七个维度描述。安全性是汽车 HMI 测评中非常重要的维度，它可以表现出次任务对主任务的干扰程度。汽车 HMI 系统不同于其他产品的一点是其使用环境。静态环境中的产品往往通过吸引用户的注意力来提高操作时的效用和效率，甚至做到沉浸式的体验。但是汽车 HMI 必须在能够完成任务操作的情况下，尽可能地减少对主任务的干扰，因为提高对次任务的注意力会降低驾驶主任务绩效，从而导致安全隐患。

效用、效率、易学性以及可记忆性可以反映出汽车 HMI 的操作难易度。效用指的是 HMI 次任务的可操作性，优秀的 HMI 其操作准确性应该较高，即使产生错误，用户也能快速更正并完成任务。效率是指操作清晰度，系统能够对用户的操作给以有效的提示和反馈，降低用户错误率，使用户快速有效地完成任务。设计良好的 HMI 应该是易学的，学习成本低，用户能快速上手。HMI 的操作路径应该尽可能地短，没有复杂的步骤，这样用户即使很长时间没有使用，也能很快重新上手。

舒适性表现在用户操作 HMI 过程中主观和生理上的体验。用户操作 HMI 时应该感到轻松舒适，反复操作也不会产生过大的疲劳。

满意度是用户的主观体验，包含了许多情感的体验。用户在操作 HMI 前感受到系统的功能是有用并实用的，这样能带给用户驾驶时操作的安全感。对于界面的设计感觉有吸引力，在使用时体验到轻松愉悦，并乐意持续使用。在使用结束后能体验到满足感，对系统给予较高的评价。

在测量的方法上，驾驶安全性通过水平车辆控制和垂直车辆控制来评测。水平车辆控制指横向的位移偏差，当 HMI 操作对用户产生干扰时，横向位移偏差会增加。垂直车辆控制指车辆在垂直方向上的速度变化。

操作难易度使用任务完成率、任务错误率、任务完成时间以及任务路径长度四个指标测量。

1）任务完成率指所有测试对象中完成操作任务的比例，测试只要在规定时间内完成界面操作，就认为是任务完成，即使过程中出现错误并改正。任务完成率表现为操作的准确性。

2）任务出错率指的是所有测试对象中任务步骤发生过错误的人数比例。

3）操作的效率使用的指标是任务完成时间。任务完成时间越长，说明 HMI 的操作难度越高，对驾驶主任务的干扰越大。

4）任务完成路径可以测试界面的可记忆性，任务路径越长，用户再次操作时回忆就越困难，其操作的效率也越低。

驾驶负荷由客观的生理性指标结合主观的 DALI 量表进行测量。生理性指标包括心率变异性、平均注视时间、瞳孔直径以及注视点个数。注视的持续时间反映了提取信息难易度，信息处理越困难，注视的时间就会越长。瞳孔直径的变化受到高级神经的调节，随着操作负荷的增加，瞳孔直径会增大。注视点个数越多，说明界面的搜索绩效越差，执行任务的操作负荷也就越高。

DALI 量表是专门为主观评估驾驶负荷而制作的。DALI 量表主要由注意需求、体力需求、压力水平、时间需求、干扰水平、业绩水平、努力程度以及受挫程度八个维度组成。

L3 自动驾驶的人车交互关键问题，自动驾驶 – 人工驾驶的控制权切换涉及驾驶人的接管绩效评价。接管绩效的评价方法主要为两类：

1）驾驶人的主观评价，在接管实验完成后由驾驶人从完成的难易程度等方面对驾驶完成度进行接管绩效评价。

2）针对驾驶人在接管智能网联汽车时的客观指标进行评价。

直接评价方法包括自我评级、观察员评级、事中问卷、事后问卷等方法。自我评级就是让操作者主观地对他们自己的情景意识进行评分（例如，在 0~10 的评分量表上打分）。Taylor 等提出了情景意识评级技术，它允许操作者根据对注意力资源的需求、注意力资源的供应以及对所提供情景的理解，进而对系统设计进行评估。因此，它除了考虑操作者对情景的理解外，还考虑到它们感知到的工作量（对注意力资源的供应和需求）、接受性和信任度。

间接评价方法包括驾驶人驾驶状态指标、车辆驾驶操纵质量等指标。举例其具体内容如下：

1）接管反应时间：接管反应时间为从系统开始发出预警那一刻开始到驾驶人重新将驾驶模式切换为人工驾驶模式的时刻所经历的时间。

2）转向反应时间：转向反应时间指从接管提示声音开始到驾驶人开始转向操作的时间，其中转向开始操作的设定阈值为车辆的横向偏移量超过 0.15m。

3）注视前方区域的频率：眼跳次数能够将驾驶人对目标区域的关注程度进行量化，驾驶人在某一目标区域内的眼跳次数越多，说明对该区域的场景关注度越高，获取的环境信息越多；眼跳次数越少，说明对该区域的关注度越低，获取的环境信息越少。

4.5.3　HMI 系统预期功能安全测试方法研究

HMI 系统 SOTIF 测试方法主要有基于模拟器测试和实车测试。

针对 UCA – 14：当自动驾驶系统发送接管请求时，驾驶人未接管操纵车辆。其中一种可能的致因场景为驾驶人分神导致未注意到接管信号而未接管。下面将针对这一场景基于分析出的安全需求 SR6：驾驶人要保证良好情景意识，必须能够接收

HMI 提供的反馈。

为此,工作组搭建了一个 L3 级别的自动驾驶模拟场景,来研究自动驾驶过程中,驾驶人在从事不同类型的非驾驶任务(NDT)时对接管过程的情景意识(SA)恢复的影响。选取在实际驾驶过程中经常发生的四种自然非驾驶任务,包括听新闻、看视频、玩游戏和在线聊天。这四种任务分别表征:认知分心、认知与视觉分心,以及认知、视觉、动作分心任务,驾驶人的被占据的感官模式逐渐增多,任务的难度也相应递增。通过声音和视觉警报组合的接管请求发出后,在模拟器屏幕上向参与者展示了行人、周围车辆、道路标志和障碍物等驾驶环境要素,被测试者需要在短时间记录环境信息。进而通过情景意识全局评估技术问卷与眼动行为分析来对参与者的情景意识直接、间接进行评估。

如图 4-74 驾驶模拟试验环境及接管场景观察环境要素信息所示,使测试者熟悉模拟器、实验场景、非驾驶任务、接管提醒方式、眼动仪设备、问卷问题等。进行正式实验后,参与者在自动驾驶模拟器上进行四次实验运行,每次模拟运行包括 5~10min 的 L3 级自动驾驶阶段,同时执行非驾驶任务,然后是系统检测到紧急的复杂路况向参与者发出 1s 左右的接管提醒,此时参与者需要停止执行非驾驶任务,并将注意力集中到驾驶场景,进行 6~8s 的观察获取周围环境信息。在接管提醒之后,车辆将继续以自动驾驶模式行驶,直到模拟结束。任务目标是建立尽可能多对周围环境的了解,为之后的接管做准备,因此无需参与者采取接管行动。最后是测试者需要完成情景意识全局评估技术问卷。

图 4-74 驾驶模拟试验环境及接管场景观察环境要素信息

结果分析:不同非驾驶任务的问卷正确率存在显著差异(单因素方差分析,$p = 0.012 < 0.05$),如图 4-75 所示。事后检验显示,与打字聊天任务相比,听新闻任务($p = 0.002 < 0.01$,**)和看视频任务($p = 0.024 < 0.05$,*)的参与者问卷正确率明显更高。不同非驾驶任务下参与者任务完成的正确程度存在显著差异,

这可能与接管提醒发出后的这段时间的注意力不集中或注意力分配不当有关。随着非驾驶任务所占据的感官模态的增加，参与者回答情景意识问卷的正确率降低。

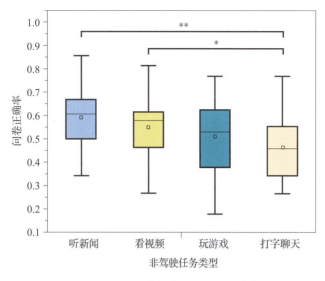

图 4-75　不同非驾驶任务问卷正确率

不同非驾驶任务的注视次数存在显著差异（单因素方差分析，$p = 0.00126 < 0.05$）。如图 4-76 所示，事后检验显示，打字聊天任务与听新闻任务（$p = 0.000483 < 0.001$，***）和看视频任务（$p = 0.00782 < 0.01$，**）相比，参与者的注视次数明显更少，玩游戏任务与听新闻任务（$p = 0.00824 < 0.01$，**）相比，参与者的注视次数也明显更少。参与者注视行为次数受到非驾驶任务类型显著

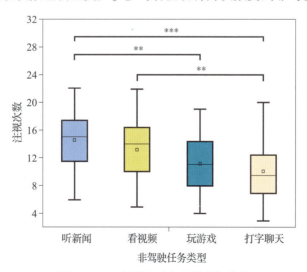

图 4-76　不同非驾驶任务的注视次数

影响。与情景意识问卷的正确率呈现相同的趋势,随着非驾驶任务所占据的感官模态的增加,注视次数降低。注视次数越少,说明参与者对于驾驶场景的关注减少,视觉搜索效率降低。

实验分析了 L3 自动驾驶的接管过程。通过实验表明不同的 NDT 将影响 SA 恢复。不同的 NDT 可能导致不同的接管时间,相应不同的 NDT 应采用不同的接管策略。在实际应用中,对于驾驶人 – 车辆 – 道路 – 环境的综合监控,对于确保自动驾驶接管的安全和效率非常重要。

4.5.4　HMI 系统性能局限改进措施研究

通过系统理论过程分析(STPA)安全分析得出的安全需求,提高驾驶人后备操作和减少可预见误用的缓解策略归纳总结主要有如下几个方面:

1)改善人机界面。
2)改进报警和降级策略。
3)提高驾驶人对系统操作的理解。

在 L3 级以下自动驾驶系统中驾驶人是主要的备用措施。通过研究确定 7 种潜在的缓解措施,通过改善 HMI、通知和警告以及系统理解,来帮助提高控制过渡期间成功接管驾驶人的可能性。并确定 10 项缓解措施,以帮助解决可预见的误用情况。这些缓解措施旨在提高驾驶人对系统操作的理解,并降低系统意外交互的可能性,见表 4 – 62。

表 4 – 62　针对接管操纵误用的缓解措施

缓解措施编号	描述
MM – 1	在驾驶人监测系统中建立驾驶人参与的不同级别,包括区分身体参与和认知参与的级别
MM – 2	与其他车辆系统发出的警告不同,制定逐步升级的接管警告策略,提醒驾驶人重新意识到情况
MM – 3	接管完之后系统状态要进行提示,系统退出后向驾驶人发出明确的"系统退出"的提示信息
MM – 4	确保未来的安全运行范围,以在 ODD 达到极限时提供足够的时间将控制过渡到驾驶人
MM – 5	将驾驶人接管时间设置为一个动态参数,该参数取决于驾驶人监测系统确定的驾驶人参与程度
MM – 6	在接管过程中,不同于其他车辆系统的警告,驾驶人可以通过声音和视觉信息清楚地知道接管所需的剩余时间
MM – 7	在接管过程中,通过听觉和视觉信息清晰地向驾驶人传达重新控制所需的直接步骤
MM – 8	对驾驶人进行使用前培训,培训关于自动驾驶系统控制和操作的车载、屏幕上的培训,包括操作、警告、系统和驾驶人之间的控制权转移方法、控制权转移过程的持续时间、驾驶人需要的操作

(续)

缓解措施编号	描述
MM-9	在系统界面中，为驾驶人提供易于访问的控件，以便随时关闭系统的功能
MM-10	明确指出运行期间或控制过渡期间系统能力的任何变化，包括功能降低或权限降低
MM-11	如果驾驶人试图在ODD之外激活系统，不允许激活系统，并提醒驾驶人系统不可用
MM-12	自动驾驶系统关闭按键设置成长按关闭系统，防止驾驶人非预期的关闭系统
MM-13	如果驾驶人在控制过渡期结束前没有恢复控制，则过渡到安全状态，包括将车辆速度降至零，并打开危险警告灯
MM-14	为自动驾驶系统提供不同于其他车辆系统的警告和提示信息
MM-15	开启、关闭系统的按键和其他按键区别开来
MM-16	系统开启状态显示和系统其他状态显示要明显区分开来
MM-17	开启系统的按键设计要便于驾驶人识别和理解

4.6 控制系统预期功能安全探索与实践

伴随着汽车行业智能化、电气化、网联化的发展趋势，复杂的电控系统已经被广泛应用在传统汽车与智能网联汽车中。随着L3级及以上自动驾驶产品的研发，越来越多的车辆具备了诸如自适应巡航系统（Adaptive Cruise Control，ACC）、自动制动系统（Autonomous Emergency Braking，AEB）、自动车道保持系统（Automated Lane Keeping，ALK）等先进的车辆自动控制系统。这些系统可以在运行设计域内实现辅助驾驶，将驾驶人从繁琐的驾驶任务中解放出来。然而，车辆系统中革新的软硬件结构与车-车间通信在推动自动驾驶发展的同时，也使得车辆的控制系统架构变得越来越复杂，进而更加凸显了车辆安全控制算法的重要性。车辆控制执行部分的核心任务是通过纵向和横向控制系统的配合使汽车能够按照决策部分规划的轨迹稳定行驶，并且能够实现避让、车距保持、超车等动作。在车辆控制系统中，电子电器软硬件的失效、执行器失效等都会造成严重的车辆故障，导致车辆的非预期加减速、非预期转向或转向丢失等情况，可能导致危害人身安全的交通事故。与此同时，车辆自动控制系统控制性能不达标，如加减速不足或转向不足，也会影响驾驶安全。因此，全面深入地研究车辆控制系统的特点、分析控制系统的性能局限性，对于提高车辆的整体安全性具有重要的意义。

当前尚缺乏从控制系统功能局限性角度出发进行的预期功能安全研究。成泉岳[185]从车道保持系统出发，分析了其功能安全的局限性，并设计了相应的控制算法。王慧然[186]针对车辆变道场景，从预期功能安全的角度分析了其决策算法和路径规划算法的局限性，并对控制系统进行了改进。尚世亮等[187]从电控单元的角度，分析了智能驾驶车辆中可能存在的不足，并进行了整车试验。为了填补车辆控制系统预期功能安全领域的研究空白，本节以 ACC 为研究对象，从局限性分析与触发条件入手，研究其 SOTIF 评价体系，进而探索控制系统的测试评价体系，最终开展实车实验进行验证。

4.6.1 控制系统局限性与触发条件分析

对控制系统进行局限性分析的目的是识别出控制系统的性能局限及其局限性场景，有助于后续预期功能安全测试及改进工作的进行。

1. ACC 控制系统功能描述

ACC 系统的主要工作原理是通过传感器（雷达或超声波等）检测前方行进路径上的车辆，通过控制受控车辆车速的方式跟随前车，进而达到控制与目标车辆距离的目的。当道路空闲且传感器检测到目标车辆不在行驶路径中时，ACC 系统将自动使汽车车速返回到预设车速值。当前方车辆完全停止或者行驶道路上有固定静止物体时，ACC 系统使汽车完全停止下来。当前方汽车启动继续行驶时，ACC 系统也使汽车再次启动，并与前方汽车保持安全距离。

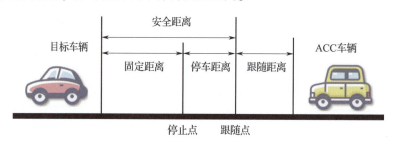

图 4-77 具有停走功能的 ACC 系统

如图 4-77 所示，ACC 车辆需要与前方车辆保持安全距离（Safe Distance）。因为 ACC 车辆在行驶过程中会出现前方目标车辆完全停止的情况，所以在原来固定距离的基础上还增加了停车距离。当前方目标和测量停止时，ACC 系统控制受控车辆完全停止下来，且在保证安全的前提下，必须使车辆停止在停止点之前。ACC 的安全距离既可以通过受控车辆与前车的车间距离来衡量，也可以通过以衡量车间安全时间间隔的方式来衡量。ACC 系统控制器首先从传感器中读取与前车间距离数据，之后再通过以下公式计算时间间隔：

$$当前时间间隔(Time\ Gap) = \left|\frac{当前车距(Front\ Distance)}{当前车速(Current\ Speed)}\right| \quad (4-39)$$

ACC 系统应当保持的安全时间间隔值可以用 $Safe\ Time\ Gap$ 来表示，图 4 - 77 中跟随距离 $Follow\ Time\ Gap$ 表示当 ACC 车辆与前方目标车辆的距离在这一段距离中时，ACC 系统执行跟随模式。ACC 系统将当前时间间隔值 $Time\ Gap$ 与安全时间间隔和跟随距离之和（$Safe\ Time\ Gap + Follow\ Time\ Gap$）进行对比，分为以下几种情况：

1）$Time\ Gap >$（$Safe\ Time\ Gap + Follow\ Time\ Gap$）：ACC 车辆距离前方目标车辆很远，ACC 系统将采取适当的加速度值，加快车辆的速度直到与前车的 $Time\ Gap$ 达到预设的范围。当 ACC 车辆成功达到期望车速后就停止加速，保持期望车速持续行驶。

2）（$Time\ Gap \geqslant Safe\ Time\ Gap$）&&（$Time\ Gap \leqslant$（$Safe\ Time\ Gap + Follow\ Time\ Gap$））：受控汽车正在接近图 4 - 77 中的跟随点，ACC 系统将进入跟随模式。跟随模式意味着 ACC 车辆跟随前方车辆行驶，自动调整当前车速，但车速不超过期望车速。

3）$Time\ Gap < Safe\ Time\ Gap$：ACC 车辆移动到了跟随点前方，ACC 系统需要控制车辆进行减速以保持安全距离。即便前方车辆完全停止，ACC 系统仍可以控制 ACC 车辆以适当减速度减速，保证当 ACC 车辆完全停止于位于图 4 - 77 处的停止点，与前方目标车辆仍能保持一段距离。如果前方汽车开始再次移动，控制器将改变 ACC 状态到重新启动模块。

2. 基于 STPA 方法的 ACC 事故与危险分析

根据 STPA 自上而下的分析过程，以必须要预防的系统状态或条件（即系统危害）为开端，系统地识别其潜在原因。STPA 方法在车辆控制系统分析[188]中已经得到了广泛应用。其分析基础与基本原理如下：

(1) 系统级事故

系统事故代表运行期间应当避免的损失。ACC 控制器可能导致或促成的事故包括：

1）AC - 1：当 ACC 系统处于启动状态时，ACC 车辆与前方车辆发生碰撞。

2）AC - 2：当 ACC 系统处于启动状态时，ACC 车辆与后方汽车发生碰撞。

3）AC - 3：在车辆未发生碰撞前提下，车辆驾驶人与乘客受伤。

4）AC - 4：当 ACC 系统处于启动运行状态时，车辆与障碍物或地形相撞（车辆与行人或者护栏相撞）。

(2) 系统级危险

系统危险代表可能导致此类损失的系统状态。ACC 系统可能导致的系统级危险包括：

1）H-1：ACC 控制器并没有使 ACC 车辆与前方（附近）车辆或物体保持安全距离。

2）H-2：ACC 控制器没有接收到前方物体的相关数据信息，或者是接收到了错误的前方物体，错误的距离和速度数据信息。

3）H-3：ACC 车辆进入了不可控或不可恢复的状态。

4）H-4：ACC 车辆乘客与驾驶人受到有害影响或健康危害。

系统级危险 H-1 描述的两种情况，一是指车辆；二是指与 ACC 车辆太靠近的其他类物体，例如行人、动物、骑自行车者和护栏。H-2 是指 ACC 系统没有接收到传感器的信息或者传感器信息错误。因为 ACC 系统的正确运行依赖于数据信息的正确性和可靠性，错误的数据会严重影响算法的判断逻辑和控制性能。H-3 捕获驾驶人可能无法使用车辆系统获得控制的情况。这包括车辆可能行驶得太快，驾驶人的命令被忽略或者诸如制动系统无效的情况。H-4 捕获了即使没有附近物体可能发生的其他问题，例如车辆侧翻，过度减速或加速。

接下来需要对每个系统级危险进行分析分类，找到每一系统危险可能导致的系统事故，这里需要注意的是一种系统危险不单单只能引起一种系统事故，往往是一对多的形式，分析分类总结如下：危险 H-1 可能会导致事故 AC-1 和 AC-4 发生；危险 H-2 可能会导致事故 AC-1、AC-2、AC-3、AC-4 发生；危险 H-3 可能导致事故 AC-1、AC-2、AC-3 和 AC-4 发生；危险 H-4 可能会导致事故 AC-3 发生。

3. 触发条件分析

基于上一节的分析，基于 STPA 的 ACC 控制系统结构图如图 4-78 所示。

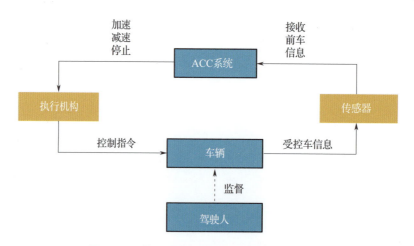

图 4-78 基于 STPA 的 ACC 控制系统结构图

根据 ACC 控制架构的建模，可以进一步分析出导致 ACC 车辆危害事故的不安全控制行为，即触发条件。图 4-78 中展示了系统中每种控制结构可能发出的命令，也称为控制动作，分析得到 ACC 控制器具有四种控制行为：产生完全停止信号、加速信号、减速信号以及接收传感数据信息。控制结构图中的每个控制动作都应当考虑四种危险控制行为（UCA），并将其记录在危险控制行为表格中以便于参考，一旦分析识别出危险的控制行为就可以直接将其转化为安全约束，这些约束是系统行为的高级约束，必须强制执行以确保不发生事故。这四种危险控制行为分类如下所示：

1）安全所需的控制行为没有执行。
2）在不安全的情况下执行了控制行为。
3）控制行为执行太早或太晚。
4）持续控制行为执行时间过长或停止过早。

表 4-63 至表 4-65 显示了针对于 ACC 系统的控制行为，ACC 控制器的潜在性不安全控制行为的示例。需要对表 4-66 中的每个项目进行评估检查，查明其是否会引起任一种系统级危害（H-1、H-2、H-3）。如果发现某个控制行为是有危险，那么需要从系统级危险（H-A）中分配相关的危害来对控制行为进行标明。如果控制行为是没有危险的，那么应当在其后面标有不危险（Not Hazardous）。

表 4-63　加速、减速和完全停止控制行为的潜在危险控制行为 - 完全停止行为

控制行为	未执行导致危害	执行导致危害	在错误实践执行导致危害	执行行为停止过早或执行时间过长
完全停止	UCA-1.1 在 ACC 车辆行驶路径上，当前方存在有车辆完全停止或停止不动的物体时，ACC 系统并没有使 ACC 车辆完全停止下来 [H-1]	UCA-1.2 在 ACC 系统控制车辆减速到完全停止的过程中，ACC 车辆减速度过大 [H-4] UCA-1.3 在 ACC 系统控制车辆不断减速到完全停止的过程中，ACC 车辆减速度过小 [H-1]	当前方车辆再次行驶，ACC 系统仍控制车辆处于完全停止状态 [Not Hazardous] 当 ACC 车辆与前方车辆或物体距离过近时，ACC 系统突然使 ACC 车辆停止 [Not Hazardous]	UCA-1.4 当前方车辆停止时，ACC 系统减速时间太短以至于不能使 ACC 车辆完全停止 [H-1]

表 4-64　加速、减速和完全停止控制行为的潜在危险控制行为 - 加速行为

控制行为	未执行导致危害	执行导致危害	在错误实践执行导致危害	执行行为停止过早或执行时间过长
加速信号	在 ACC 车辆行驶路径上,当前方车辆或物体已经不在车道上或十分远离 ACC 车辆时,ACC 系统并没有使 ACC 车辆加速到预设车速 [Not Hazardous]	UCA-2.1 当 ACC 车辆与前方车辆的时间间隔小于所期望的时间间隔,ACC 系统无意控制使 ACC 车辆加速 [H-1] UCA-2.2 当 ACC 系统处于非巡航模式下,ACC 系统控制 ACC 车辆加速行驶 [H-1,H-3]	UCA-2.3 当处于跟随前方车辆或物体完全停止的状态下,在前方车辆或物体再次启动之前,ACC 系统控制 ACC 车辆加速 [H-1] 当前方车辆或物体已经不在车道上或十分远离 ACC 车辆时,ACC 系统过晚使 ACC 车辆加速 [Not Hazardous]	UCA-2.4 ACC 系统控制 ACC 车辆加速时间过长,使得车速超过预设车速 [H-3] UCA-2.5 ACC 系统控制 ACC 车辆加速时间过长,ACC 车辆与前方目标车辆距离小于安全距离 [H-1]

表 4-65　加速、减速和完全停止控制行为的潜在危险控制行为 - 减速行为

控制行为	未执行导致危害	执行导致危害	在错误实践执行导致危害	执行行为停止过早或执行时间过长
减速信号	UCA-3.1 当 ACC 车辆与前方车辆或物体的时间距离较小于期望时间间隔,ACC 系统并没有控制 ACC 车辆降低车速 [H-1]	当与前方车辆或物体的时间间隔十分大于所期望的时间间隔(或行驶路径上并没有减速或停止的物体),ACC 系统控制 ACC 车辆降低车速 [Not Hazardous] UCA-3.2 当 ACC 车辆与前方车辆或物体距离过近时,ACC 系统控制车辆进行制动,但制动减速度过小 [H-1] UCA-3.3 当 ACC 车辆与前方车辆或物体距离过近时,ACC 系统控制车辆进行制动,但制动减速度过大 [H-4]	UCA-3.4 当 ACC 车辆与前方车辆距离过近时,ACC 系统控制车辆进行制动,但执行制动时间过晚 [H-1] 当 ACC 车辆与前方车辆距离过远时,ACC 系统控制车辆进行制动,但执行制动时间过早 [Not Hazardous]	UCA-3.5 当 ACC 车辆与前方车辆距离过近,ACC 系统控制车辆进行制动,但是制动行为停止过早,与前方汽车距离仍然小于安全距离 [H-1]

表4-66 加速、减速和完全停止控制行为的潜在危险控制行为-接收传感器信号行为

控制行为	未执行导致危害	执行导致危害	在错误实践执行导致危害	执行行为停止过早或执行时间过长
传感器信号	UCA-4.1 当ACC系统处于运行状态时,传感器没为ACC系统提供前方车辆或物体速度与距离数据信息[H-2]	UCA-4.2 传感器为ACC系统提供了不正确的前方车辆或物体速度与距离数据信息[H-1、H-2、H-3、H-4]	UCA-4.3 当ACC车辆与前方车辆距离很近时,传感器的数据才传递给ACC软件控制器[H-1]	UCA-4.4 传感器传递数据信息停止过早,以至于ACC系统的没有得到最新相关数据信号[H-1、H-3、H-4]

4.6.2 控制系统评价体系研究

针对自动驾驶中控制系统的预期功能安全性能的量化评价体系包括车辆横向瞬态输出响应性能评价和纵向瞬态输出响应性能评价两部分。每个方向上的控制性能又分别从快速性、准确性和稳定性三个角度来衡量。对车辆的测试场景进行定义后,采集并记录测试后的车辆横向输出参数在时域上的瞬态响应指标,包括横向输出参数瞬态响应上升时间t_{r1}^i、横向输出参数瞬态响应超调量M_{p1}^i、横向输出参数瞬态响应振荡次数N_1^i。其中i代表第i次测试用例。类似采集车辆纵向输出参数在时域上的瞬态响应指标,包括纵向输出参数瞬态响应上升时间t_{r2}^i、纵向输出参数瞬态响应超调量M_{p2}^i,和纵向输出参数瞬态响应振荡次数N_2^i。基于所采集的信息,可以对控制系统在响应时的快速性、准确性、和稳定性做出评估,如以下公式所示:

$$k_1^i = \frac{t_{\max,1}^i - t_{r1}^i}{t_{\max,1}^i} \times 100, \quad k_2^i = \frac{t_{\max,2}^i - t_{r2}^i}{t_{\max,2}^i} \times 100 \qquad (4-40)$$

$$z_1^i = \frac{M_{\max,1}^i - M_{p1}^i}{M_{\max,1}^i} \times 100, \quad z_2^i = \frac{M_{\max,2}^i - M_{p2}^i}{M_{\max,2}^i} \times 100 \qquad (4-41)$$

$$w_1^i = \frac{N_{\max,1}^i - N_1^i}{N_{\max,1}^i} \times 100, \quad w_2^i = \frac{N_{\max,2}^i - N_2^i}{N_{\max,2}^i} \times 100 \qquad (4-42)$$

式中,k_1^i和k_2^i分别代表横向与纵向响应快速性指标;$t_{\max,1}^i$和$t_{\max,2}^i$代表第i次测试用例的横向与纵向响应预设最大上升时间;z_1^i和z_2^i分别代表横向与纵向响应准确性指标;$M_{\max,1}^i$和$M_{\max,2}^i$代表第i次测试用例的横向与纵向响应预设最大超调量;w_1^i和w_2^i分别代表横向与纵向响应稳定性指标;$N_{\max,1}^i$和$N_{\max,2}^i$代表第i次测试用例的横向与纵向响应预设最大振荡次数。

控制系统响应的快速性、准确性和稳定性对于保持车辆的性能具有重要的意义,当其发生异常时,均会对系统的安全性产生影响。为了衡量三个指标对于系统

横向运动与纵向运动安全性的影响，设定系统安全性权重矩阵 q 为：

$$q = \begin{bmatrix} q_{11} & q_{12} & q_{13} \\ q_{21} & q_{22} & q_{23} \end{bmatrix} = \begin{bmatrix} \dfrac{s_{11}p_{11}}{p_1} & \dfrac{s_{12}p_{12}}{p_1} & \dfrac{s_{13}p_{13}}{p_1} \\ \dfrac{s_{21}p_{21}}{p_2} & \dfrac{s_{22}p_{22}}{p_2} & \dfrac{s_{23}p_{23}}{p_2} \end{bmatrix} \quad (4-43)$$

式中，s_{11}，s_{12}，s_{13} 分别代表由于横向瞬态响应的快速性、准确性和稳定性造成的事故的严重程度；p_{11}，p_{12}，p_{13} 代表发生由于横向瞬态响应的快速性、准确性和稳定性造成的事故的概率，其中 $p_1 = s_{11}p_{11} + s_{12}p_{12} + s_{13}p_{13}$，$s_{21}$，$s_{22}$，$s_{23}$ 分别代表由于纵向瞬态响应的快速性、准确性和稳定性造成的事故的严重程度；p_{21}，p_{22}，p_{23} 代表发生由于纵向瞬态响应的快速性、准确性和稳定性造成的事故的概率，其中 $p_2 = s_{21}p_{21} + s_{22}p_{22} + s_{23}p_{23}$。进而，通过对于第 i 次测试用例中 k_1^i、k_2^i、z_1^i、z_2^i、w_1^i 和 w_2^i 进行加权求和，可以得到对于第 i 次测试用例的横向瞬态性能 $a_1^i = q_{11}k_1^i + q_{12}z_1^i + q_{13}w_1^i$ 和纵向瞬态性能 $a_2^i = q_{21}k_2^i + q_{22}z_2^i + q_{23}w_2^i$。为了进一步衡量横向运动与纵向运动对于车辆整体安全性的影响，定义 ω_1 为横向瞬态响应性能权重，ω_2 为纵向瞬态响应性能权重。进而，控制系统在第 i 次测试用例中所得到的评价分数可表示为 $A_i = a_1^i \omega_1 + a_2^i \omega_2$。通过对所有用例得到的分数进行求均值 $\overline{A} = \dfrac{1}{N}\sum_{i=1}^{N} A_i$，可以得到相应车辆控制系统的预期功能安全量化评价结果 $\overline{A}$。

4.6.3 控制系统预期功能安全测试方法研究

1. SOTIF 控制系统场景测试用例构建

基于以上分析，针对 ACC 控制系统的实车测试场景构建见表 4-67 至表 4-69。

表 4-67 直线跟车行驶情景下前车加速 - 减速测试

不安全控制行为	在直线跟车驾驶情境中，由于 ACC 控制性能不足导致发生事故
限制条件	控制系统性能不足，缺乏鲁棒性
改进方法	改进控制算法，增强系统鲁棒性
模块	ACC 控制模块
性能边界	控制系统缺乏鲁棒性
触发条件	前车加速/减速
测试方法	直行车道，开启 ACC 的测试车辆以不同车速（30~50km/h）跟随前车。前车不断进行加速 - 减速操作，测试 ACC 车辆的跟踪性能

表4-68 弯道跟车行驶情景下前车加减速测试

不安全控制行为	在弯道跟车驾驶情境中，由于 ACC 控制性能不足导致发生事故
限制条件	控制系统性能不足，缺乏鲁棒性
改进方法	改进控制算法，增强系统鲁棒性
模块	ACC 控制模块
性能边界	控制系统缺乏鲁棒性
触发条件	前车加速/减速
测试方法	弯道，开启 ACC 的测试车辆以不同车速（30~50km/h）跟随前车。前车不断进行加速-减速操作，测试 ACC 车辆的跟踪性能

表4-69 直线跟车行驶情景下前车汇入测试

不安全控制行为	在车辆汇入驾驶情境中，由于 ACC 控制性能不足导致发生事故
限制条件	控制系统性能不足，缺乏鲁棒性
改进方法	改进控制算法，增强系统鲁棒性
模块	ACC 控制模块
性能边界	控制系统缺乏鲁棒性
触发条件	前车汇入
测试方法	直道行驶时前车汇入，开启 ACC 的测试车辆以不同车速（30~50km/h）跟随前车。前车车速低于 ACC 车辆，测试 ACC 车辆的跟踪性能

2. 控制系统 SOTIF 实车测试试验

对控制系统进行局限性分析的目的是识别出控制系统的性能局限及其局限性场景，有助于后续预期功能安全测试及改进工作的进行。通过实车测试，可以更加精确地发现可能存在的安全隐患，同时可以评价 ACC 控制系统的控制性能。试验的整体步骤包括制定试验计划、安排测试时间、选取测试目标、细化测试用例具体方案等步骤。试验过程中，由人员记录实验数据，对功能失效情景进行标记，最后依靠控制系统评价体系对测试用车进行评估。场地选取为重庆中国汽研大足试验场，如图4-79 所示。大足试验场占地 940 亩，为中国西南地区最大的智能网联汽车综合测试评价基地，区域内建设有智能信号控制系统、V2X 通信系统，可以满足智能网联汽车测试规范。试验场拥有长达 2550m 的双向 8 车道的直线性能测试道，满足 ACC 测试需求。

试验的测试设备包括测试车、RT-Range 系统和假车系统等。测试车与目标车之间通过高精度定位数采系统进行车辆信息采集。通过高精度定位系统和 V2V 通信技术，同步记录测试视频、触发事件和车辆加减速等信息，对测试工况进行全面记录。

图 4-79 重庆大足试验场地

为了对车辆的控制局限性进行全面的衡量，从驱动、制动和转向三个方面来衡量车辆控制性能，对车辆的 ACC、AEB 和 AFK 系统进行了实车测试。测试共进行了 7 天，展开了 80 例测试。针对 ACC 进行了 2 天的测试，进行了 9 组 27 例测试。以直线跟车行驶情景下前车加减速测试为例，其具体测试步骤为：

1）设备调试，包括车辆定位系统与测试车 ACC 功能。

2）测试车辆在 50km/h 车速时开启 ACC 功能行驶。

3）前车分别在 30km/h 和 50km/h 车速时在测试车辆前 TTC = 4s 处行驶，测试车辆行驶在相同车道；前车进行减速 - 加速操作，测试车辆跟车行驶。重复以上实验 3 次。

4）记录每次试验两车的动态响应数据；通过控制系统评价体系对测试用车的 SOTIF 性能进行评估。

试验画面如图 4-80 所示，左上方为车辆仪表盘，显示 ACC 工作状态；右上方为车载摄像头拍摄的实时车辆汇入画面；下方为两车相对速度变化曲线，可以观测到当前车汇入时，受控车辆识别到前车汇入，并进行减速。部分实验数据展示如图 4-81 所示。由实验结果可以观察到，ACC 车辆具有明显的稳态误差和超调量，而且速度控制系统具有较大的过渡过程时间。通过量化分析的手段，依照控制系统评价体系指标，计算得到针对三种测试用例的平均稳态误差为 10.77%，平均过渡过程时间为 6.83s，平均超调量为 18.42%。这些现象揭示了 ACC 控制系统的性能界限，对后续进行控制系统性能提升具有指导价值。通过依据不同的交通状况对于控制系统评价体系指标中的相关参数进行赋值，即可以得到相应的安全量化指标。

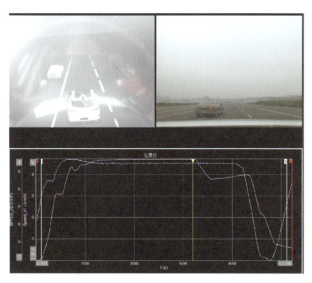

图 4-80　直线车辆汇入场景测试画面

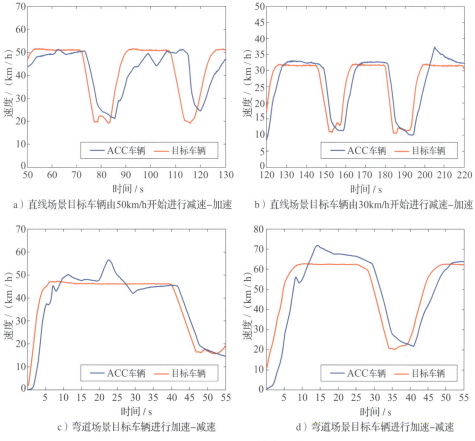

a）直线场景目标车辆由50km/h开始进行减速-加速　　b）直线场景目标车辆由30km/h开始进行减速-加速

c）弯道场景目标车辆进行加速-减速　　d）弯道场景目标车辆进行加速-减速

图 4-81　ACC 控制性能测试结果

4.6.4 控制系统性能局限改进措施研究

对控制系统进行局限性分析的目的是识别出控制系统的性能局限及其局限性场景，有助于后续预期功能安全测试及改进工作的进行。对于 SOTIF 测试中不符合预期或不满足预期功能测试通过要求的场景，需对其采取改进措施，最佳的改进措施便是通过分析系统的性能局限，针对系统性能局限提出改进措施。如上文中分析的 ACC 系统，对于由不安全控制行为导致的事故与危险，应当构建相应的安全约束；通过使用引导词（如应该、必须等）将第一部分中的每一项不安全控制行为都转化为非正式的文本安全要求。表 4-70 显示了不安全控制行为相应的安全要求。

表 4-70　系统级别的相应安全约束

相关的危险控制行为	相应的安全约束
UCA-1.1	SSR-1.1：当前方存在有完全停止的车辆或停止不动的物体时，ACC 系统应当控制 ACC 车辆完全停止下来
UCA-1.2	SSR-1.2：在 ACC 系统控制车辆减速到完全停止的过程中，ACC 车辆的减速度值不可以超过安全标准中的减速度最大值
UCA-1.3	SSR-1.3：在 ACC 系统控制车辆减速到完全停止的过程中，ACC 车辆的减速度值应当要保持适当大小，使得 ACC 车辆与前方车辆和物体在完全停止的状况下仍保持一定的安全距离
UCA-1.4	SSR-1.4：在 ACC 系统控制车辆减速到完全停止的过程中，ACC 系统应当持续控制车辆进行减速直到车辆完全停止
UCA-2.1	SSR-2.1：当 ACC 车辆与前方车辆的时间间隔小于所期望的时间间隔，ACC 系统不可以使 ACC 车辆加速
UCA-2.2	SSR-2.2：只有当 ACC 系统处于巡航模式下，ACC 系统才可以控制 ACC 车辆加速行驶
UCA-2.3	SSR-2.3：当处于跟随前方车辆或物体完全停止的状态下，在前方车辆或物体再次启动之前，ACC 系统不可以控制 ACC 车辆加速
UCA-2.4	SSR-2.4：ACC 系统在正确条件下控制 ACC 车辆加速时，不可以使得车速超过预设车速
UCA-2.5	SSR-2.5：ACC 系统在正确条件下控制 ACC 车辆加速时，ACC 车辆与前方目标车辆距离不可以小于安全距离
UCA-3.1	SSR-3.1：当 ACC 车辆与前方车辆或物体的时间距离较小于期望时间间隔，ACC 系统应当控制 ACC 车辆降低车速
UCA-3.2	SSR-3.2：当 ACC 车辆与前方车辆或物体距离过近时，ACC 系统控制车辆进行制动，车辆制动减速度应当保持适当，满足安全距离要求
UCA-3.3	SSR-3.3：当 ACC 车辆与前方车辆或物体距离过近时，ACC 系统控制车辆进行制动，车辆制动减速度不得超过安全标准最大值

(续)

相关的危险控制行为	相应的安全约束
UCA-3.4	SSR-3.4：当 ACC 车辆与前方车辆距离过近之前，ACC 系统就需要控制车辆进行制动
UCA-3.5	SSR-3.5：当 ACC 车辆与前方车辆距离过近时，ACC 系统控制车辆汽车进行制动，直到与前方车辆距离小于安全距离后才可以停止制动
UCA-4.1	SSR-4.1：当 ACC 系统处于运行状态时，传感器必须为 ACC 系统提供前方车辆或物体速度与距离数据信息
UCA-4.2	SSR-4.2：传感器应当为 ACC 系统提供正确的前方车辆或物体速度与距离数据信息
UCA-4.3	SSR-4.3：当 ACC 车辆与前方车辆距离达到规定的检测范围时，传感器就必须开始将数据传递给 ACC 软件控制器
UCA-4.4	SSR-4.4：传感器传递数据信息必须持续向 ACC 系统传递前方物体的数据信息

通过将不安全控制行为转化为相应的安全约束，将其转化为针对系统的高级限制，强制执行以确保不发生事故。STPA 进入下一个阶段：确定可能发生不安全控制行为的原因以及可能发生正确控制措施但未正确执行的方式。例如，控制器可能对系统状态（即不正确的过程模型）有不正确的分析处理，导致控制器发出不安全的控制动作。带有引导词的控制循环用于确保分析能够进行彻底。一旦识别，导致事故的因果因素可用于编写系统组件的要求。因果因子分析的结果可用于消除危险情景，或者如果无法消除，则减少其发生或影响。根据引导词控制系统分析示例，对 ACC 系统进行相应的处理和分析，便得到了如图 4-82 所示的 ACC 系统引导词分析示意图。

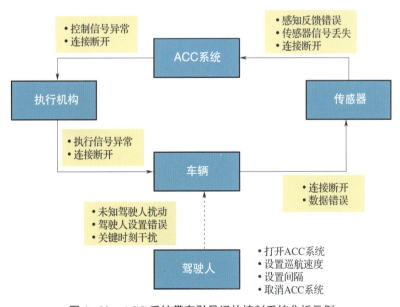

图 4-82　ACC 系统带有引导词的控制系统分析示例

第 5 章
整车级智能网联汽车预期功能安全测试评价研究

基于第 3 章中国特色预期功能安全场景库研究、第 4 章算法级与部件级智能网联汽车预期功能安全测试评价研究为基础，本章分别以代表中速自动驾驶的城市巡航系统、代表高速自动驾驶的高速巡航系统、代表低速自动驾驶的自主代客泊车系统为例，介绍整车级智能网联汽车预期功能安全测试评价研究。分别从功能定义与危害分析、典型场景选取与采集、数据采集、量化评价体系与测试规程几个方面阐述整车级预期功能安全测试评价方法的研究。

5.1 城市巡航系统预期功能安全探索与实践

本节参照 ISO 21448 标准并在其指导下开展针对城市巡航系统预期功能安全研究。首先，在城市巡航系统的功能定义与风险分析阶段，通过对系统所需的功能、运行设计域（ODD）、系统初始架构及传感器配置进行探索性的定义，并通过 STPA 方法对该系统的功能及行为进行合理的分析，形成适用于城市巡航系统的性能局限和致因场景分析方法，作为后续典型性场景的基础。其次，在典型性场景选取阶段，结合 STPA 所得的致因场景与事故数据分析结果，并在场景库架构的基础上构建城市巡航系统典型风险场景；然后，在数据采集及标注阶段，通过无人机采集城市十字路口数据和标注展开研究，并针对关键参数进行收集和分析，其分析结果将作为后续评价体系和测试规章的基础；为构建城市巡航系统量化评价体系，通过研究城市道路在不同阶段的风险进行量化，并结合数据采集及标注阶段得到的数据，输出城市巡航系统量化评价结果；在测试规章制定阶段，通过量化评价指标与测试规范制定相应的测试流程，并为之后要开展的试验提供测试思路与技术支持。最后，针对测试规章制定和是否满足评价体系阶段，这将在未来研究过程中完善。本节研究技术路线如图 5-1 所示。

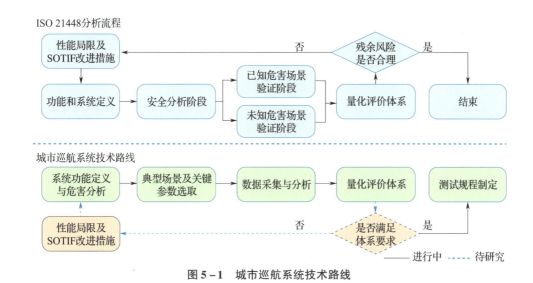

图 5-1 城市巡航系统技术路线

5.1.1 功能定义与危害分析

1. 功能定义

为开展研究需要，工作组拟定城市巡航系统功能定义及传感器配置方案作为参考，暂不涉及任何具体车型。城市巡航属 L3 级别的有条件自动驾驶。在城市道路或近似城市道路（如城市交叉路口等）的结构化道路上，城市巡航功能应确保功能在 ODD 外不能激活，在 ODD 内：

1）激活功能后城市巡航系统完成全部动态驾驶任务。

2）所需的基本动态驾驶任务。

3）系统应识别 ODD 状态、自动驾驶系统失效、动态驾驶任务接管用户的接管能力，并在即将不满足 ODD、系统失效或动态驾驶任务接管用户接管能力可能不满足时发出接管请求，并在一定时间内继续执行动态驾驶任务。

4）驾驶人需要在规定时间内重新接管车辆，如果驾驶人未接管车辆，城市巡航系统应执行风险减缓策略。

5）驾驶人接管后，城市巡航系统退出控制权。

2. ODD 定义

城市巡航功能激活时系统可以完全执行十字路口场景的驾驶任务，城市巡航十字路口场景初始 ODD 定义为：

1）标准城市十字路口（双向四车道等）。

2）道路车道线清晰无遮挡（道路标线以及车道线、特殊车道线等）。

3）有明显的交通信号灯（包含能切换三种颜色（红黄绿）、正常的闪烁等基础功能）或无交通信号灯。

4）有连续的路灯（为十字路口提供良好的光照和能见度）。

5）无道路交通指示牌（禁止左转、禁止右转、禁止直行、允许掉头等）。

6）道路限速 0~60km/h。

7）高精地图有效，GNSS 正常工作（地理围栏）。

8）天气状况良好（光照良好，雨、雪、雾、温度、湿度在一定范围内）。

3. 系统初始架构定义

城市巡航功能应对十字路口场景的系统初始架构如图 5-2 所示。

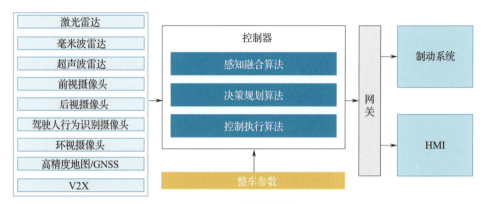

图 5-2 系统初始架构图

城市巡航功能应对十字路口场景的传感器架构方案为：相机摄像头（前向：双目，后向：单目）+毫米波雷达（前向+4 角）+激光雷达（前向）+环视摄像头（2 个）+超声波雷达（环绕）+高精地图及定位+控制器，方案布置图如图 5-3 所示。

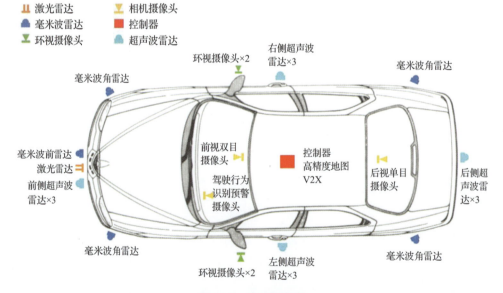

图 5-3 传感器方案

4. 危害分析

城市巡航系统使用 STPA 为主要分析方法。其分析流程如下：

1）定义分析目的。
2）建立控制架构。
3）分层控制结构指的是由反馈控制回路组成的系统模型，并且有效的控制结构可以将约束施加到整个系统的行为上。具体控制架构图如图 5-4 所示。

5. 识别不安全控制行为

在城市巡航系统应对十字路口场景时，由于转向变道避障实际执行因素比较复杂，该研究仅考虑采用制动控制应对十字路口场景。同时，出现以下四种情况，代表制动行为可能存在安全隐患：

1）未提供制动行为导致危险。
2）提供制动行为后导致危险。
3）提供可能安全的制动行为，但提供节点过早、过晚或顺序错误。
4）制动行为持续太久或停止过早（仅针对持续性控制行为）。

6. 识别致因场景

致因场景描述的是可能导致不安全控制行为以及危险的诱发因素。其中，车辆自身的性能局限以及其触发条件将作为重点分析对象。

现阶段正在整理城市巡航系统可能出现的各类性能局限或规范不足问题，分析其潜在触发条件；有待结合前述不安全控制所分析出的危害事件形成完整的 SOTIF 危险事件潜在触发链，从而为典型场景选取提供参考和依据。

5.1.2 典型场景选取

1. 关于典型性场景研究

通过对 2011—2020 年间中国发生的 6241 起交通事故进行归纳整理，并通过对事故发生地点进行系统的分析，所得出的结论如下：

1）机动车与行人发生事故主要因素为超速，通过路口存在视野盲区与转弯错误行为。
2）机动车与机动车事故发生主要因素为超速，对其他交通参与者行为的误判。
3）乘用车与商用车事故发生主要因素为超速。
4）乘用车与非机动车事故发生主要因素为车道错用。

最后得出通过事故诱发主要原因所对应的交通事故参与者类型与交通事故参与者类型具有一致性；交叉路口事故发生，多数类型为乘用车与非机动车事故以及乘用车与二、三轮摩托车事故，占比超 70%；以事故参与方类型，对应相应的事故触发原因比重，构建城市巡航系统典型场景用例。

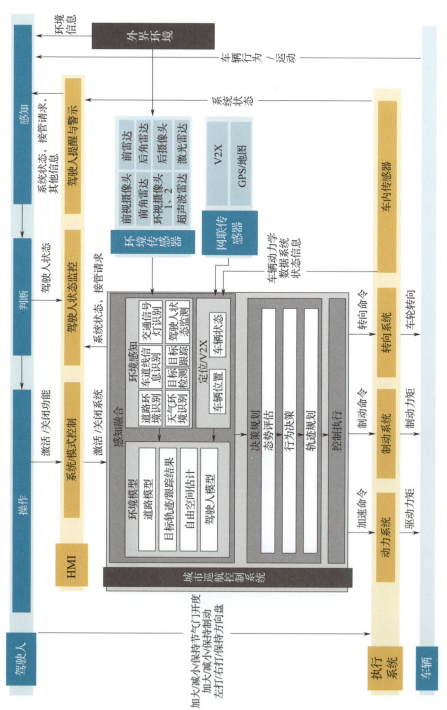

图5-4 城市巡航系统基于STPA所形成的控制架构

2. 封闭场地测试环境

为了支持城市巡航预期功能安全测试，封闭场地环境应满足以下要求：

1）试验场地应能够满足本节 ODD 定义内覆盖的所有路面。

2）试验场地应根据本节 ODD 定义对标志标线特征进行适应调整。

3）试验场地应根据本节 ODD 定义包括如雨、雪、雾和夜晚等特殊天气及光照条件进行搭建，从而进行相对应的试验内容。

4）试验场地电磁环境不对试验结果产生明显影响。

3. 典型场景构建

通过对交叉路口事故原因分析得出的一些功能场景描述中，确立了在十字路口左转是一类具有较高风险相关性的关键场景。并通过以下五层场景架构定义十字路口左转冲突的关键场景要素：

（1）静态部分

1）LAYER 1：道路结构（区域类型、拓扑类型、路面情况、车道信息等）。

2）LAYER 2：交通基础设施（路灯、信号灯、路侧设备等）。

3）LAYER 3：道路和设施临时改变（事件类型、环境变化、车道变化等）。

4）LAYER 4：交通参与者（位置、姿态、行动轨迹等）。

5）LAYER 5：气候环境（温度、湿度、风速、能见度、特殊建筑物等）。

（2）动态部分

自车与其他交通参与者有何驾驶行为互动（影响自车行为的他车轨迹）。

最后根据数据分析得到结果，将 STPA 所导出的致因场景与场景库基础的架构结合，得出典型基础场景示例，如图 5－5 所示。

类别标签

交通参与物间存在视野障碍或盲区

静态部分

LAYER 1 道路结构

普通十字路口，双向2车道

LAYER 2 交通基础设施

信号灯管控路口

LAYER 3 道路和设施临时改变

测试车辆与左侧行人间存在视野盲区

LAYER 4 交通参与者

左侧垂直车道目标车辆直行进入交叉路口，
左侧对向车道目标车辆驶出交叉路口

LAYER 5 气候环境

无特殊天气影响

动态部分（待采样补充）

场景描述

测试车辆以车速 v_1 准备进入信号灯管控十字路口。测试车辆左侧对向车道存在目标车辆，以速度 v_2 直行通过十字路口。测试车辆左侧人行道行人，以速度 v_3 踏上人行道，因视野盲区存在，误认为该十字路口没有除目标车辆外其他交通参与者

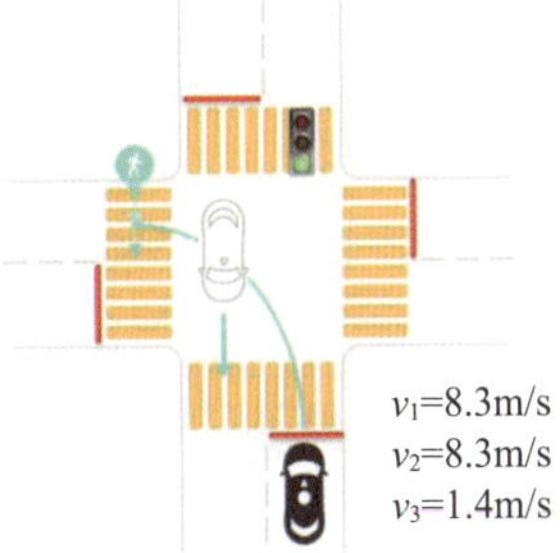

图 5－5　典型场景创建示例

5.1.3 数据采集

城市巡航功能的测试验证需要能够反映 SOTIF 问题的测试用例，尤其是如何挖掘中国特色的预期功能安全相关场景的具体参数。前述危害分析与风险辨识步骤以及对典型场景的研究获得了一些相关场景的语义描述，这些语义描述的场景需要细化场景要素的组合，并进一步格式化为不同的结构性的参数，也就是"逻辑场景"，从参数化的逻辑场景中采样才能生成测试用例，逻辑场景中参数空间分布应与真实数据中的对应指标一致，以保证生成测试用例的真实覆盖度。真实情况下的交通数据，将作为细化场景要素的重要参考，以及参数化构建逻辑场景的根本依据。

1. 采集方式

通过比对目前主流的采集工具及方式，无人机航拍具有视野大、遮挡少的优点，在不影响地面交通的情况下，能获取较为完整的交通参与者轨迹，因此工作组采用的当前方案是使用无人机航拍采集城市路口的交通数据。

2. 场景选取

十字路口是诸多安全相关场景的多发区域，因此需要城市巡航功能重点关注。在选择采集十字路口时，考虑的因素有：

1）普遍性：选取选择的路口的特性应符合 ODD 定义，且具有普遍代表性。

2）典型性：在符合普遍规律的前提下，优先选择交通参与者丰富，有较多冲突、违规等情况的路口。

3）管制因素：在不同的城市都需要避开无人机禁飞区。

3. 数据采集与注意事项

在使用无人机采集数据时，基本的一些注意事项有：

1）无人机应配备高分辨率相机（4K），采取飞行稳定和相机稳定控制措施，以提高交通数据提取的精准程度。

2）在采集时段上，应选择光照良好、少风的天气，以保证视频采集质量。

3）无人机的升空高度，应使得相机视野能够覆盖路口全貌及进入路口前的延伸段，另一方面保证能够清晰辨别交通参与者类型。

4）放飞无人机应注意遵守当地飞行管制条例，起飞前向公安部门报备飞行计划。

关于交通信号灯，红绿灯影像数据需与无人机画面同步以保证时效，使用的具体方法为：

1）在红绿灯相机和无人机相机开始拍摄开始时设置同步帧，通过手持激光笔打点的方式，后期通过视频软件对齐同步帧，并以无人机视频开头为零时刻嵌入时间码，即完成时间同步。

2）后续人工记录交通灯状态变化的具体时间码，即可得到同步的交通灯数据。

4. 典型场景的场景要素定义与人工场景提取

对于典型场景，前述典型场景分析得出的一些功能场景描述中，直行左转冲突是一类具有较高安全相关性的关键场景，利用七层场景架构定义了路口左转直行冲突的场景要素。

由以上场景要素可构建左转与直行冲突的场景。场景用例生成的方式是基础场景+叠加要素，其中基础场景是语义的典型场景的参数化，主要含包括道路拓扑、目标车辆行为、自车行为，叠加要素是其他一些通过危害分析和风险评估得到的要素。基础场景的要素参数需要符合真实情况，以保证测试用例覆盖度，因此这部分需要采集数据进行填充。

静态场景要素的主要参数可用路口的结构数据概括，其他一些参数可设为一般值。如图 5-6 所示，这部分已通过测量换算得到，另外需要统计参数分布的是目标层和自车层的车辆轨迹参数。在航拍视频片段中人工选取了三十段相应画面，执行标注、处理，统计参数分布如图 5-7 所示。

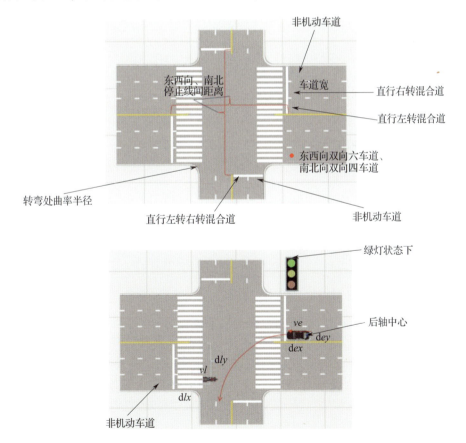

图 5-6 路口结构参数、动态场景要素参数

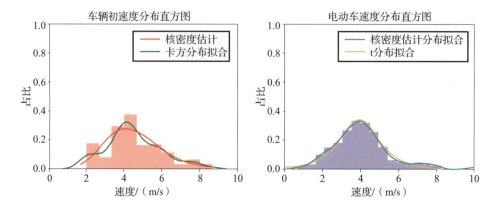

图 5-7 机动车左转进入路口速度分布、非机动车通过路口速度

通过统计学分析，自车左转时，其主要轨迹参数是进入路口时的速度，而对向非机动车直行通过路口的主要轨迹参数是平均速度。以速度分布作为目标层和自车层的速度参数的范围，为生成直行左转冲突场景的测试用例提供依据。

5. 场景自动提取方法

人工提取场景虽然更有针对性，减少无关的标注量，但效率较低。采集的交通数据经标注和处理步骤，整理制作为场景数据集。通过数据挖掘的手段，可从场景数据集中自动识别符合典型场景特征的场景实例，这些实例将作为数据源，统计推断基础场景要素的参数分布情况。

5.1.4 量化评价体系

借鉴分路段研究的思路，将十字路口简化成进入路口前、路口中和驶离路口三个路段，并按照安全性、合规性以及通行效率这三方面进行考虑，构建了多路段多维度量化评价体系。

1. 量化评估维度分析

考虑到在十字路口不同阶段需要注意的事项的区别，因此设置了分路段维度，其中进入路口前路段指十字路口的红绿灯进入到车辆传感器感知范围位置或者车辆进入十字路口路侧设施的通信范围位置到十字路口在车辆所在车道的停止线的位置间的区域；而路口中路段则是指十字路口各道路停止线及其延长线围成的多边形区域；驶离路口路段则是指车辆从任意非进入路口驶出路口的道路的停止线位置至车辆行驶至十字路口的红绿灯离开车辆传感器感知范围位置或者车辆驶离十字路口路侧设施的通信范围位置。

在路口驾驶过程中，安全是首先需要考虑的指标，其次我们还考虑了合规性的评价。最后对于一辆智能网联汽车，可以设置极其保守的策略缓慢行驶，从而在安全和合规性上达到很高的分数，然而这样做却极大地影响了整个路口的通行效率，因此工作组最后设置了一个通行效率的指标用来平衡车辆的安全合规与通行速度。

2. 量化评估指标选取

根据以上分析与设置，工作组提出了表 5 – 1 所示的城市巡航评价指标体系。

表 5 – 1　城市巡航评价指标体系

过程	安全性	合规性	效率
进入路口前	TTC 横向安全距离	交通标志识别及响应 交通标线识别及响应 交通信号灯识别及响应 交通指挥手势识别及响应 优先权判断及响应 机动车信号灯使用	进入路口前速度 自车延误差
路口中	可控性 风险场 潜在碰撞严重指数	优先权判断及响应	通过路口时长
驶离路口	TTC	交通标线识别及响应	驶离路口后速度

在安全性指标中，在进入路口前，存在变道和减速等工况，因此考虑 TTC 和横向安全距离。而在路口中，尤其是无红绿灯的十字路口，车辆将与周围各方向交通参与物存在交互，因此考虑可控性、风险场和潜在碰撞指数来评价。

在合规性方面，主要考虑道路交通法规的符合性。进入路口前需要考虑道路交通标志标线、优先权以及信号灯这三个方面。在交通标志标线方面则主要考虑交通标志识别及响应、交通标线识别及响应、交通信号灯识别及响应和交通指挥手势识别及响应四个指标，主要评价车辆对标志标线的识别以及正确处理能力。在优先权方面则主要设置优先权判断及响应指标，测试车辆在不同行驶状态下的优先权变化时的响应，评价相应的车辆决策算法的能力。在信号灯方面则设置了机动车信号灯使用指标，评价车辆在不同情景下正确使用信号灯的能力。而在路口中，则仅设置了优先权判断及响应指标，用来评价车辆在路口中时面对各方向来车的情景的优先权判断能力。在驶离路口阶段则设置了交通标线识别及响应，主要考察车辆正确识别标线驶入正确的车道中的能力。

通行效率低下虽然不会直接导致安全事故，但会间接诱发风险，因此将通行效率纳入城市巡航系统在十字路口的预期功能安全性能指标。主要考虑进入路口前速度、自车延误差、通过路口时长和驶离路口后速度指标。

5.1.5　测试规程

本部分仅作为现阶段在城市巡航预期功能安全测试实践过程的总结。

1. 测试目的

1）验证 5.1.1 功能及系统定义所定义的城市巡航功能当前状态在前期分析的 5.1.2 典型场景选取 Area 2（已知危害场景）中是否会造成危险。

2）为验证 Area 3（未知危害场景）是否减小到可接受程度提供有效数据支撑。

2. 仿真环境

为了支持城市巡航预期功能安全测试，仿真环境应满足以下要求：

1）需求的可追溯性。

2）支持创建复杂交互环境。

3）结果一致性。

4）保真度，仿真平台应尽可能保证与真实物理世界一致。

3. 封闭场地测试环境

为了支持城市巡航预期功能安全测试，封闭场地环境应满足以下要求：

1）试验场地应能够满足 5.1.1 ODD 定义内覆盖的所有路面。

2）试验场地应根据 5.1.1 ODD 定义对标志标线特征进行适应调整。

3）试验场地应根据 5.1.1 ODD 定义包括如雨、雪、雾和夜晚等特殊天气及光照条件进行搭建，从而进行相对应的试验内容。

4）试验场地电磁环境不对试验结果产生明显影响。

4. 开放道路测试环境

为了支持城市巡航预期功能安全测试，开放场地环境应满足以下要求：

1）试验道路的选择需要符合本章中十字路口场景定义。

2）试验时间选择上覆盖一天 24h 中的各个时间段。

3）天气选择上应覆盖到光照、雨、雪、雾、温度、湿度等条件形成的不利天气。

4）路面选择上应尽可能多地覆盖不同道路表面结构。

5. 测试车辆条件

整车级试验车辆满足如下要求：

1）测试车辆应具备 5.1.1 功能及系统定义所述的相同或相似功能。

2）仿真试验时应保证被测功能的感知、决策、控制三大主要子部件的完整性。

3）封闭场地和开放道路试验时应保证整车功能的完整性。

4）试验车辆需记录软件版本和硬件版本，用于问题追溯。

6. 试验数据记录要求

为支撑 5.1.4 城市巡航系统量化评价体系数据分析需求，对试验数据的记录需满足以下要求：

1) 记录 5.1.4 城市巡航系统量化评价体系中计算评价指标所需的所有数据。
2) 试验数据项与数据格式需兼容 5.1.3 城市巡航系统数据采集与标注中对数据的相关要求。
3) 试验车辆控制模式，如当前城市巡航功能的开启状态等。
4) 所测场景名称及前后 5s 数据。
5) 试验车辆周围目标物位置。
6) 试验车辆周边的交通状态视频信息。
7) 试验车辆运动状态参数，包括车辆位置信息、车辆纵向速度、车辆横向速度、车辆纵向加速度、车辆横向加速度、车辆横摆角速度。

7. 测试场景（测试用例）定义

测试场景定义部分主要根据 5.1.2 城市巡航系统典型场景选取筛选出的典型场景添加测试过程描述形成清晰的可测场景，进而明晰后续试验的具体执行步骤。城市巡航系统 SOTIF 典型测试用例见附录 G。其中十字路口左转对向路对向机动车闯入场景示例如图 5-8 所示。

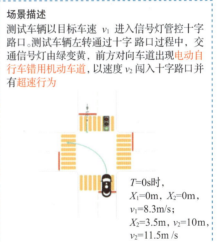

图 5-8　城市巡航系统典型场景

测试过程如下：

1) 自车以 30km/h 的速度沿车道中心线在路口准备左转，目标电动车以 41.5km/h 的速度沿相邻车道中心线相向直行。
2) 试验开始时，开始记录试验数据。目标电动车到达（-3.5，10）处信号灯由绿变黄。

3）两车碰撞或两车驶出路口后，试验结束。

8. 仿真测试试验方法

1）测试场景搭建。根据测试功能和系统定义设计的测试场景进行仿真场景搭建，包含所测场景道路类型、环境信息、天时信息、测试车辆行为、交通参与者行为、交通参与者类型、交通参与者位置等。

2）完成车辆参数配置、待测算法上传。

3）将被测对象的软、硬件接口与测试平台连接。

4）根据仿真场景测试顺序、仿真结束条件等信息编写仿真测试文件。

5）选择相应的测试场景，在仿真测试平台中调用仿真测试文件，实现多个测试场景的批量化自动执行。

9. 封闭测试试验方法

城市道路巡航系统预期功能安全的封闭场地试验参考方法，包括以下步骤：

1）根据 5.1.5 场景定义的场景在场地中搭建试验场景并安装好相关试验设备。

2）根据 5.1.5 试验数据记录要求的数据要求安装好对应的试验数据记录设备。

3）试验人员开启城市巡航功能并驶入已搭建好的试验场景中验证系统功能。

4）重复 3~5 次试验，并记录试验数据。

5）将试验数据根据 5.1.4 城市巡航系统量化评价体系进行数据处理和评估。

10. 预期功能安全性能测试试验实践

1）测试流程。整车级城市巡航系统（城市巡航）测试主要选取 5.1.2 典型场景选取中的典型场景结合 5.1.4 量化评价体系研究中的评价要求，根据城市巡航系统（城市巡航）的系统功能架构和预期功能安全策略设计制定测试用例，发挥仿真、场地、开放道路等不同测试方法的优点开展协同测试。

2）试验设计与实施。十字路口城市巡航功能测试基于工作组前期研究所设计的 25 个基础场景，结合两款智能网联汽车的系统架构与运行设计域，针对性地构建 6 个危险场景进行测试，包括非机动车横穿十字路口、行人横穿十字路口、机动车抢道、行驶机动车转向占据、行驶机动车抢占、机动车停靠产生盲区等。通过为期 12 天、6 个功能场景、近 1500 次的测试验证。

3）试验设备。测试设备采用的高精度定位数采系统（i-TESTER AVE）、行人拖拽系统（ICTC-PTPS-S）和踏板摩托车（ICTC-PMT-R）目标物等测试设备。

4）试验场地。测试场地为国家智能网联汽车（长沙）测试区内的城市十字路口，该路口为双向六车道，且均设置有交通信号灯及人行横道线，最大限度地还原城市十字路口场景，保障试验结果的真实有效性。

如图 5-9 所示为测试流程示意图。

第 5 章 整车级智能网联汽车预期功能安全测试评价研究

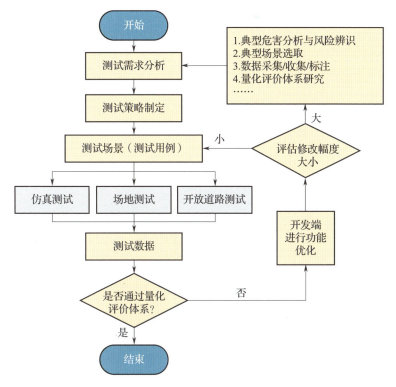

图 5-9 测试流程示意图

5.2 高速公路巡航系统预期功能安全探索与实践

高速公路巡航系统（Highway Pilot，HWP）属于 L3 级别的有条件自动驾驶，设计 ODD 为高速公路或近似高速公路（如城市快速路等）的结构化道路，车速范围为 0～120km/h。HWP 应能够实时识别和处理 ODD 状态变化、自动驾驶系统失效、动态驾驶任务接管、用户接管能力的变化等，对车辆进行持续的横向及纵向控制，包括车道居中行驶、主路巡航行驶、自主变道/超车、进出匝道行驶等功能。下面将对 HWP 的预期功能安全分析、测试及量化评估等工作进行简要介绍，详细内容可以参考高速公路巡航功能（HWP）预期功能安全分析及测试评价研究报告[190]。

5.2.1 功能定义与危害分析

1. 功能及系统定义

HWP 功能应确保功能在 ODD 外不能激活，在 ODD 内的目标与事件的识别与响应（Objectand Event Detectionand Response，OEDR）主责方为 HWP 系统，能够满足以下功能要求：

1）激活 HWP 功能后系统完成全部动态驾驶任务。

2）系统应识别 ODD 状态、自动驾驶系统失效、动态驾驶任务接管用户的接管能力，并在即将不满足 ODD、系统失效、系统 OEDR 能力不足或动态驾驶任务接管用户接管能力即将不满足时发出接管请求，并在一定时间内继续执行动态驾驶任务。

3）驾驶人需要在规定时间内重新接管车辆，如果驾驶人未接管车辆，HWP 功能应执行最小风险策略（Minimal Risk Manoneuver, MRM），使车辆进入最低风险条件（Minimal Risk Condition, MRC）。

4）驾驶人接管时系统应立即解除车辆控制权。

运行设计条件（Operational Design Condition，ODC）指设计时确定的自动驾驶系统可以安全启动和运行的所有条件，包括 ODD、驾乘人员状态、车辆状态以及其他必要条件。本节以 HWP 功能应对切入（Cut-in）场景为例，HWP 功能 Cut-in 场景相关的 ODC 示例见表 5-2。

表 5-2 HWP 应对切入场景的 ODC 示例

		ODD 元素要求	
ODD 分类		ODD 内明确允许的元素	明确超出 ODD 元素
ODD	静态实体	道路类型	高速公路或具有分隔栏的快速路（含上下匝道）	
		道路表面	道路材质：沥青、混凝土 道路表面：干燥或湿滑	积水/积雪/结冰/油污路/损坏严重路面
		道路几何	平面：直线、曲线（曲率半径≥125m）、加宽、超高 纵断面：上坡、下坡、平面 横断面：分离，道路边缘屏障	不分离道路、人行道
		车道特征	车道线清晰	模糊/遮挡
		交通标志	固定标志	交通危险指示牌、信号灯
		道路边缘	屏障、边界线清晰	临时/无边界线
		道路设施	固定设施	临时设施
	环境条件	风	一定范围内（需要进一步分析边界值）	
		雨天	一定范围内（需要进一步分析边界值）	
		雪天	一定范围内（需要进一步分析边界值）	
		雾天	一定范围内（需要进一步分析边界值）	
		温度	一定范围内（需要进一步分析边界值）	
		湿度	一定范围内（需要进一步分析边界值）	
		光照度	良好（需要进一步分析边界值）	
	动态实体	交通条件	有目标车辆切入/汇出	
	信息设备	高精地图	地理围栏内	

(续)

驾乘人员状态元素要求		
驾乘人员状态	驾驶人	非疲劳
		注意力无分散
		驾驶姿态正常
		在驾驶位上
		无极端异常状态
		正确系上安全带
	乘客状态	无抢夺驾驶设备行为
		无极端异常行为
		正确系上安全带
车辆状态元素要求		
车辆状态	激活速度范围 (0~120) km/h	
	功能状态满足要求	

本节以 HWP 功能应对切入场景为例,选取以下四类基础场景作为分析的输入:高速公路/城市快速路口汇入、高速公路/城市快速路直道行驶时切入、高速公路/城市快速路弯道行驶时切入、高速公路/城市快速路驶出。

HWP 功能应对切入场景,主要有以下 2 种功能表现/行为:

1) 制动避障,当自车识别到相邻车道车辆切入时,通过制动控制避免与切入车辆碰撞。

2) 转向避障,当自车识别到相邻车道车辆切入时,如果判断制动控制无法避免与切入车辆发生碰撞且周围环境允许变道时,通过转向避障。

本节仅以功能表现/行为"1) 制动避障",即 HWP 功能采用制动控制应对切入场景为示例分析评估。

HWP 功能应对切入场景的传感器方案定义为:1 个前单目/双目摄像头、1 个前毫米波雷达、2 个角毫米波雷达、1 个前激光雷达以及高精地图及定位,方案如图 5-10 所示。

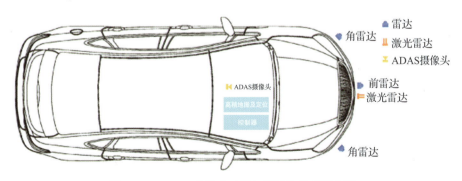

图 5-10　HWP 功能应对切入场景的传感器方案

HWP 功能应对切入场景的系统架构如图 5-11 所示，由传感器、高精地图及定位、控制器、执行器（制动系统）、HMI 构成。其中，传感器用于探测目标车辆状态，高精地图及定位用于定位自身车辆位置，控制器进行感知融合及决策控制运算，将执行指令（制动指令）输出给执行系统（制动系统）。

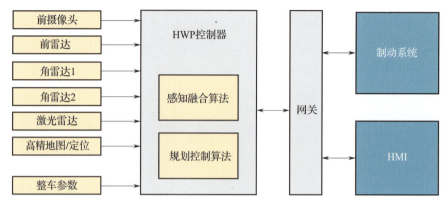

图 5-11　HWP 功能应对切入场景的系统初始架构图

2. 危害分析及风险评估

本节仅以 HWP 功能采用制动控制应对切入场景为示例分析评估，即在搭载 HWP 功能的自车被目标车切入时，自车采取适当的制动控制进而避免与目标车的碰撞。在功能执行过程中，涉及 HWP 的传感器、控制器、制动系统等系统。危害识别可以采用 HAZOP、STPA 等不同方法进行，分析应考虑如下两方面：

（1）非预期行为所造成的整车层级的危害

本节参考采用危险与可操作性（HAZOP）分析方法，仅分析与 SOTIF 相关的非预期行为，以 HWP 功能应对切入场景为示例，危害识别结果见表 5-3。

表 5-3　HWP 功能应对切入场景危害识别示例

功能/行为 ID	功能/行为	分析引导词	非预期的行为	SOTIF 相关
HWP-CT01	制动控制	Loss	未进行制动控制	Y
		Less	制动过小	Y
		More	制动过大	Y
		Reverse	N/A	N/A
		Unintended	非预期制动	Y
		Stuck	制动卡滞	N
		Early	制动过早	Y
		Later	制动过晚	Y
		Early	制动退出过早	Y
		Later	制动退出过晚	Y
		From experience	N/A	N/A

(2) 合理可预见的误用的场景分析

分析误用时,应考虑潜在误用场景、利益相关者、误用原因、驾驶人/用户与系统/车辆之间的交互、环境条件等。HWP 功能应对切入场景的合理可预见误用示例见表 5-4。

表 5-4 合理可预见的误用分析示例

潜在误用场景	关系人	误用原因	衍生的危险场景
功能作用时	驾驶人	故意操作	驾驶人故意踩加速踏板,意图阻止车辆切入,发生碰撞
功能作用时	驾驶人	错误操作	驾驶人踩制动踏板,导致 HWP 功能退出,发生碰撞
功能丢失,提醒驾驶人接管	驾驶人	不理解警告信息	由于驾驶人不知道警告的含义,没有接管车辆的控制权,发生碰撞
功能丢失,提醒驾驶人接管	驾驶人	注意力不集中	由于驾驶人注意力不集中,未注意到车辆警告,未及时接管,发生碰撞

风险评估是对可能存在的危害进一步分析与评估,通过整车级危险事件的严重度(Severity,S)和可控性(Controllability,C)两个维度来评估,以确定在给定场景中由此产生的危害是否可以接受。严重度与可控性的评估考虑了当前的功能及系统定义。如果严重度被认为是"没有造成危害"(S=0)或可控性被认为是"常规可控"(C=0),则认为伤害是可以接受的,无需进一步分析其触发条件。

以 HWP 功能应对切入场景"未进行制动控制"为例,风险评估结果见表 5-5。完整的风险评估表格,可参见该子任务的独立研究报告[190]。

表 5-5 "未进行制动控制"风险评估示例

功能故障/非预期的行为	基础场景		危害事件	潜在后果	严重度		可控性		风险是否可接受
	场景	交通参与者			评分	说明	评分	说明	
未进行制动控制	高速公路/城市快速路口汇入	切入的车辆	途经高速公路/城市快速路口汇入时,有车辆切入,自车未制动减速	与前车发生碰撞	S>0	车速高,碰撞相对车速高	C>0	L3 功能,ODC 内系统执行 DDT,驾驶人不可控	N
未进行制动控制	高速公路/城市快速路直道行驶	切入的车辆	高速公路/城市快速路直道行驶时,有车辆切入,自车未制动减速	与前车发生碰撞	S>0	车速高,碰撞相对车速高	C>0	L3 功能,ODC 内系统执行 DDT,驾驶人不可控	N

(续)

功能故障/非预期的行为	基础场景		危害事件	潜在后果	严重度		可控性		风险是否可接受
	场景	交通参与者			评分	说明	评分	说明	
未进行制动控制	高速公路/城市快速路弯道行驶时	切入的车辆	高速公路/城市快速路弯道行驶时，有车辆切入，自车未制动减速	与前车发生碰撞	S>0	车速高，碰撞相对车速高	C>0	L3 功能，ODC 内系统执行 DDT，驾驶人不可控	N
	高速公路/城市快速路口汇出	切入的车辆	途经高速公路/城市快速路口汇出时，有车辆切入，自车未制动减速	与前车发生碰撞	S>0	车速高，碰撞相对车速高	C>0	L3 功能，ODC 内系统执行 DDT，驾驶人不可控	N

采用 CTA 方法，确定造成不可接受的危害事件的根本原因，并在底事件中将性能局限或功能规范设计不足与触发条件匹配。

基于上述 CTA 分析，得到的性能局限和触发条件请参考该子任务的独立研究报告[190]。

5.2.2 典型场景选取与采集

1. 典型场景选取

本节所述的典型场景是前文定义的基础场景与识别到的触发条件叠加所得到的复合场景。参考《智能网联汽车预期功能安全场景库建设报告》中七层场景架构模型，将基础场景对七层场景框架中 L4 层"交通参与者"及 L7 层"自车状态"，触发条件的对应情况详见该子任务的独立研究报告[190]。

2. 待采集场景要素

本节将 HWP 高速公路场景模型分为七层，相较于传统的 Pegasus 模型增添了第六层 V2X 层和第七层自车层。HWP 切入具体场景要素定义请参考该子任务的独立研究报告[190]。

3. 数据格式定义

根据 5.2.1 中需要的场景要素，确定要素的数据格式请参考该子任务的独立研究报告[190]。

4. 数据自检

数据采集和数据标注的质量将影响数据使用的准确性和可靠性，因此需要对采集和标准的数据进行质量检验。

采集数据需要对自车 CAN 数据、GPS 数据、各类传感器（摄像头、毫米波雷达、激光雷达等）进行检验。对上述采集数据质量检验时应该被检验数据进行抽样，抽样比例不低于 5%，判断抽样数据的自车 CAN 数据是否有正常采集、GPS 信息是否正常、各传感器是否正常运行、是否有较多丢帧，可统计得到抽样数据的正确率，正确率不低于 95% 则认为这批采集数据合格。

本节中需要标注的数据包括：L1 道路层中的车道数量、道路表面、道路形状；L4 目标层中的目标车行为时间点、指示灯状态、目标车类型；L5 天气中的天气、能见度、光照；L7 中的自车行为时间点、自车行驶车道。

评估上述标注结果质量时应对被评估的数据进行抽样，比例不低于 10%，通过核对标注数据对应的采集视频或图像，判断抽样数据的标注结果是否错误，是否有遗漏，是否误差较大，可统计得到抽样数据的正确率，正确率不低于 95% 则认为这批标注数据合格。

5.2.3 数据采集

为对比人类驾驶人与 HWP 应对加塞车切入场景的好与坏，通过车端与航测相结合的方法采集符合 HWP 运行设计域的自然驾驶交通数据，根据切入典型场景的类型和定义，明确提取需求，根据需求制定提取准则，确定提取典型切入的起始时间和结束时间，并切分及存储对应的数据及视频。

5.2.4 量化评价体系

1. 量化评估维度分析

基于加塞车在加塞初始时刻相对于自车的纵向距离，将自车前方行驶区域分为以下三个部分。

1) 舒适加塞区（Comfortable Area）：HWP 提供一个较小的制动减速度，就可以避免与加塞车发生碰撞。

2) 紧急加塞区（Emergency Manoneuver Area）：HWP 需要在规定反应时间内提供一个较大的制动减速度，才能避免与加塞车发生碰撞。

3) 无法应对区（Unpreventable Area）：HWP 在规定反应时间内以最大的减速度制动，也无法避免与加塞车发生碰撞。

如图 5-12 所示，当加塞车从大于最小安全距离（Min Safety Distance）的区域向自车前方加塞时，HWP 无需应对加塞车的切入。当加塞车从舒适加塞区或紧急加塞区向自车前方加塞时，HWP 通过制动控制保证自车与加塞车不会发生碰撞且减速到与加塞车的车距大于最小安全距离；当加塞车从无法应对区向自车前方加塞时，HWP 需减缓碰撞事故带来的人员伤亡且不会造成其余事故的发生。结合上述描述，需从以下五个维度评估整车级 HWP 应对加塞车切入场景的好坏：

1) 在整个切入过程中，HWP 是否提前制动减速，保证自车与加塞车的车距大于最小安全距离。

2）在自车与加塞车的车距小于最小安全距离时，HWP 是否在规定时间内响应并提供控制行为，使自车与加塞车的车距大于最小安全距离。

3）在自车与加塞车的车距小于最小安全距离时，HWP 是否避免自车与加塞车发生碰撞。

4）HWP 无法避免与加塞车发生碰撞时，需通过适当控制行为降低事故给驾驶人带来的伤害。

5）HWP 要避免因自身不当的行为引起事故的发生。

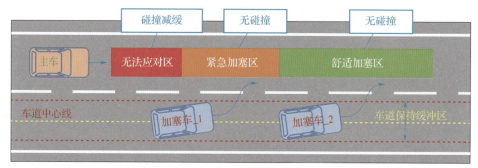

图 5-12　加塞区域

2. 量化评估流程

根据上述五个维度，提出如下分阶段 HWP 整车级量化评估流程，如图 5-13 所示。

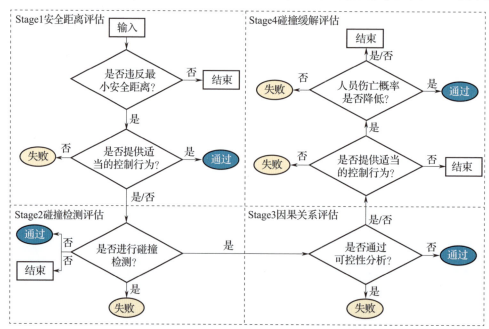

图 5-13　分阶段 HWP 整车级量化评估流程

3. 量化评估推荐指标

根据评价指标的含义和量化评估流程中各阶段的特点，表 5-6 给出了部分优选评价指标。在进行具体测试时，可以基于实际情况进行指标选取。

表 5-6　HWP 应对切入的整车级优选评价指标

评价阶段	优选评价指标
Stage1 安全距离评估 1-1 最小安全距离违反 MSDV	TTC（Time to Collision）
	PTTC（Potential Time to Collision）
	TET（Time Exposed TTC）
	MSDF（Minimum Safety Distance Factor）
	MSDV（Minimum Safe Distance Violation）
Stage1 安全距离评估 1-2 适当反应行动 PRA	PRA（Proper Response Action）
	MADR（Max Deceleration）
	a_{req}（Required Acceleration）
	$a_{long, req}$（Required Longitudinal Acceleration）
	BTN（Brake Threat Number）
Stage2 碰撞检测评估	CI（Crash Index）
Stage3 因果关系评估	TTB（Time to Brake）
Stage4 碰撞缓解评估 4-1 适当反应行动 PRA	类似于 1-2
Stage4 碰撞缓解评估 4-2 是否减缓碰撞	delta-V
	delta-S（Severity）

4. 量化评价规则

基于前述的量化评价流程，可以对单个测试用例进行评价结果规则设定，对在该测试用例下 HWP 的应对能力进行打分。

5.2.5　测试规程

1. 测试目的

验证 HWP 在前期分析的 4 类典型场景（已知危害场景）中是否会造成危险；整车行为在已知危害场景下，按照指定的预期行为执行（已有的安全策略是否起作用）；为验证未知危害场景（Area 3）是否减小到可接受的程度提供有效数据支撑。

2. 测试环境条件

为了支持 HWP 系统的预期功能安全测试，仿真环境应满足以下要求：

1）需求的可追溯性。

2）支持创建复杂交互环境。

3）结果一致性。

4）保真度。

为了支持 HWP 系统的预期功能安全测试，封闭场地环境应满足以下要求：

1）试验场地应能够满足 ODD 定义的所有路面。

2）试验场地应根据 ODD 定义，对道路边沿、标志、标线特征进行适应性调整。

3）试验场地应根据 ODD 定义的道路设施、环境条件、信息设备等进行搭建，从而进行相对应的试验内容。

4）试验场地电磁环境不对试验结果产生明显影响。

为了支持高速公路巡航（HWP）系统的预期功能安全测试，开放道路环境应满足以下要求：

1）试验道路的选择应符合切入基础场景定义。

2）试验时间选择上覆盖一天 24h 中的各个时间段。

3）试验环境应覆盖 ODD 定义的道路设施、环境条件等不利因素。

4）路面选择上应尽可能多地覆盖不同道路表面结构。

3. 测试车辆条件

为了支持 HWP 的预期功能安全测试，整车级试验车辆满足如下要求：

1）测试车辆传感器配置应与功能定义保持一致。

2）仿真试验时应保证被测功能的感知、决策、控制三大主要子部件的完整性。

3）封闭场地和开放道路试验时应保证整车功能的完整性。

4）试验车辆需记录软件版本和硬件版本，用于问题追溯。

4. 试验数据记录要求

为量化评价体系研究数据数据分析需求，对试验数据的记录提出以下要求：

1）需记录量化评价体系研究中计算评价指标所需的所有数据。

2）试验数据项与数据格式需兼"数据采集/收集/标注"章节中对数据的相关要求。

3）试验车辆周围目标物位置、周围的交通状态视频信息。

4）试验人员及人机交互状态信息，如试验人员状态、仪表盘、方向盘、中控屏、系统提示音等。

5. 整车级测试

整车级 HWP 功能切入测试主要选取"典型场景选取"中的典型场景结合"量

化评价体系"中的评价要求,根据 HWP 中对切入的系统功能架构和预期功能安全策略设计制定 – 测试用例,发挥仿真、场地、开放道路等不同测试方法的优点开展协同测试。如图 5 – 14 所示为高速巡航系统整车级测试流程。

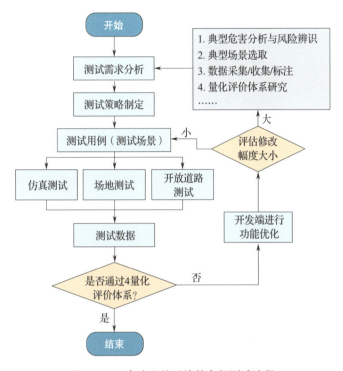

图 5 – 14 高速巡航系统整车级测试流程

封闭场地测试用例由中国汽车工程研究院股份有限公司和吉林大学联合设计,中国汽车工程研究院股份有限公司提供测试场地与自研装备支持,长安汽车提供车辆支持。共设计试验工况 30 个,进行试验 86 次。试验现场如图 5 – 15 所示。由于被测车辆仍处于保密开发阶段,暂无法给出结果数据。

a) 车外视角　　　　　　　　　　b) 车内视角

图 5 – 15 试验现场

5.3 自主代客泊车系统预期功能安全探索与实践

AVP 是 L4 级别的自动驾驶功能。由于 AVP 功能开启区域为场景复杂、交通参与者众多、感知定位条件不佳的停车场，且车内没有驾驶人与安全员应对突发情况，存在巨大的预期功能安全隐患与严重危害后果风险。因此，本章对 AVP 功能的预期功能安全进行了分析、探究与实践。

5.3.1 功能定义与危害分析

1. 功能定义

在停车场区域内，驾驶人脱离车辆的情况下，AVP 功能可支撑智能网联汽车实现自主寻找车位、泊车入位、休眠、响应用户远程唤醒、驶往指定位置等待等任务。根据车端和场端的功能分配比重不同，目前业内主要有三种 AVP 技术路线：车端智能、场端智能和车场协同。在本研究中，以车端智能的 AVP 系统进行探索分析，其功能的实现需要智能网联汽车感知、决策、规划、控制、通信等多个子系统的协同。

2. ODD 的要求

1）应预先明确 AVP 车辆运行的空间区域边界，以及该区域内的运行要求（如 AVP 专属区域、人车混行区域等）。

2）在设计运行区域内应具有安全且边界清晰的下车区和接驳区，驾驶人在下车区开启 AVP 功能，通过远程唤醒车辆后在接驳区接管车辆。

3）在设计运行区域内的道路表面应为混凝土、金刚砂、环氧材料等常见材质，车道线与道路标志清晰，道路的坡度、曲率等参数符合国家法规要求。

4）在设计运行区域内应存在与搭载 AVP 车型相匹配的车位，车位布置合理且车位标线清晰。

5）停车场内应具备良好的光线与温度湿度条件。

6）AVP 车辆应能获得运行停车场的高精度地图，其内容涵盖路线、运行区域、标志标线、停车区域与车位、下车区和接驳区、人行道（如有）。

7）通信设备信号应全面覆盖 AVP 车辆运行的空间区域。

3. 动态任务功能分解

为实现 AVP 功能，需要感知、定位、决策、控制、交互多个子系统配合完成一系列动态任务，以本案例中分析的具备 AVP 功能的智能网联汽车为例，将其 11 项动态任务按照完成各项动态任务所需的系统功能进行分解，见表 5–7。

表 5-7 完成各项动态任务所需的系统功能

系统功能		任务1 系统唤醒	任务2 停车场定位与地图下载	任务3 停车场检入	任务4 AVP系统接管车辆	任务5 场内行驶搜寻车位	任务6 泊车入位	任务7 泊车成功并休眠	任务8 被唤醒	任务9 驶离车位并驶向驾驶人	任务10 人员接管车辆	任务11 停车场检出
感知功能	行人感知功能					√	√			√		
	车辆感知功能					√	√			√		
	障碍物与基础设施感知功能					√	√			√		
	交通标志感知功能					√	√			√		
	车位感知功能					√	√	√		√		
定位功能	绝对定位功能	√	√		√	√	√	√	√		√	√
	相对定位功能			√								√
决策功能	动态任务决策功能				√							
控制功能	纵向控制功能					√	√			√		
	横向控制功能					√	√			√		
交互功能	AVP-驾驶人交互功能	√	√	√	√						√	√
	AVP-外界行人交互功能					√	√			√		
	AVP-外界车辆交互功能					√	√			√		
	AVP-RSU（路端）交互功能				√	√	√	√	√	√		
	AVP-停车场总控平台交互功能			√	√	√	√	√	√	√	√	√
	AVP-车主远程交互功能					√	√	√	√	√		

4. 危害识别

根据 AVP 车辆在执行动态任务时所应用到的系统功能，分析由于系统的功能不足、性能局限、人员误用等因素导致的危害事件，表 5-8 以泊车入位动态任务为例，进行了危害识别。

表 5–8 泊车入位动态任务中的危害识别

任务	功能不足	具体功能不足	危害事件
任务6 泊车入位	感知功能不足	行人感知功能不足	行人漏检或识别过晚，与行人发生碰撞
			行人在感知盲区，发生行人碾压
			行人误检，发生制动
		车辆感知功能不足	对行驶车辆或停放车辆漏检或识别过晚，发生碰撞
			车辆在感知盲区，发生剐蹭
			他车误检，发生制动
		障碍物与基础设施感知功能不足	障碍物或基础设施漏检或识别过晚，与其发生碰撞
			障碍物或基础设施在感知盲区，发生碾压
			障碍物或基础设施误检，发生制动
		交通标志感知功能不足	限速标志漏检，超速行驶
			禁停标志漏检，泊入错误车位
			禁止驶入标志误检，发生制动
		车位感知功能不足	对车位类型误检，导致车位类型与自车不匹配
			对停车位标线误检，导致占据多个车位或停放阻碍道路
			对停车位编号误检，导致为场端调控提供错误信息
	定位功能不足	绝对定位功能不足	绝对定位不足，偏离泊车路径，与墙体、邻车或车辆行人碰撞
		相对定位功能不足	与行人相对距离定位误差过大，发生碰撞
			与他车相对距离定位误差过大，发生碰撞
			与交通设施相对距离定位误差过大，发生碰撞
	决策功能不足	动态任务决策功能不足	动态任务决策失误，导致自车与周围车辆发生碰撞
			动态任务决策失误，导致自车与周围行人发生碰撞
	控制功能不足	横向控制功能不足	泊车入位时，转向不足，车辆与旁边的车辆发生剐蹭
			泊车入位时，转向不足，车辆与周围行人发生碰撞
			泊车入位时，转向过大，车辆与旁边的车辆发生剐蹭
			泊车入位时，转向过大，车辆与周围行人发生碰撞
		纵向控制功能不足	前行时制动力不足，车辆与前方行人发生碰撞
			倒车时制动力不足，与后方行人发生碰撞
	交互功能不足	AVP – 外界行人交互功能	行驶时对冲出行人提示不足，导致行人与车辆发生碰撞
		AVP – 外界车辆交互功能	自车通过时对他车提示不足，导致他车经过时发生碰撞
		AVP – RSU（路端）交互功能	与RSU交互不足，未收到关于视野盲区的目标物信息
		AVP – 停车场总控平台交互功能	与场端平台交互不足，未收到关于空余车位和全局路径的信息
		AVP – 车主远程交互功能	对车主的返程指令和故障反馈信息的交互不足

5. 风险评估

通过对该危害事件的发生概率（P）、危害严重度（S）以及可控度（C）三个维度进行打分，输出综合打分结果，从而判断风险的可接受程度。见表 5-9，P、S、C 三个指标的取值范围均为 1~5，其中 P 值越大，危害发生的概率或频率越高；S 值越大，危害带来的伤害后果越严重；C 值越大，危害的可控性越差。见表 5-9。

表 5-9 风险评估打分参考准则

		发生概率（Probability）	
P	1	一般不可能发生（Very unlikely）	例：停车场被水淹
	2	一般很少发生（Unlikely）	例：行人衣服颜色与路面完全一致
	3	有可能发生（Possible）	例：地下停车场断电导致光照不足
	4	极有可能发生（Likely）	例：VRU 从车辆前方遮挡物后突然穿出
	5	总会发生（Very Likely）	
		危害严重度（Severity）	
S	1	财物损坏或惊吓（Property damage of scare）	例：车辆受损，公共设施被撞坏、人员受惊
	2	轻微伤害（Minor injury）（不需要紧急医疗处理）	例：车辆倒车时后视镜剐蹭到行人手臂
	3	严重伤害（Injury）（需要紧急医疗处理但不致命）	例：车辆倒车压到行人脚
	4	重大伤害（需紧急送医院，否则可能致命）	例：撞到突然横穿的摩托车导致翻车
	5	人员致命伤害（Fatality）（存活概率很低）	例：被车辆撞到后继续碾压、墙体挤压
		可控度（Controllability）	
C	1	非常容易控制（Very easily controllable）	
	2	比较容易控制（Easily controllable）	例：有驾驶人在车内的 AVP
	3	控制难度适中（Moderately controllable）	例：有场端实时监控并配备远程驾驶人
	4	比较难控制（Difficult to control）	例：场端 GMS 辅助感知和决策控制 AVP
	5	无法控制（Not controllable）	例：无人驾驶并完全依赖车端感知的

将以上三个指标的分数相乘，可以获得风险评分 R，评分越高，危害事件的风险越大。见表 5-10。

表 5-10 风险接受准则

风险评分（Risk Scoring）（R = P × S × C）		
R≥40	不可接受风险（Unacceptable Risk）	必须在项目量产前降低风险
40 > R≥20	可以带条件容忍的风险（Tolerable Risk）	需要在项目资源允许的范围内尽量实施风险缓解措施
R < 20	可接受的风险（Acceptable Risk）	可以不做任何处理

仍以泊车入位动态任务为例，对在该任务中识别到的危害事件进行风险评估，见表5-11。

表5-11 泊车入位动态任务中的风险评估

危险事件描述	发生概率等级（P）	备注/注释	严重度等级（S）	备注/注释	可控度等级（C）	备注/注释	风险评分 R = P×S×C	风险可接受度
行人漏检或识别过晚，与行人发生碰撞	5	停车场行人常见	4	人被夹在车和墙体之间	5	无驾驶人	100	不可接受
行人在感知盲区，发生行人碾压	3	有可能能站在感知盲区	4	将行人腿部压到车轮下	5	无驾驶人	60	不可接受
行人误检，发生制动	2	较少出现	1	影响效率	5	无驾驶人	10	可接受
对行驶车辆或停放车辆漏检或识别过晚，发生碰撞	5	停车场内车辆常见	2	轻微碰撞	5	无驾驶人	50	不可接受
车辆在感知盲区，发生剐蹭	3	有可能出现在感知盲区	2	轻微剐蹭	5	无驾驶人	30	带条件容忍的风险
他车误检，发生制动	2	较少出现	1	影响效率	5	无驾驶人	10	可接受
障碍物或基础设施漏检或识别过晚，与其发生碰撞	5	目标常见	1	财产损失	5	无驾驶人	25	带条件容忍的风险
障碍物或基础设施在感知盲区，发生碾压	3	有可能出现在感知盲区	1	财产损失	5	无驾驶人	15	可接受
障碍物或基础设施误检，发生制动	1	较少出现	1	财产损失	5	无驾驶人	5	可接受
限速标志漏检，超速行驶	5	停车场一般会设置限速	2	碰撞风险增加	5	无驾驶人	50	不可接受
禁停标志漏检，泊入错误车位	3	禁停标志较为常见	2	碰撞风险增加	5	无驾驶人	30	带条件容忍的风险
禁止驶入标志误检，发生制动	2	较少出现	1	影响效率	5	无驾驶人	10	可接受
对车位类型误检，导致车位类型与自车不匹配	4	多种车位类型较常见	1	引发潜在碰撞风险	5	无驾驶人	20	带条件容忍的风险
对停车位标线误检，导致占据多个车位或停放阻碍道路	5	较为常见	1	引发潜在碰撞风险	5	无驾驶人	25	带条件容忍的风险
对停车位编号误检，导致为场端调控提供错误信息	5	较为常见	1	引发潜在碰撞风险	2	场端可以验证	10	可接受
绝对定位不足，偏离泊车路径，与墙体、邻车或车辆行人碰撞	4	地下停车场GPS信号差	4	人被夹在车和墙体之间	5	无驾驶人	80	不可接受

(续)

危险事件描述	发生概率等级(P)	备注/注释	严重度等级(S)	备注/注释	可控度等级(C)	备注/注释	风险评分 R = P×S×C	风险可接受度
与行人相对距离定位误差过大,发生碰撞	2	相对定位主要依赖感知	2	轻微碰伤	5	无驾驶人	20	带条件容忍的风险
与他车相对距离定位误差过大,发生碰撞	2	相对定位主要依赖感知	1	财产损失	5	无驾驶人	10	可接受
与交通设施相对距离定位误差过大,发生碰撞	2	相对定位主要依赖感知	1	财产损失	5	无驾驶人	10	可接受
动态任务决策失误,导致自车与周围车辆发生碰撞	5	停车场内车辆常见	2	轻微碰伤	5	无驾驶人	50	不可接受
动态任务决策失误,导致自车与周围行人发生碰撞	5	停车场行人常见	4	人被夹在车和墙体之间	5	无驾驶人	100	不可接受
泊车入位时,转向不足,车辆与旁边的车辆发生剐蹭	5	停车位周边车辆密集	1	财产损失	5	无驾驶人	25	带条件容忍的风险
泊车入位时,转向不足,车辆与周围行人发生碰撞	5	停车位周边易有行人突然出现	4	容易对行人造成巨大伤害	5	无驾驶人	100	不可接受
泊车入位时,转向过大,车辆与旁边的车辆发生剐蹭	5	停车位周边车辆密集	1	财产损失	5	无驾驶人	25	带条件容忍的风险
泊车入位时,转向过大,车辆与周围行人发生碰撞	5	停车位周边易有行人突然出现	4	容易对行人造成巨大伤害	5	无驾驶人	100	不可接受
前行时制动力不足,车辆与前方行人发生碰撞	4	会有行人从车辆间走出	4	容易对行人造成巨大伤害	5	无驾驶人	80	不可接受
倒车时制动力不足,与后方行人发生碰撞	3	会有行人从车位走出	4	容易对行人造成巨大伤害	5	无驾驶人	60	不可接受
行驶时对行人提示不足,行人冲出,导致行人与车辆发生碰撞	5	车辆旁边行人常见	3	可能发生严重伤害	5	无驾驶人	75	不可接受
自车通过时,对他车提示不足,导致他车经过时发生碰撞	5	旁边车辆常见	1	财产损失	5	无驾驶人	25	带条件容忍的风险
与RSU交互不足,未收到关于视野盲区的目标物信息	2	RSU作用较小	1	引发潜在碰撞风险	5	无驾驶人	10	可接受
与场端平台交互不足,未收到关于空余车位和全局路径的信息	2	场端提供该信息能力不足	1	引发潜在碰撞风险	5	无驾驶人	10	可接受
对车主的返程指令和故障反馈信息的交互不足	2	可能存在通信故障	1	影响效率	3	场端可以控制	6	可接受

6. 引起高风险的功能失效原因

经过对以上危害事件的风险分析，对风险不可接受或带有条件容忍地进行功能失效原因分析，AVP 功能的失效主要来源于系统设计的功能不足，以及软硬件设备的性能局限两方面。结合选取车型的配置方案，列出了下列 AVP 系统功能失效或功能不足的原因，见表 5 – 12。

表 5 – 12　泊车入位任务中的失效原因分析

功能不足	编号	功能失效/功能不足原因
感知功能不足	1 – 1	摄像头在光线条件差的情况下感知功能不足，不足以识别目标
	1 – 2	摄像头在光线条件快速变化的情况下感知功能不足，不足以识别目标
	1 – 3	摄像头在能见度低的情况下感知功能不足，不足以识别目标
	1 – 4	摄像头在被部分遮挡或全部遮挡的情况下感知功能不足，不足以识别目标
	1 – 5	摄像头的探测视野范围过小，不足以覆盖目标
	1 – 6	雷达在传播条件差的情况下感知功能不足，不足以识别目标
	1 – 7	雷达发射器被遮挡时，不足以识别目标
	1 – 8	雷达接收器被遮挡时，不足以识别目标
	1 – 9	雷达在目标反射率较低的情况下，不足以识别目标
	1 – 10	摄像头或雷达在感知动态目标物时感知功能不足，不足以识别目标
	1 – 11	传感器在面对特征相似的目标时认知功能不足，不足以识别目标
	1 – 12	传感器在面对特征遮挡的目标时认知功能不足，不足以识别目标
	1 – 13	传感器对目标出现语义分割错误，不足以识别目标
	1 – 14	传感器在面对不常见目标时认知功能不足，不足以识别目标
	1 – 15	传感器在面对特殊姿态或状态的目标时认知功能不足，不足以识别目标
		…
定位功能不足	2 – 1	定位系统在高大建筑物或障碍物遮挡时定位功能不足，造成较大定位偏差
	2 – 2	定位系统在室内或封闭空间内定位功能不足，造成较大定位偏差
	2 – 3	定位系统在缺失高精度地图的情况下，失去精确定位能力
	2 – 4	定位系统在目标快速移动的情况下，相对定位精度不足
	2 – 5	定位系统在目标反射率较低的情况下，相对定位功能不足
		…
决策功能不足	3 – 1	在包含多个交通参与者的复杂场景下，对动态驾驶任务的决策功能不足，会产生碰撞
	3 – 2	对局部路径的规划性能不足，造成与交通参与者的碰撞
	3 – 3	对交通参与者的行为预测性能不足，造成与交通参与者的碰撞
		…

(续)

功能不足	编号	功能失效/功能不足原因
控制功能不足	4-1	在不良路面条件下，横向控制的功能不足，会造成转向不足
	4-2	在不良路面条件下，横向控制的功能不足，会造成转向过度
	4-3	在不良路面条件下，横向控制的功能不足，会产生侧滑
	4-4	在不良路面条件下，纵向控制的功能不足，造成制动延迟
	4-5	在不良道路条件下，纵向控制的功能失效，造成制动失效
	4-6	在不良道路条件下，纵向控制的功能不足，造成制动延迟或不足
	4-7	在需要紧急制动时，纵向控制不合理，造成制动过大
		…
交互功能不足	5-1	在有交通参与者阻碍道路的情况下，车辆的交互提醒功能不足
		…

以上列出的功能失效与功能不足的原因，本质上是综合考虑了系统本身的功能、性能问题以及相应的常见外部触发条件。接下来，针对 AVP 系统本身的动态任务执行环境以及环境下可能存在的合理触发条件，进行典型场景的选取。

5.3.2 典型场景选取

根据搭载 AVP 功能的智能网联汽车在停车场中的运行情景，结合合理的触发条件，获得以下面向 AVP 系统的预期功能安全典型场景，见表 5-13。

表 5-13 泊车入位任务中的失效原因分析

各系统场景	编号	关键场景
感知关键场景	PS-1	车辆在 AVP 停车场行驶，行驶路径上有行人出现
	PS-2	车辆在 AVP 停车场行驶，行车盲区内有行人出现
	PS-3	车辆在 AVP 停车场行驶，行驶路径上有车辆出现
	PS-4	车辆在 AVP 停车场行驶，行车盲区内有车辆驶出
	PS-5	车辆在 AVP 停车场行驶，行驶路径上有障碍物出现
	PS-6	车辆在 AVP 停车场行驶，行车盲区内有障碍物存在
	PS-7	车辆在 AVP 停车场行驶，行驶路径上有基础设施出现
	PS-8	车辆在 AVP 停车场行驶，行车盲区内有基础设施存在
	PS-9	车辆在 AVP 停车场行驶，行驶路径上有动态基础设施出现在行车轨迹内
	PS-10	车辆在 AVP 停车场行驶，行驶前方出现禁止驶入标志
	PS-11	车辆在 AVP 停车场行驶，后方有跟车车辆
定位关键场景	LS-1	车辆在高大建筑物或障碍物遮挡时行驶，进入停车场
	LS-2	车辆在室内或封闭空间的 AVP 停车场内行驶
	LS-3	车辆在缺失高精度地图的情况下 AVP 停车场内行驶
	LS-4	车辆在 AVP 停车场内行驶，前方目标快速移动
	LS-5	车辆在 AVP 停车场内行驶，前方目标反射率较低

(续)

各系统场景	编号	关键场景
决策关键场景	DS-1	车辆在 AVP 停车场内行驶，前方交通情况复杂
	DS-2	车辆在 AVP 停车场内行驶，前方车辆突然切入
	DS-3	车辆在 AVP 停车场内行驶，前方车辆突然切出
	DS-4	车辆在 AVP 停车场内行驶，行人突然跑上道路
控制关键场景	CS-1	车辆在 AVP 停车场内行驶，下坡，前方有障碍物
	CS-2	车辆在 AVP 停车场内行驶，上坡，前方有障碍物
	CS-3	车辆在 AVP 停车场内行驶，路面湿滑，前方有障碍物
	CS-4	车辆在 AVP 停车场内弯道行驶，弯道曲率过大，前方有障碍物
	CS-5	车辆在 AVP 停车场内弯道行驶，弯道曲率过小，前方有障碍物
交互关键场景	RS-1	车辆在 AVP 停车场内行驶，行人滞留前方
	RS-2	车辆在 AVP 停车场内行驶，车辆阻碍通行
	RS-3	车辆在 AVP 停车场内行驶，场端拒绝准入

5.3.3 数据采集

通过实际停车场数据采集，收集典型的危险 AVP 场景对后续进行 AVP 系统面向预期功能安全的全面测试评价来说也是必要的。按照系统分工，初步设计了见表 5-14 需要数据采集的元素。

表 5-14 场景关键参数采集方案

系统	场景元素	元素参数	参考范围与格式	采集方法
感知系统	行人	身高	Xcm	来自设计人员经验
		体型	偏瘦、适中、偏胖	来自设计人员经验
		速度	0~20km/h	来自于智能传感器
		位置	(x, y, z)	来自于智能传感器
		朝向		来自于智能传感器
		姿态		来自于智能传感器
	车辆	车型		来自设计人员经验+智能传感器
		速度		来自于车端智能传感器
		位置		来自于车端智能传感器
		朝向		来自于车端智能传感器
	障碍物	类型		来自设计人员经验+智能传感器
		尺寸		参考设计标准/指标
		速度		来自于智能传感器
		位置		来自于智能传感器
		朝向		来自于智能传感器

(续)

系统	场景元素	元素参数	参考范围与格式	采集方法
感知系统	基础设施	类型		参考设计标准/指标，或者测绘获得
		尺寸		参考设计标准/指标，或者测绘获得
		速度		来自于智能传感器
		位置		来自于智能传感器
		朝向		来自于智能传感器
	交通标志	类型		参考设计标准/指标
		尺寸		参考设计标准/指标
		位置		来自于智能传感器
		朝向		来自于智能传感器
	光照	光源		来自设计人员经验+智能传感器
		强度	0～10000lx	来自于光照强度测量仪等设备
		角度		来自于光束分析仪等设备
		逆光	是/否	来自于光束分析仪等设备
	能见度	水平能见度	优：≥10,000m，良：(2,10) km，一般：(1000,2000) m，较差：(500,1000)，差：(50,100) m，极差：＜50m	来自于能见度仪等设备
	遮挡	遮挡位置		来自于车端智能传感器
		遮挡物体		来自于车端智能传感器
		遮挡范围		来自于车端智能传感器
定位系统	绝对定位	误差		来自设备测量值和真值的比较
		丢包率		来自有效数据包数量与总数据包的比较
		延迟		来自设备测量值和真值的比较
	相对定位	误差		来自设备测量值和真值的比较
		丢包率		来自有效数据包数量与总数据包的比较
		延迟		来自设备测量值和真值的比较
		目标类型		来自于车端智能传感器
		目标位置		来自于车端智能传感器
		目标速度		来自于车端智能传感器

(续)

系统	场景元素	元素参数	参考范围与格式	采集方法
决策系统	行人	行为		来自于智能传感器
		位置		来自于智能传感器
		速度		来自于智能传感器
		轨迹		来自于智能传感器
		手势		来自于智能传感器
	车辆	行为	跟车、变道、切入、失控	来自于车端的智能传感器
		位置		来自于车端的智能传感器
		速度		来自于车端的智能传感器
		轨迹		来自于车端决策控制器
		意图		来自于车端决策控制器
控制系统	道路	道路附着系数		来自道路附着系数测定仪等设备
		道路坡度		参考设计标准/指标,或者测绘获得
		道路积水/积雪		来自人工测量
		弯道曲率		参考设计标准/指标,或者测绘获得
	环境	风速	0~5级:<10.7m/s; 6级强风:10.8~13.8m/s; 7级劲风:13.9~17.1m/s; 8级风:17.2~20.7m/s	来自风速风向监测仪等设备
		风向	顺风、逆风、侧风	来自风速风向监测仪等设备
交互系统	通信	延迟		来自设备发送时间与接收时间的比较
		丢包率		来自发送数据包内容与接收数据包内容的比较
		电磁干扰		可采用电磁模拟设备模拟
		故障		来自车载传感器

5.3.4 量化评价体系

AVP系统目前尚未形成面向预期功能安全的量化评价体系,目前对测试的评价主要围绕功能实现以及保障安全两方面展开。

从功能上,对于不同的具备AVP功能的智能网联汽车,需要完成的动态驾驶任务的复杂度不同，也会面临不同复杂度的场景。因此，在 AVP 车辆的测试评价阶段，一方面要针对该车辆的不同动态任务进行评分权重分配，如泊车入位功能的评分占比要大于远程下载停车场地图的任务。另一方面，在评价时，也需要按照场景的复杂程度、困难程度将场景分类，对于不同级别的功能分别进行评价。对系统复杂程度分级的依据包括：

1）自然环境情况：如光线情况、天气情况、能见度情况等。
2）道路环境情况：如标志标线情况、车位种类、路面颜色、附着度等。
3）交通参与者情况：如参与者种类、参与者形态、参与者速度轨迹等。

从安全层面的评价主要依托于安全指标，在 AVP 功能测试评价中常用的用于评价安全的指标有：

1）横向安全距离。
2）纵向安全距离。
3）TTC。
4）最大制动加速度。
5）是否采取伤害减缓措施。

在进行不同类型的具体测试时，可以基于实际情况进行指标选取。

5.3.5 测试规程

1. 测试要求

本系列测试旨在验证具备 AVP 功能的智能网联汽车在执行自主代客泊车任务时的预期功能安全。依据分析导出的测试用例，通过仿真测试、场地测试两种测试手段，验证在特定危险场景下，AVP 车辆的功能与预期功能安全性。

其中，测试应满足以下要求：

1）测试算法车辆应具备 5.3.1 节中定义的功能或相似功能。
2）测试算法或者车辆应具备感知、定位、决策、控制、交互等基本系统模块。
3）设计搭建的测试环境应满足 5.3.1 节中对于 AVP 车辆运行 ODD 的要求。
4）设计搭建的测试场景应能真实准确地反映 AVP 车辆执行自主代客泊车任务时的环境。
5）需具有记录评价体系研究中评价指标所需所有数据的功能。
6）应保证测试具有可重复性。
7）应保证测试结果具有可追溯性。

2. 测试场景

根据 5.3.2 节中提取的面向智能网联汽车 AVP 系统的预期功能安全基础测试场景，结合实际测试条件以及便利性，定义了测试规程中的测试场景，见表 5-15。

表 5-15　测试场景

系统	用例编号	测试用例名称	测试场地	测试时间	测试场景描述	测试方法
感知系统测试	1-1	光线不足下的行人感知	停车场光线不足直线路段	夜晚时间	在停车场内部光线不足路段，被测车辆以10km/h的速度直行，成年人尺寸的测试假人着黑色衣物以5km/h的速度从路旁冲出，行进至被测车辆前行轨迹上	重复10次
	1-2	光线快速变化下的行人感知	停车场路口内外光线变化较大路段	夜晚时间	在停车场路口内外光线变化较大的路段，被测车辆以10km/h的速度直行，成年人尺寸的测试假人着黑色衣物从阴影中以5km/h的速度冲出，行进至被测车辆前行轨迹上	重复10次
	1-3	雨水覆盖下摄像头的行人感知	停车场内部直线路段	夜晚时间	在停车场内部路段，被测车辆以10km/h的速度直行，对车辆的整体进行喷水模拟降雨，使摄像头被雨水覆盖，成年人尺寸的测试假人着黑色衣物以5km/h的速度从路旁冲出，行进至被测车辆前行轨迹上	重复10次
	1-4	对不同姿态的行人感知	停车场内部直线路段	夜晚时间	在停车场内部路段，被测车辆以10km/h的速度直行，成年人尺寸的测试假人着黑色衣物在被测车辆前行轨迹上，处于静止下蹲状态	重复10次
	1-5	感知盲区的行人感知	停车场内部直线路段	白天+夜晚	在停车场内部路段，被测车辆以10km/h的速度直行，1m高儿童尺寸的测试假人着黑色衣物以5km/h的速度从路旁冲出，行进至被测车辆前行轨迹上	重复10次
定位系统测试	2-1	信号干扰下的定位	停车场内部路段	白天或夜晚	在停车场内部路段，被测车辆以10km/h的速度行驶，通过信号屏蔽设备或干扰设备干扰车辆定位信号	重复10次
控制系统测试	3-1	下坡的制动控制	停车场内下坡路段	白天或夜晚	在停车场内下坡路段（坡度8%～15%），被测车辆以10km/h的速度下坡行驶，成年人尺寸的测试假人着黑色衣物以5km/h的速度从路旁横穿道路，行进至被测车辆下坡轨迹上	重复10次

(续)

系统	用例编号	测试用例名称	测试场地	测试时间	测试场景描述	测试方法
控制系统测试	3-2	上坡的制动控制	停车场内上坡路段	白天或夜晚	在停车场内上坡路段（坡度8%～15%），被测车辆以10km/h的速度上坡行驶，成年人尺寸的测试假人着黑色衣物以5km/h的速度从路旁横穿道路，行进至被测车辆上坡轨迹上	重复10次
	3-3	前轮转向阻力增加下的控制	两侧停满车的垂直空闲车位	白天或夜晚	在空闲车位旁，车辆以2km/h的速度倒车入位，在泊车入位路线中，在前轮行驶路线上，放置减速带或其他凸起物等物体	重复10次

3. 仿真测试

仿真测试是针对预期功能安全场景大规模快速测试的主要手段，主要优势为测试效率高、成本低，且可以对一些涉及碰撞风险的危险场景进行测试。

对于 AVP 功能的仿真测试，需要满足以下要求：仿真环境应支持创建复杂停车场环境。仿真平台应尽可能保证与真实物理世界一致，从感知、定位等环节保证保真度。仿真平台能完整输出评价所需的测试结果数据。

为实现完整的仿真验证，工作流程方法包括：

1）仿真停车场设计：根据前期分析得出的测试场景，设计 AVP 停车场结构，保证其结构合理，满足测试所需的全部场景要素（如合理分配平行车位与垂直车位）。

2）测试场景搭建：根据设计的结构进行仿真停车场搭建，根据特殊交通参与者与障碍物的需求，进行 3D 建模导入仿真软件。之后根据测试需求搭建特定的测试场景。

3）仿真环境配置：通过设计接口，将被测感知决策算法与测试平台联通，形成仿真闭环。为了提升仿真精确度，还可以在闭环中接入车辆动力学模型与传感器模型等模块。

4）撰写自动化仿真测试以及自动化评价的模块。

4. 场地测试

场地测试是在特定的满足 AVP 测试功能的停车场进行的面向整车的测试，其具有测试真实性高，测试结果直观等特点。场地测试应满足如下要求：其中停车场场地条件需满足 5.3.1 节运行设计域的要求；整车应具备完整的感知、定位、决策、控制、交互系统；能完整输出评价所需的测试结果数据。

场地测试的流程如下：

1）测试用例编写：根据前面分析的系统功能典型场景，设计面向安全的测试用例。

2）测试场地搭建：选取一个标准停车场作为测试场地，按照测试场景要求，对试验中需要用到的车辆、行人、障碍物等物体进行安装配置。

3）车辆配置：在 AVP 车辆端配置数据记录系统、碰撞检测系统等设备。

4）测试：在接驳区开启 AVP 功能，对每项测试用例重复 10 次，记录数据。

5）根据测试数据对测试结果进行评价。

本章对 AVP 系统功能定义与危害事件、典型场景、数据采集要求、评价指标以及测试规程进行了分析与设计，提出了一种面向 AVP 功能预期功能安全的研究流程与方法，给出了针对 AVP 风险的测试场景与评价指标。希望本研究内容对行业中针对 AVP 的开发、测试过程有所帮助。后续将在前期研究的基础上，结合实车 AVP 功能的测试，不断发现潜在风险、迭代分析方法、保障 AVP 功能的预期功能安全。

第 6 章
总结与展望

本书系统地阐述了智能网联汽车预期功能安全测试评价相关前沿技术。首先，细致梳理了智能网联汽车及其预期功能安全基本概念。其次，针对各国颁布的政策、法规、标准等进行了充分的调研与分析，并着重阐述了预期功能测试评价相关的技术现状。再次，详细介绍了中国特色预期功能安全场景库研究现状，包括预期功能安全场景库框架设计及建设思路，可为智能网联汽车的仿真测试、在环测试与场地测试奠定基础。此外，从算法级与部件级预期功能安全研究角度出发，探索实践了部件级解决方案，包括感知系统、感知算法、决策算法、定位系统、HMI 系统以及控制系统的性能局限和功能不足触发条件分析、测试评价体系建立等。最后，从整车级智能网联汽车预期功能安全研究角度出发，针对城市巡航、高速公路巡航、自主代客泊车等典型系统展开了系统的研究，包括功能定义与危害分析、典型场景选取、数据采集、量化评价以及测试方法等。本书的初步研究思路及成果可为中国预期功能安全测试评价技术发展厘清思路及工作方针的制定提供重要参考。我们需要清醒地意识到，智能网联汽车预期功能安全从整体上仍面临如下三大挑战。

首先，在设计阶段，如何规范正确使用系统过程理论分析方法进行车辆危害分析，如何准确定义预期功能安全风险量化方法，以及如何建立预期功能安全风险接受准则仍然是智能网联汽车设计阶段面临的重要难题。在设计阶段，尽管业界较为推崇利用系统过程理论分析方法进行车辆危害分析，但是系统过程理论分析方法在高级别智能网联车辆（L3+）安全分析方面的有效性仍有待证明。当前研究大部分聚焦于研究智能网联车辆的某一个功能模块或系统，整车级安全分析的实践仍有待补充。同时，如何对潜在危险场景进行预期功能安全风险量化是设计阶段面临的另一难题。在 ISO 26262 文件中，将风险量化表征为暴露度、可控性与严重性的函数，从而确定车辆的安全等级（Automotive Safety Integration Level，ASIL）。然而，目前对于预期功能安全风险，业界仍缺乏通用方法对其进行量化，特别是与人工智能算法性能局限相关的风险。此外，目前的智能网联汽车安全评价主要依赖于里程测试，但业界对需要开展的道路验证总里程缺少统一定义方法，且测试道路和场景的选取缺乏理论支撑。因此,为评估智能网联汽车是否达到合理可接受的安全风险水平,业界急需建立统一的安全接受准则。

其次,在验证与确认阶段,面向预期功能安全的场景库建设技术、高精度测试技术以及安全认证准则是业界目前面临的重要挑战。智能网联汽车存在软件更新周期短、设计复杂等特点,目前的里程测试技术存在着测试周期长、成本高等一系列不足,其难以满足智能网联汽车测试要求。基于场景的测试验证被认为是解决智能网联汽车测试难题的重要途径。因此,建立面向预期功能安全的场景库十分必要。场景构建的主要标准是多样性、合理性和关键性。具体来说,必须在有限的场景中开发或挑选更有价值的案例来测试;需要遵循现实世界的原则以满足合理性;应在有限的场景中产生或选择更有价值的实例来评估。同时,保真度是测试技术的另一个关键因素。一般地,测试工具链包括传感器模型、车辆模型、虚拟世界模型和自主驾驶模型,这些模型的建模精度十分关键。例如,感知系统面临着严峻的预期功能安全挑战,传感器模型的精度将对其测试可信度产生巨大影响。此外,智能网联汽车安全认证的缺乏仍是其商业化的重要阻碍。安全认证面临着以下四个方面的难题:不可避免的碰撞场景的确定、责任的界定、合理场景覆盖的验证成本、自动驾驶软件更新后进行重新验证的额外成本。

最后,在运行阶段,车载人工智能算法的在线监测、运行设计域的在线监测以及车辆合规性在线监测是智能网联汽车在运行阶段面临的关键科学难题。在复杂的交通环境下,动态的运行工况(如天气、路况)、交通参与者的随机行为以及算法局限性将引发预期功能安全风险。预期功能安全风险不仅体现在智能网联汽车与交通参与者的碰撞风险上,也反映在算法性能不足的风险上。因此,需要对车载算法,特别是人工智能算法的健康状态进行评估。但是,目前业界缺乏通用的人工智能算法在线监测方法,且现有方法大都为白盒监测,即需要对原有人工智能算法进行一定修改,这不易于被业界广泛采纳,在将来应开发通用、高效的黑盒监测方法。同时,将智能网联汽车运行范围限制在车辆运行设计域内是保障车辆安全的重要方面。当车辆处在某一个不适合自动驾驶的运行环境中时,车辆应发出相应提示信号并采取相应措施保障车辆行驶安全。另外,智能网联车辆应遵守运行区域所施行的交通法律法规,这也可降低交通环境的不确定性。如何数字化交通法规,将其准确转化为面向机器的数字语言仍是亟待解决的难题。

附　录

附录A　预期功能安全相关专利汇总

序号	国家	专利名称	申请日	申请人	申请号
1	美国	Method and system for multiple sensor correlation diagnostic and sensor fusion/DNN monitor for autonomous driving application	2017.08.08	NIO USA INC;	US 201715671521A
2	美国	Fail-operational architecture with functional safety monitore for automated driving system	2019.1.18	Baidu USA LLC	US20200231142A1
3	美国	Method to dynamically determine vehicle effective sensor coverage for autonomous driving application	2019.1.18	Baidu USA LLC	US20200233418A1
4	美国	Method to define safe drivable area for automated driving system	2019.1.19	Baidu USA LLC	US20200233420A1
5	美国	Deeply integrated fusion architecture for automated driving systems	2017.7.24	GM Global Technology Operations LLC	US20190026597A1
6	美国	Probabilistic inference using weighted-integrals-and-sums-by-hashing for object tracking	2015.10.19	Ford Global Technologies LLC	US20170109644A1
7	美国	Feedback-based control model generation for an autonomous vehicle	2017.2.15	Ford Global Technologies LLC	US20180229723A1
8	美国	Evaluating risk factors of proposed vehicle maneuvers using external and internal data	2018.9.24	Intel Corp	US20190047559A1
9	美国	Seat system for autonomous vehicles	2015.10.7	Volvo Car Corp	US20170101032A1
10	中国	一种基于历史数据的轨迹规划的SOTIF的实现方法	2019.11.25	吉林大学	CN201911162457.1
11	中国	一种用于车辆在环测试的传感器测试环境舱及测试方法	2019.11.08	同济大学	CN201911089013.X
12	中国	基于硬件在环的自动驾驶智能汽车电磁兼容性测试平台	2019.12.18	长春汽车检测中心有限责任公司；宝马（中国）服务有限公司	CN201911324234.0
13	中国	基于零日漏洞的自动驾驶预期功能安全危害评估方法	2019.11.14	华东师范大学；上海工业控制安全创新科技有限公司	CN201911111961.9

(续)

序号	国家	专利名称	申请日	申请人	申请号
14	中国	一种用于自动驾驶汽车预期功能安全的验证方法及系统	2019.01.09	同济大学	CN201910021029.0
15	中国	一种基于预期功能安全的自适应巡航开发与测试方法	2019.12.20	吉林大学	CN201911321150.1
16	中国	自动驾驶算法预期功能安全的验证方法、平台及存储介质	2019.08.12	安徽江淮汽车集团股份有限公司	CN201910742725.0
17	中国	基于V2I的智能驾驶汽车传感器盲区安全控制方法及系统	2019.07.30	同济大学	CN201910692453.8
18	中国	车辆盲区信息的采集方法及装置	2018.12.05	汉能移动能源控股集团有限公司	CN201811484100.0
19	中国	一种能够防误操作的自动泊车装置和方法	2018.05.14	吉利汽车研究院（宁波）有限公司；浙江吉利控股集团有限公司	CN201810457759.0
20	中国	夜间车辆检测方法、装置及系统	2020.03.19	南京兆岳智能科技有限公司	CN202010193642.3
21	中国	一种便于智能车辆驾驶的图像去雨方法	2019.08.26	电子科技大学	CN201910791277.3
22	中国	雨雾场景下的车辆感知系统及方法	2019.08.06	阿尔法巴人工智能（深圳）有限公司	CN201910719990.7
23	中国	基于感知缺陷的自动驾驶测试场景的评价方法	2019.03.27	清华大学苏州汽车研究院（吴江）	CN201910236167.0
24	中国	一种用于自动驾驶汽车边缘测试的测试方法	2019.05.28	同济大学	CN201910453465.5
25	中国	自动驾驶车辆通过信号干扰区的能力的测试方法及测试场	2016.11.25	特路（北京）科技有限公司	CN201611056475.8
26	中国	一种自动驾驶测试场景的构建方法及其难度系数计算方法	2019.07.02	吉林大学	CN201910589116.6
27	中国	一种基于室内交通场景模拟传感器建模和验证装置及方法	2019.10.28	苏州智行众维智能科技有限公司	CN201911027717.4
28	中国	一种针对失效样本的自动驾驶视觉感知测试方法和装置	2019.10.09	武汉光庭信息技术股份有限公司	CN201910955518.3
29	中国	一种无人车无信号灯环岛通行能力测试系统及测试方法	2020.01.22	长安大学	CN202010075003.7
30	中国	用于自动驾驶车辆逆光测试场及测试方法	2020.04.21	特路（北京）科技有限公司	CN202010319344.4

(续)

序号	国家	专利名称	申请日	申请人	申请号
31	中国	一种用于智能网联汽车的电磁抗扰性能测试系统及方法	2019.12.12	中国汽车工程研究院股份有限公司；重庆凯瑞质量检测认证中心有限责任公司	CN201911276936.6
32	中国	坡道驾驶性能测试方法、装置及存储介质	2018.12.26	北京百度网讯科技有限公司	CN201811600249.0
33	中国	故障注入测试方法、装置、系统及存储介质	2020.03.31	北京百度网讯科技有限公司	CN202010242677.1
34	中国	一种基于域迁移的非结构化道路检测方法	2019.04.25	吉林大学	CN201910341103.7
35	中国	一种基于深度预测编码网络的夜视图像的场景预测方法	2018.04.10	东华大学	CN201810316986.1
36	中国	一种感知天气状况的方法及系统	2019.09.27	驭势科技（北京）有限公司	CN201910927454.6
37	中国	自动驾驶车辆雨天行驶安全保障系统及方法	2019.12.30	广州赛特智能科技有限公司	CN201911396433.2
38	中国	汽车外置感知传感器清洗装置及汽车	2019.09.02	北京新能源汽车技术创新中心有限公司	CN201921446143.X
39	中国	自动驾驶车辆通过视觉干扰区的能力的测试方法及测试场	2016.11.25	特路（北京）科技有限公司	CN201611056477.7
40	中国	一种车辆的盲区目标追踪方法	2019.08.13	浙江吉利汽车研究院有限公司；浙江吉利控股集团有限公司	CN201910744498.5
41	中国	一种基于熵权法的传感器共享最优节点选择方法	2019.12.16	桂林电子科技大学	CN201911291694.8
42	中国	基于车载盲区视觉场景分析控制转向转矩的车道辅助方法	2019.08.29	浙江零跑科技有限公司	CN201910811032.2
43	中国	汽车路面标识盲区自动驾驶系统	2019.03.18	重庆睿驰智能科技有限公司	CN201910202558.0
44	中国	车载传感器的位姿调整方法、装置、设备和介质	2019.10.31	北京百度网讯科技有限公司	CN201911051040.8
45	中国	一种自动驾驶汽车环境感知的预测方法、装置及系统	2020.02.26	公安部交通管理科学研究所	CN202010120372.3
46	中国	一种商用车盲区障碍物检测方法及装置	2020.03.16	东软睿驰汽车技术（沈阳）有限公司	CN202010181598.4
47	中国	一种弯道视野盲区消除系统及其方法	2020.01.20	创驱（上海）新能源科技有限公司	CN202010065062.6

(续)

序号	国家	专利名称	申请日	申请人	申请号
48	中国	基于单目识别的视野盲区避障方法及装置	2020.05.28	东软睿驰汽车技术（沈阳）有限公司	CN202010472961.8
49	中国	视觉盲区检测方法及装置	2019.08.16	北京百度网讯科技有限公司	CN201910758493.8
50	中国	一种盲区自动驾驶控制方法及系统	2019.08.21	浙江吉利汽车研究院有限公司；浙江吉利控股集团有限公司	CN201910773866.9
51	中国	车辆的控制方法	2020.01.03	北京汽车集团有限公司；北京汽车研究总院有限公司	CN202010008269.X
52	中国	基于驾驶人状态监测系统的车辆智能避险控制方法	2019.05.23	河南德力新能源汽车有限公司	CN201910433733.7
53	中国	车道保持控制系统及车道保持控制方法、车辆	2019.08.07	浙江吉利汽车研究院有限公司；浙江吉利控股集团有限公司	CN201910726416.4
54	中国	一种无踏板自动驾驶车辆起步方法及装置	2019.06.18	吉林大学青岛汽车研究院	CN201910523928.0
55	中国	用于辅助驾驶人预防性驾驶的方法和系统	2019.06.03	沃尔沃汽车公司	CN201910477089.3
56	中国	一种基于亮度递减验证的夜间车辆尾灯提取方法	2015.04.13	杭州电子科技大学	CN201510171979.3
57	中国	一种夜间无人车障碍物检测系统与方法	2020.03.12	武汉理工大学	CN202010169003.3
58	中国	一种自动驾驶汽车用夜视辨识装置	2017.11.17	南京视莱尔汽车电子有限公司	CN201721550308.9
59	中国	自动驾驶天气环境认知的方法、系统、计算机可读存储介质及车辆	2019.10.23	重庆长安汽车股份有限公司	CN201911009632.3
60	中国	集成的摄像机、环境光检测及雨传感器组件	2016.08.31	德尔福技术有限公司	CN201610786992.4
61	中国	激光雷达保护罩及激光雷达	2019.10.29	北京百度网讯科技有限公司	CN201911040346.3
62	中国	一种自动驾驶预期功能安全触发条件评估方法及系统	2021.6.29	东风汽车集团股份有限公司	CN202110729136.6
63	中国	面向协同自适应巡航控制预期功能安全的容错控制方法	2021.5.7	清华大学	CN202110496863.2
64	中国	基于预期功能安全的协同式自适应巡航控制容错设计系统	2021.5.7	清华大学	CN202110496873.6

(续)

序号	国家	专利名称	申请日	申请人	申请号
65	中国	一种功能安全和预期功能安全融合分析方法	2021.3.31	中汽研（天津）汽车工程研究院有限公司；中国汽车技术研究中心有限公司	CN202110352345.3
66	中国	一种用于自动驾驶车辆误/漏识别的预期功能安全测试评价方法	2020.12.29	清华大学苏州汽车研究院（相城）	CN202011591285.2
67	中国	一种用于自动驾驶车辆误操作的预期功能安全风险评估方法	2020.12.29	清华大学苏州汽车研究院（相城）	CN202011591298.X
68	中国	一种用于自动驾驶车辆误操作的预期功能安全测试评价方法	2020.12.29	清华大学苏州汽车研究院（相城）	CN202011593684.2
69	中国	一种用于自动驾驶车辆误/漏识别的预期功能安全风险评估方法	2020.12.29	清华大学苏州汽车研究院（相城）	CN202011591287.1
70	中国	一种用于自动驾驶车辆误操作的预期功能安全分析方法	2020.12.16	清华大学苏州汽车研究院（相城）	CN202011486904.1
71	中国	一种用于自动驾驶车辆误/漏识别的预期功能安全分析方法	2020.12.16	清华大学苏州汽车研究院（相城）	CN202011486913.0
72	中国	触发事件的建模方法、装置、设备及存储介质	2020.12.4	安徽江淮汽车集团股份有限公司	CN202011421279.2
73	中国	车辆预期功能危害评估方法、设备、存储介质及装置	2020.12.7	安徽江淮汽车集团股份有限公司	CN202011426069.2
74	中国	一种自动驾驶车辆速度控制多目标优化的跟驰算法	2018.12.26	同济大学	CN201811600366.7
75	中国	一种安全辅助驾驶系统及控制方法	2018.07.06	联合汽车电子有限公司	CN201810739118.4
76	中国	一种自动驾驶车辆底部智能照明光源	2018.07.25	一汽解放汽车有限公司	CN201821180725.3
77	中国	一种基于监测驾驶人误操作的自动驾驶控制系统及方法	2021.2.22	清华大学苏州汽车研究院（相城）	CN202110195711.9
78	中国	一种紧急避险下智能驾驶系统的人机共驾控制方法	2021.2.23	长安大学	CN202110201404.7
79	中国	用于处理图像的方法、装置、设备及存储介质	2020.10.13	北京百度网讯科技有限公司	CN202010598669.0
80	中国	一种高级驾驶辅助测试前向摄像头雨雾模拟系统及方法	2021.4.2	东风汽车集团有限公司	CN202011327865.0
81	中国	一种自动驾驶车辆的气象条件预测方法、装置、汽车及控制器	2021.5.28	重庆长安汽车股份有限公司	CN202110329472.1

(续)

序号	国家	专利名称	申请日	申请人	申请号
82	中国	自动驾驶车辆的横向决策系统及横向决策确定方法	2021.9.7	毫末智行科技有限公司	CN201811642027.5
83	中国	自动驾驶换道跟驰决策方法及系统、自动驾驶车辆	2021.9.10	清华大学	CN202110844228.9
84	中国	基于两侧补盲激光雷达识别车身盲区的传感器布置系统	2020.11.5	沃行科技（南京）有限公司	CN202022535912.2
85	中国	基于智能交通十字路口的自动驾驶盲区预警系统及方法	2021.7.14	云度新能源汽车有限公司	CN202110793014.3
86	中国	基于无人机的车辆智能驾驶系统、方法及存储介质	2021.6.2	东风汽车集团股份有限公司	CN202110615111.3
87	中国	一种车辆盲区识别方法、自动驾驶辅助系统以及包括该系统的智能驾驶车辆	2020.4.2	华为技术有限公司	CN202080004420.0
88	中国	车辆盲区监测功能的测试方法、装置及车辆	2021.6.4	雄狮汽车科技（南京）有限公司；芜湖雄狮汽车科技有限公司；奇瑞汽车股份有限公司	CN202110623018.7
89	中国	一种盲区图像获取方法及相关终端装置	2021.3.29	华为技术有限公司	CN202180001469.5
90	中国	一种盲区监测方法、装置、电子设备及存储介质	2021.4.28	上海商汤临港智能科技有限公司	CN202110467776.4
91	中国	视野盲区预警方法、装置、设备及存储介质	2021.4.28	安徽江淮汽车集团股份有限公司	CN202110470860.1
92	中国	雷达盲区监测方法、装置、电子设备和存储介质	2020.12.8	深兰科技（上海）有限公司	CN202011444959.6
93	中国	一种消除车侧盲区的毫米波雷达系统及车辆	2020.9.2	中国第一汽车股份有限公司	CN202021890628.0
94	中国	感知避让系统的测试系统及测试方法	2021.6.2	中国电子产品可靠性与环境试验研究所（（工业和信息化部电子第五研究所）（中国赛宝实验室））	CN202110615233.2
95	中国	一种自动驾驶测试方法、装置及电子设备	2021.7.2	阿波罗智联（北京）科技有限公司	CN202110749482.0
96	中国	一种基于去场景要素特征的自动驾驶仿真测试方法	2021.6.24	吉林大学	CN202110703885.1
97	中国	一种自动驾驶系统测试分析方法	2021.4.6	北京理工大学	CN202110366091.0

(续)

序号	国家	专利名称	申请日	申请人	申请号
98	中国	一种基于VTS的VIL测试平台	2021.7.12	沈阳东信创智科技有限公司	CN202110786302.6
99	中国	一种车辆测试方法、装置、测试设备、系统及存储介质	2021.6.24	中国第一汽车股份有限公司	CN202110702561.6
100	中国	一种基于场景搜索的自动驾驶黑盒测试系统	2021.4.15	南京大学	CN202110405149.8
101	中国	一种自动驾驶全栈算法闭环仿真测试系统及方法	2020.12.14	上海宏景智驾信息科技有限公司	CN202011463365.X
102	中国	一种自动驾驶场景的生成方法、装置及系统	2021.4.19	华为技术有限公司	CN202180000816.2
103	中国	L3级自动驾驶的横向感知安全驾驶控制方法、系统及车辆	2020.9.30	重庆长安汽车股份有限公司	CN202011054172.9
104	中国	自主机器应用中使用RADAR传感器检测障碍物的深度神经网络	2020.11.18	辉达公司	CN202011294650.3
105	中国	一种智能驾驶汽车感知系统故障处理方法	2019.9.12	中车时代电动汽车股份有限公司	CN201910864189.1
106	中国	自动驾驶、主动安全车辆中的感知系统的错误隔离	2020.8.14	通用汽车环球科技运作有限责任公司	CN202010816545.5
107	中国	自动驾驶的视觉检测方法、装置、电子设备和存储介质	2019.7.30	北京百度网讯科技有限公司	CN201910696449.9
108	中国	自动驾驶汽车视觉感知系统漏洞检测的对抗样本生成方法	2020.5.12	吉林大学	CN202010399428.3
109	中国	一种基于错误注入器的自动驾驶性能局限测试系统及方法	2020.7.21	同济大学	CN202010706639.7
110	中国	一种自动驾驶车辆逆光测试场	2020.4.21	特路（北京）科技有限公司	CN202020604749.8
111	中国	自动驾驶极限性能的测试方法、装置、设备及存储介质	2020.9.21	东风柳州汽车有限公司	CN202010998096.0
112	中国	一种在自动驾驶系统中进行雨刷控制的方法和装置	2017.09.05	百度在线网络技术（北京）有限公司	CN201710792882/3
113	中国	一种带安全保护功能的智能驾驶系统	2016.03.02	上海航盛实业有限公司	CN201610119201/2
114	中国	一种基于高精度地图的汽车大灯转向随动控制系统及方法	2018.12.21	东风汽车集团有限公司	CN201811572970/3
115	中国	车辆驾驶系统及方法	2017.06.14	深圳市车米云图科技有限公司	CN201710454280/7

(续)

序号	国家	专利名称	申请日	申请人	申请号
116	中国	一种自动驾驶测试系统和方法	2021.07.26	中汽创智科技有限公司	CN202110844003.3
117	中国	一种车辆安全处理方法、装置、设备及存储介质	2021.07.26	中汽创智科技有限公司	CN202110845446.4
118	中国	基于场景语义驱动的车载预期功能安全危害分析评估方法	2021.06.30	华东师范大学；上海工业控制安全创新科技有限公司；中汽创智科技有限公司	CN202110737286.1
119	中国	面向协同自适应巡航控制预期功能安全的容错方法及装置	2021.07.13	清华大学	CN202110791124.6
120	中国	用于车辆预期功能安全仿真测试的平台、方法及存储介质	2021.04.09	清华大学；北京新能源汽车股份有限公司	CN202110385201.8
121	中国	具有预期功能的保障的行驶动态系统的测量数据分析评价	2020.01.22	罗伯特·博世有限公司	CN202080013098.8

附录 B 静态场景要素七层架构具体信息

表 B-1 道路结构信息表

第一层级	第二层级	第三层级	第四层级
道路结构	道路拓扑结构	主路	车道数量
			车道宽度
			车道方向
			道路曲率
			坡度
		次路	车道数量
			车道宽度
			车道方向
			道路曲率
			坡度
			分支侧
			和主路的夹角
			和主路起始点距离
			次路的类型
		辅路	车道数量
			车道宽度
			车道方向
			道路曲率
			坡度
			辅路位置
		右转专用道	车道数量
			车道宽度
			车道方向
			道路曲率
			坡度
			纵向起点
			是否设置安全岛
			安全岛长度
	道路路面状态	路面材质	
		路面覆盖物	
		路面损坏	损坏的类型
			形状
			位置
			尺寸
		路面反光	反光类型

（续）

第一层级	第二层级	第三层级	第四层级
道路结构	道路附属物	中央分隔带	起始位置
			结束位置
			是否有行人驻足区
		侧分带	起始位置
			结束位置
			是否有行人驻足区
		路肩	起始位置
			结束位置
			类型
			高度
			宽度
		路边屏障	起始位置
			结束位置
			类型
		减速带	起始位置
			结束位置
			数量
			间隔
		隧道	起始位置
			结束位置
			高度
			顶部结构
		横跨桥梁	起始位置
			结束位置
			类型
			高度
			宽度
			横跨车道
		路灯	起始位置
			结束位置
			重复距离
			照明亮度

表 B-2 交通基础设施信息表

第一层级	第二层级	第三层级	第四层级
交通基础设施	交通信号灯	机动车信号灯	位置
			高度
			是否模糊
			类型
			灯光状态
		车道方向指示灯	位置
			高度
			是否模糊
			灯光状态
		人行横道信号灯	位置
			高度
			是否模糊
			朝向
			灯光状态
		闪光警告灯	位置
			高度
			是否模糊
			朝向
			灯光状态
	交通标志	—	位置
			高度
			是否模糊
			类型
			朝向
	交通标线	车道线	位置
			是否模糊
			尺寸
			类型
		人行横道线	位置
			是否模糊
			尺寸
			形态
		导流线	位置
			是否模糊
			尺寸
			颜色
			弧度
		车位标线	位置
			是否模糊
			尺寸
			类型
			朝向

表 B–3 道路和设施临时改变信息表

第一层级	第二层级	第三层级	第四层级
道路和设施临时改变	道路条件变化	道路曲率变化	车道位置
			起始点
			结束点
			曲率值
		道路坡度变化	车道位置
			起始点
			结束点
			坡度值
		道路覆盖物变化	车道位置
			起始点
			结束点
			覆盖物类型
	车道变化	车道宽度变化	车道位置
			起始点
			结束点
			宽度改变的方向
			改变后的车道宽度
			过渡线的起始位置
			过渡线的结束位置
		车道数量变化	车道位置
			起始点
			结束点
			过渡线的起始位置
			过渡线的结束位置
			车道增减的车道数
		车道中心线偏移	车道位置
			起始点
			结束点
			中心线偏移的车道数
			过渡线的起始位置
			过渡线的结束位置

（续）

第一层级	第二层级	第三层级	第四层级[a]
道路和设施临时改变	车道占据	道路施工	车道位置
			起始点
			结束点
			占道物体
			施工人数
		物体占据车道	车道位置
			起始点
			结束点
			类型
			颜色
			数量
	气象条件变化	天气条件变化	起始点
			结束点
			类型
		能见度变化	起始点
			结束点
			类型
		湿度变化	起始点
			结束点
			类型
		风向变化	起始点
			结束点
			类型
		风速变化	起始点
			结束点
			类型
	光照条件变化	变化后的光照	起始点
			结束点
			类型
		光照变化的方向	方向
		反光照射	是否反光

表 B-4 交通参与者信息表

第一层级	第二层级	第三层级	第四层级
交通参与者	车辆信息	单个车辆信息	车辆类型
			是否自车
			是否算法控制
			长、宽、高
			颜色
			位置
			朝向
			车身标识
			车牌
		车流信息	车道位置
			起始位置
			结束位置
			交通流状况
	人物信息	行人个体信息	朝向
			衣着
			携带物
			姿态
		人群信息	人群位置
			人群数量
			人群密度
		交警信息	位置
			手势动作
	动物信息	—	位置
		—	类型
		—	颜色
		—	运动状态
	物体信息	—	位置
		—	类型
		—	大小
		—	颜色
		—	运动状态

表 B-5 气候环境信息表

第一层级	第二层级	第三层级	第四层级
气候环境	气象信息	—	天气状况
		—	温度
		—	湿度
		—	风速
		—	风向
		—	能见度
	光照信息	—	光源位置
		—	光源类型
		—	光照强弱
		—	光照方向
		—	是否有反射光
	建筑物信息	—	类型
		—	位置
	电磁干扰	—	干扰来源
		—	传播途径
		—	影响到的设备

表 B-6 通信状态层的信息表

第一层级	第二层级	第三层级	第四层级
通信状态	路侧单元	—	位置
		—	通信类型
		—	传感器类型
		—	工作参数
		—	是否损坏
	边缘计算单元	—	位置
		—	通信类型
		—	所计算的信息
		—	工作参数
		—	是否损坏
	定位单元	—	位置
		—	通信类型
		—	设备类型
		—	工作参数
		—	是否损坏
	信号衰减区域	—	位置
		—	衰减的情况

表 B-7　自车状态信息表

第一层级	第二层级	第三层级	第四层级
自车状态	传统车辆硬件设备状态	车门	是否开启
		刮水器	是否开启
		灯光	是否开启
		喇叭	是否开启
	智能网联汽车硬件状态	感知设备	类型
			安装的位置
			工作状态
		定位设备	类型
			安装的位置
			工作状态
		通信设备	类型
			安装的位置
			工作状态
		车载计算单元	类型
			安装的位置
			工作状态
	运动状态	垂直方向	平稳
			略微振动
			剧烈振动
		横向	平稳
			略微振动
			剧烈振动
		俯仰	平稳
			略微振动
			剧烈振动
		侧倾	平稳
			略微振动
			剧烈振动
	驾驶人和乘员状态	驾驶人状态	疲劳情况
			注意力情况
			位姿情况
			驾驶风格
			安全带使用
		乘员状态	数量
			是否使用安全带
			是否有侵犯驾驶

附录 C 预期功能安全共享场景库部分测试用例展示

场景图片	特征标签	场景描述
	道路结构：无信号控制十字路口 天气：晴朗 标签：行人轨迹复杂 运动：直行	无信号控制十字路口，过街行人直行的自车"人-车冲突"，行人数量多，轨迹复杂
	道路结构：直道 天气：晴朗 标签：行人过街"鬼探头" 运动：直行	行人过街"鬼探头"。自车直行，行人过街，且被对向车辆阻挡，造成自车的车辆盲区
	道路结构：无信号控制十字路口 天气：晴朗 标签："人-车冲突" 运动：直行	无信号控制十字路口，过街行人直行的自车"人-车冲突"
	道路结构：直道 天气：晴朗 标签：决策 运动：直行、左转	直道，直行车突然转弯，自车避让不及，造成碰撞
	道路结构：直道 天气：晴朗 标签：追尾 运动：直行	直道，密集交通流，自车追尾前方急停车辆，自车避让不及，造成了碰撞
	道路结构：直道 天气：晴朗 标签："人-车"冲突 运动：直行	直道，自车直行，行人突然过马路，自车避让不及，造成碰撞
	道路结构：信号控制十字路口 天气：晴朗 标签：行人闯红灯 运动：直行	自车进入信号控制交叉口，行人未注意到来车，闯红灯
	道路结构：信号控制十字路口 天气：晴天 标签：行人闯红灯 运动：左行	左侧人行道行人闯红灯进入交叉口，造成"人-车"冲突

（续）

场景图片	特征标签	场景描述
	道路结构：信号控制十字路口 天气：晴天 标签：他车违规 运动：直行	非机动车错用机动车道，逆行进入交叉口
	道路结构：无信号控制十字路口 天气：晴天 标签："人－车"冲突 运动：直行	无信号控制交叉口，左转车辆和直行的非机动车冲突
	道路结构：汇入口 天气：晴天 标签：匝道汇入 运动：汇出、直行	他车从匝道汇入，自车汇出匝道，两车有轨迹的冲突
	道路结构：汇出口 天气：晴天 标签：匝道汇出 运动：汇出、换道、直行	他车变道，出匝道，对自车有超车行为
	道路结构：汇入口 天气：晴天 标签：匝道汇入 运动：汇出、换道、直行	自车从匝道汇入，和主路直行车辆有冲突
	道路结构：直道 天气：晴朗 标签：交通参与者违规 运动：直行、停车	通向车道，他车违规侧方停车，造成"车－车"冲突
	道路结构：直道 天气：晴朗 标签：交通参与者违规 运动：直行	双向两车道，自车道前方车辆违停，对向来车，导致自车被逼停

附 录

（续）

场景图片	特征标签	场景描述
	道路结构：直道 天气：晴朗 标签：盲区摩托车汇入自车车道 运动：直行	平直道路，自车直线行驶，右侧车道存在两辆低速行驶车辆。此时一辆摩托车汇入自车车道，且被右侧车道车辆遮挡
	道路结构：直道 天气：晴朗 标签：前车违停，对向来车 运动：直行	平直道路，自车直行行驶，车道前方存在一辆违规停车车辆。此时，对向车道一辆目标车辆直行行驶
	道路结构：直道 天气：晴朗 标签：盲区车辆汇入 运动：直行、切入	平直道路，自车直行行驶于左侧车道，右侧车道存在多辆违停车辆，此时一辆违停目标车辆汇入自车车道，测试车辆在目标车辆视野盲区内
	道路结构：直道 天气：晴朗 标签：盲区 运动：直行、掉头	平直道路，自车直行行驶。对向车道一辆目标车辆直行行驶，另一辆目标车辆在视野盲区下掉头汇入自车行驶车道
	道路结构：直道 天气：晴朗 标签：盲区，他车违规 运动：直行	平直道路，自车直行行驶。对向车道一辆目标车辆直行行驶，一辆电动自行车在视野盲区下闯入测试车辆行驶车道
	道路结构：信号控制十字路口 天气：晴朗 标签："人–车"冲突 运动：左转	自车左转通过信号灯管控十字路口过程中，交通信号灯由绿变黄，前方对向车道出现电动自行车错用机动车道，超速闯入十字路口

（续）

场景图片	特征标签	场景描述
	道路结构：信号控制十字路口 天气：晴朗 标签："人－车"冲突 运动：直行	自车左转通过信号灯管控十字路口过程中，左侧目标垂直车道出现电动自行车错用机动车道超速逆行
	道路结构：信号控制十字路口 天气：晴天 标签：行人闯红灯 运动：左转	自车左转通过信号灯管控十字路口过程中，左侧人行道行人闯红灯跑入斑马线
	道路结构：无信号控制十字路口 天气：晴天 标签：他车违规 运动：左转	自车左转通过无信号灯管控十字路口过程中，前方对向车道目标车辆超速闯入十字路口
	道路结构：信号控制十字路口 天气：晴天 标签："人－车"冲突 运动：左转	自车左转通过信号灯管控十字路口过程中，此时，左侧垂直车道为红灯，有并排等待信号灯车辆。一行人在等待车辆后方，非斑马线区域斜穿路口，因等待车辆遮挡，并未注意左转测试车辆
	道路结构：环岛 天气：晴天 标签：环岛逆行 运动：环岛行驶	自车驶入环岛。环岛内存在一辆电动自行车，违反交通规则，逆行驶入环岛，并准备左转驶出环岛
	道路结构：环岛 天气：晴天 标签：驶出环岛 运动：右转、环岛行驶	自车驶入环岛。环岛内存在一辆目标车辆，存在警惕性不足行为，未注意到测试车辆运动轨迹，准备左转驶出环岛

（续）

场景图片	特征标签	场景描述
	道路结构：环岛 天气：晴天 标签：驶入环岛 运动：右转、环岛行驶	自车在环岛内行驶。前方环岛入口存在一辆目标车辆，存在违规行为，未遵守路权，减速礼让环岛内自车，直接驶入环岛
	道路结构：环岛 天气：晴朗 标签：交通参与者违规 运动：直行、停车	自车在环岛内行驶并试图在前方出口驶出。此时，环岛内右侧车道存在一辆目标车辆，在视野盲区影响下，未注意到测试车辆正常行驶
	道路结构：信号控制十字路口 天气：晴朗 标签：盲区 运动：直行、右转	自车右转通过信号灯管控十字路口过程中，左侧车道等绿灯的车辆遮挡左侧垂直车道超速直行通过十字路口的电动车
	道路结构：高速 天气：晴朗 标签：决策 运动：直行、拥堵	高速道路中，前方车辆拥堵，自车向右侧车道变道过程中，后方目标车辆对于自车运动轨迹存在误判，没有避让自车
	道路结构：信号控制十字路口 天气：雨天 标签：盲区 运动：直行	大雨天十字路口，自车直行通过信号灯管控十字路口过程中，路口因发生车祸有车辆停滞在路口中，遮挡左侧垂直车道直行通过十字路口的电动车
	道路结构：信号控制十字路口 天气：雨天 标签：感知 运动：直行、左转	雨天夜晚十字路口，自车直行通过信号灯管控十字路口过程中，对向车道目标车辆没有存在违规行为，未遵守路权，减速礼让自车，直接左转通过路口

（续）

场景图片	特征标签	场景描述
	道路结构：高速 天气：雨天 标签：感知、盲区 运动：直行、变道	高速道路中，自车道前方目标车大货车向右变道，自车道前方有慢速行驶的另外一辆目标车，自车无法及时制动
	道路结构：信号控制十字路口 天气：雨天 标签：感知、盲区 运动：直行	雨天十字路口，自车直行通过信号灯管控十字路口过程中，左侧相邻车道有车辆缓慢进入路口，左侧垂直车道直行通过十字路口的电动车在自车的视野盲区中
	道路结构：直道 天气：雨天 标签：感知、盲区 运动：直行	城市主干道中，自车左侧相邻车道交通堵塞，自车前行过程中，有电动车违章行驶，从左侧车间隔中驶入自车道
	道路结构：直行车道数量减少 天气：晴朗 标签：前方车辆切入 运动：直行	前方道路车道减少，右侧车道车辆切入
	道路结构：直道 天气：晴朗 标签：前方车辆物体掉落 运动：直行	左侧车道前方车辆物体掉落，掉落物体侵占自车车道
	道路结构：窄道，左右侧均有车辆停放 天气：晴朗 标签：电动车逆行 运动：直行	道路两侧均有车辆停放，形成单行车道，车辆前方电动车逆行
	道路结构：高架桥 天气：晴朗 标签：夜晚、倒车 运动：驻车	夜间，高架桥堵车路段，前方车辆倒车
	道路结构：高速道路 天气：晴朗 标签：施工 运动：直行	高速道路上，自车车道正前方道路施工，布置有交通锥

附 录

(续)

场景图片	特征标签	场景描述
	道路结构：直道 天气：晴朗 标签：自车违规掉头 运动：掉头	直道，自车从右侧第二车道掉头，左侧有电动车直行
	道路结构：信号控制十字路口 天气：晴朗 标签：自车违规 运动：直行	电动车遮挡视线，自车直行闯红灯与左转车辆发生"车-车"冲突
	道路结构：无信号控制十字路口 天气：晴朗 标签：视野盲区 运动：直行	视野盲区，自车直行与左转车辆发生"车-车"冲突
	道路结构：信号控制十字路口 天气：晴朗 标签：错误估计他车意图 运动：直行	错误估计他车意图，两条都可以实现右转的车道，外侧他车与内侧自车冲突
	道路结构：信号控制十字路口 天气：夜间 标签：他车有违规行为 运动：直行	夜间有信号控制的十字路口，他车直行闯红灯通过，与直行的自车发生"车-车"冲突
	道路结构：信号控制十字路口 天气：中雨 标签：他车有违规行为 运动：直行	雨天有信号控制的十字路口，电动车直行闯红灯通过，与直行的自车发生"车-车"冲突
	道路结构：信号控制十字路口 天气：中雨 标签：视野盲区 运动：直行	夜间有信号控制的十字路口，对向车远光灯左转，造成自车视野盲区，发生"车-车"冲突

附录 D 感知系统触发条件清单

表 D-1 感知过程触发条件清单

传感器类型	触发机制	触发条件	性能局限
激光雷达	反射率	低反射率材质（冰、玻璃）凸起	激光雷达分辨率过低，无法正确感知目标物
		黑色凸起	
		"黑体"表面结构凸起	
		低反射率材质（表面附有冰）指示牌、临时设施	
		黑色指示牌、临时设施	
		"黑体"表面结构临时设施	
		穿着黑天鹅绒衣服行人	
		突然出现的动物（黑色小猫等）	
		低反射率材质障碍物	
	反射面积	细长凸起	激光雷达分辨率过低，无法正确感知目标物
		侧面指示牌	
		下蹲儿童	
		细长障碍物	
	反射动态变化	快速移动机动车、非机动车	激光雷达采样频率过低，无法正确感知目标物
		突然出现障碍物	
	反射率（能量传播）	雨、雪、雾、烟	激光雷达受雨、雪、雾等影响
	透过率（能量传播）	雨、雪、雾、烟	激光雷达受雨、雪、雾等影响
	振动源	激光雷达处异常振动	激光雷达安装位置不正确，激光雷达处振动过大，无法正确感知目标物
	光源	远光灯直射激光雷达	激光雷达受强光直射干扰，无法正确感知目标物
	温度	高温、低温运行环境	激光雷达工作温度范围较小，异常条件下无法正确工作
	附着物	激光雷达污渍、雨、雪等	激光雷达表面遮挡，无法正确感知目标物

(续)

传感器类型	触发机制	触发条件	性能局限
毫米波雷达	反射率	低毫米波反射率材质凸起 蜂窝构造凸起 蜂窝材质临时设施 行人穿着金属制品服装 机动车驾驶人穿着金属制品服装 蜂窝构造障碍物	毫米波雷达分辨率太低，无法正确感知目标物
	反射面积	细长、特殊角度凸起 特殊角度障碍物	毫米波雷达分辨率太低，无法正确感知目标物
	振动源	毫米波雷达处异常振动	毫米波雷达处振动过大，无法正确感知目标物
	温度	高温、低温运行环境	毫米波雷达工作温度范围较小，异常条件下无法正确工作
	附着物	毫米波雷达污渍、雨、雪等	毫米波雷达表面遮挡，无法正确感知目标物
视觉传感器（摄像头）	反射动态变化	快速移动行人（滑板行人） 快速移动非机动车 快速移动机动车 快速出现障碍物、动物	摄像头曝光时间过长，无法正确感知目标物
	反射率 （能量传播）	雨、雪、雾、烟	摄像头受雨、雪、雾等影响
	透过率 （能量传播）	雨、雪、雾、烟	
	光源	机动车灯直射摄像头 驶出隧道 强光直射摄像头	摄像头受能见度影响，无法正确感知目标物
	振动源	摄像头处异常振动	摄像头安装位置不正确，摄像头处振动过大，无法正确感知目标物
	温度	高温、低温运行环境	摄像头工作温度范围较小，异常条件下无法正确工作
	附着物	摄像头表面污渍、雨、雪等	摄像头表面遮挡，无法正确感知目标物

表 D-2　认知过程触发条件清单

触发因素	触发条件	性能局限
变异程度	破损道路标记	认知算法泛化能力不足，无法正确认知目标物
	道路表面污渍	
	指示牌破损	
	指示牌表面污渍	
	下蹲行人、滑板行人、儿童	
	坐轮椅的行人	
	戴头盔驾驶非机动车	
	非正常喷漆机动车	
	拖车（机动车运输）	
	突然出现的动物	
	路边假人（人行立牌）	
观测程度	压线行驶机动车（车道线遮挡）	
	前方大车遮挡红绿灯	
	遮挡行人（打伞）	
	穿雨衣、打伞驾驶非机动车	
突出程度	白色机动车	
	白色衣服行人位于白色墙面前	
差异程度	地面微凸起	
	交叉口处红色气球	
	假人	
	人行立牌	
	站立宠物	

附录 E 感知系统触发条件与基础场景

此处，触发条件编码规则为 TY – Z，其中 Y 表示触发条件类别，1 代表传感器特征，2 代表环境条件，3 代表光照条件，4 代表目标物特征，5 代表目标物关系；Z 表示触发条件序号。

表 E – 1 面向视觉传感器的触发条件清单（共计 45 个）

序号	编码	触发条件	性能局限
1	T1 – 1	落叶、纸覆盖视觉传感器表面	低透射率材质漂浮物覆盖视觉传感器表面，光传输受遮挡，图像关键信息缺失或失真
2	T1 – 2	黑色袋子覆盖视觉传感器表面	低透光颜色漂浮物覆盖视觉传感器表面，光传输受遮挡，图像关键信息缺失或失真
3	T1 – 3	雨滴覆盖传感器表面	降水覆盖视觉传感器表面，光传输受遮挡、折射，信息失真或噪声
4	T1 – 4	雪覆盖传感器表面	降水覆盖视觉传感器表面，光传输受遮挡、折射，信息失真或噪声
5	T1 – 5	雾滴覆盖传感器表面	低透光颜色大气微粒覆盖视觉传感器表面，光传输受遮挡，图像关键信息缺失或失真
6	T1 – 6	尘埃覆盖在传感器表面	特殊粒径大气微粒覆盖视觉传感器表面，光传输受遮挡，图像关键信息缺失或失真
7	T1 – 7	传感器附近存在振动源（共振）	传感器处存在振动源，图像变形或模糊，信息缺失或失真
8	T1 – 8	高温环境	高温故障
9	T1 – 9	低温环境	低温故障
10	T2 – 1	降雨	降水浓度较大，亮度过低、色彩对比度下降、明暗对比度下降、色彩准确度下降、清晰度下降，导致信息失真或噪声
11	T2 – 2	降雪	降水浓度较大，亮度过低、色彩对比度下降、明暗对比度下降、色彩准确度下降、清晰度下降，导致信息失真或噪声
12	T2 – 3	雾	大气微粒成分异常，亮度过低、色彩对比度下降、明暗对比度下降、色彩准确度下降、清晰度下降，导致信息失真或噪声
13	T2 – 4	霾、沙尘	大气微粒浓度较大，亮度过低、色彩对比度下降、明暗对比度下降、色彩准确度下降、清晰度下降，导致信息失真或噪声
14	T3 – 1	夜晚、阴天等低光照环境	光照强度过低，亮度过低，导致信息失真或噪声
15	T3 – 2	强光照环境	光照强度过高，亮度过低，导致信息失真或噪声
16	T3 – 3	驶出隧道过程	车辆远光灯直射视觉传感器

(续)

序号	编码	触发条件	性能局限
17	T3-4	车辆远光灯驶过	光照强度超出动态范围，导致信息失真或噪声
18	T3-5	傍晚、早晨等昏黄条件	光照色温异常，导致信息失真或噪声
19	T3-6	城市喧闹区灯光变化	光照色温异常，导致信息失真或噪声
20	T3-7	太阳光直射（傍晚）	光照直射视觉传感器，图像关键信息缺失或失真
21	T4-1	道路标记破损	认知算法泛化能力不足，无法正确认知道路表面
22	T4-2	道路标记污渍	认知算法泛化能力不足，无法正确认知道路表面
23	T4-3	指示牌破损	认知算法泛化能力不足，无法正确认知交通设施
24	T4-4	指示牌污渍	认知算法泛化能力不足，无法正确认知交通设施
25	T4-5	施工区域锥桶距离较远	认知算法泛化能力不足，无法正确认知交通设施
26	T4-6	施工区域锥桶倾倒	认知算法泛化能力不足，无法正确认知交通设施
27	T4-7	快速移动行人、非机动车、机动车	认知算法泛化能力不足，无法正确认知目标物
28	T4-8	下蹲行人、滑板行人、儿童	认知算法泛化能力不足，无法正确认知目标物
29	T4-9	坐轮椅的行人	认知算法泛化能力不足，无法正确认知目标物
30	T4-10	佩戴头盔驾驶非机动车	认知算法泛化能力不足，无法正确认知目标物
31	T4-11	非正常喷漆机动车	认知算法泛化能力不足，无法正确认知目标物
32	T4-12	拖车	认知算法泛化能力不足，无法正确认知目标物
33	T4-13	突然出现的动物	认知算法泛化能力不足，无法正确认知障碍物
34	T4-14	路面仿真3D绘画	认知算法泛化能力不足，无法正确认知道路表面
35	T4-15	非标信号灯	认知算法泛化能力不足，无法正确认知交通设施
36	T4-16	类人障碍物（人偶）	认知算法泛化能力不足，无法正确认知障碍物
37	T4-17	人行立牌	认知算法泛化能力不足，无法正确认知障碍物
38	T4-18	站立动物	认知算法泛化能力不足，无法正确认知障碍物
39	T5-1	压线行驶机动车（车道线遮挡）	认知算法泛化能力不足，无法正确认知道路表面
40	T5-2	前方大车遮挡红绿灯	认知算法泛化能力不足，无法正确认知交通设施
41	T5-3	遮挡行人（打伞）	认知算法泛化能力不足，无法正确认知目标物
42	T5-4	穿雨衣、打伞驾驶非机动车	认知算法泛化能力不足，无法正确认知目标物
43	T5-5	部分遮挡的锥桶	认知算法泛化能力不足，无法正确认知障碍物
44	T5-6	白色车辆，浅色天空	认知算法泛化能力不足，无法正确认知目标物
45	T5-7	行人白色服装、白色背景车辆	认知算法泛化能力不足，无法正确认知目标物

此处，基础场景编码规则为 SX，其中 X 表示场景序号，补充场景 1 和补充场景 2 分别为 S34 和 S35。

表 E-2 标准及补充基础场景清单（共计 35 个）

序号	编码	场景名称	是否属于 Mono2.0 基础场景
1	S1	限速标志	否
2	S2	车道线	是
3	S3	停车让行标志标线	否
4	S4	路口机动车信号灯	是
5	S5	方向指示信号灯	是
6	S6	快速路车道信号灯	是
7	S7	隧道	否
8	S8	环形路口	否
9	S9	匝道	是
10	S10	收费站	否
11	S11	无信号灯路口直行车辆冲突通行	是
12	S12	无信号灯路口右转车辆冲突通行	否
13	S13	无信号灯路口左转车辆冲突通行	否
14	S14	常规障碍物	是
15	S15	静止车辆占用部分车道	否
16	S16	行人通过人行横道线	是
17	S17	行人沿道路行走	是
18	S18	自行车沿道路骑行	是
19	S19	摩托车沿道路行驶	否
20	S20	行人横穿道路行走	否
21	S21	自行车横穿道路	是
22	S22	自行车横穿道路	否
23	S23	前方车辆切出	是
24	S24	对向车辆借道行驶	否
25	S25	目标车辆停–走	是
26	S26	跟车行驶前方存在车辆静止	是
27	S27	前方车辆紧急制动	是
28	S28	定点停车	否
29	S29	公交车港湾式进站	否
30	S30	普通公交站台式进站	否
31	S31	动态驾驶任务干预	否
32	S32	风险减缓策略	否
33	S33	风险减缓策略补充试验场景	是
34	S34	路边障碍物	是
35	S35	障碍物横穿道路	是

表 E-3　筛选后基础场景清单（共计 16 个）

序号	编码	场景名称	场景示例	场景描述
1	S2	车道线		试验道路为长直道和弯道的组合道路，弯道长度应大于 100 m。根据自车车速选取相对应的最小弯道半径值之一，并设置相对应的限速标志牌
2	S4	路口机动车信号灯		试验道路为至少包含一条车道的长直道并在路段内设置机动车信号灯，该路段设置限速为 40 km/h
3	S5	方向指示信号灯		试验道路为至少包含双向两车道的十字交叉路口，交叉口道路转弯半径不小于 15 m，路口设置包括直行、左转、右转的方向指示信号灯，该路段限速为 40 km/h
4	S6	快速路车道信号灯		试验道路为至少包含双向两车道的道路，道路上方均设置快速路车道信号灯，相邻车道信号灯保持绿色通行状态
5	S9	匝道		试验道路为至少为两条包含两条车道的长直道并由一条不少于 100 m 的匝道相连接的道路，匝道入口处设置限速 40 km/h 的标志牌

（续）

序号	编码	场景名称	场景示例	场景描述
6	S11	无信号灯路口直行车辆冲突通行		试验道路为至少包含双向单车道的十字交叉路口。目标车辆从试验车辆右方横向直线驶入路口
7	S14	常规障碍物		试验道路为至少包含两条车道的长直道，中间车道线为白色虚线。在车道内依据道路养护作业的交通控制要求摆放锥形交通路标及交通标志等
8	S16	行人通过人行横道线		试验道路为包含两条车道的长直道，并在路段内设置人行横道线、人行横道预告标志线及人行横道标志等相关标志标线，该路段限速 40 km/h。左侧车道外侧存在行人，行人沿人行横道线横穿试验道路
9	S17	行人沿道路行走		试验道路为至少包含两条车道的长直道，中间车道线为白色虚线。行人以 5~6.5 km/h 的速度于距离本车道右侧车道线内侧 1~2.5 m 范围内沿道路行走
10	S18	自行车沿道路骑行		试验道路为至少包含两条车道的长直道且中间车道线为虚线。自行车以 10~20 km/h 速度于距离本车道右侧车道线内侧 1~2.5 m 范围内沿道路骑行
11	S21	自行车横穿道路		试验道路为至少包含两条车道的长直道，中间车道线为白色虚线，若 v_{max} 大于等于 60 km/h，则该路段限速 60 km/h，若 v_{max} 小于 60 km/h，则该路段限速 40 km/h。道路存在自行车横穿道路

(续)

序号	编码	场景名称	场景示例	场景描述
12	S25	目标车辆停–走		试验道路为至少包含两条车道的长直道，中间车道线为白色虚线；试验道路内存在以 v_{max} 的 75% 匀速行驶目标车辆
13	S26	跟车行驶前方存在车辆静止		试验道路为至少包含两条车道的长直道，中间车道线为白色虚线。相同车道内存在两辆目标车辆（VT1 和 VT2），其中 VT1 以预设速度驶向静止状态 VT2，两辆目标车辆的中心线偏差不超过 0.5m
14	S33	风险减缓策略补充试验场景		试验道路为至少包含一条车道的长直道，在各车道内均垂直于道路行驶方向均匀放置至少 3 个锥形交通路标（推荐尺寸：71cm × 40cm），该路段道路限速 60 km/h
15	S34	路边障碍物		试验道路为至少包含两条车道的长直道，在非自车道放置 1 个静态障碍物，该路段道路限速 60km/h
16	S35	障碍物横穿道路		试验道路为至少包含两条车道的长直道，中间车道线为白色虚线，若 v_{max} 大于等于 60km/h，该路段限速 60km/h；若 v_{max} 小于 60 km/h，该路段限速 40 km/h。道路存在障碍物横穿道路

附录 F 感知系统预期功能安全测试用例清单

序号	触发条件类型	基础场景编码	感知任务	触发条件编码	触发条件	测试用例数量	是否测试	测试方式
1	无	全部对照场景	所有目标物	T0	无（对照组）	16	是	仿真
2	传感器特征	全部基础场景	所有目标物	T1－1	落叶、纸覆盖传感器表面	16	否	—
3		全部基础场景	所有目标物	T1－2	黑色塑料袋覆盖传感器表面	16	是	场地
4		全部基础场景	所有目标物	T1－3	雨覆盖传感器表面	16	是	场地
5		全部基础场景	所有目标物	T1－4	雪覆盖传感器表面	16	否	—
6		全部基础场景	所有目标物	T1－5	雾（细小水滴）覆盖传感器表面	16	否	—
7		全部基础场景	所有目标物	T1－6	霾（灰尘）覆盖传感器表面	16	否	—
8		全部基础场景	所有目标物	T1－7	传感器处存在振动源	16	否	—
9		全部基础场景	所有目标物	T1－8	高温环境 85℃	16	否	—
10		全部基础场景	所有目标物	T1－9	低温环境 －40℃	16	否	—
11	环境条件	全部基础场景	所有目标物	T2－1	降雨强度 1mm/h	16	是	仿真
12		全部基础场景	所有目标物	T2－1	降雨强度 4mm/h	16	是	仿真
13		全部基础场景	所有目标物	T2－2	降雪强度 0.1mm/h	16	是	仿真
14		全部基础场景	所有目标物	T2－2	降雪强度 0.6mm/h	16	是	仿真
15		全部基础场景	所有目标物	T2－3	雾能见度 100m	16	是	仿真
16		全部基础场景	所有目标物	T2－3	雾能见度 500m	16	是	仿真
17		全部基础场景	所有目标物	T2－4	霾、沙尘暴等能见度 100m	16	否	—
18		全部基础场景	所有目标物	T2－4	霾、沙尘暴等能见度 500m	16	否	—
19	光照条件	全部基础场景	所有目标物	T3－1	低光照 10lx	16	是	仿真
20		全部基础场景	所有目标物	T3－2	高光照 100000lx	16	是	场地
21		S2/S6/S14/S25/S26/S33/S34	所有目标物	T3－3	驶出隧道时，光照强度突变 100lx 至 10000lx	7	是	场地
22		全部基础场景	所有目标物	T3－4	机动车 V2 位于邻左车道开启远光灯以 20km/h 匀速行驶驶过（直射摄像头），环境光照 20lx	16	是	场地

(续)

序号	触发条件类型	基础场景编码	感知任务	触发条件编码	触发条件	测试用例数量	是否测试	测试方式
23	光照条件	全部基础场景	所有目标物	T3-5	傍晚、早晨色温异常（早晨5:30-6:00或傍晚5:30-6:00）	16	是	仿真
24		全部基础场景	所有目标物	T3-6	城市喧闹区灯光	16	否	—
25		全部基础场景	所有目标物	T3-7	太阳光直射摄像头（早晨6:00-7:00或下午4:30-6:00，太阳高度角小于30°）	16	是	仿真
26	目标物特征	S2/S9/S5	道路标记线	T4-1	道路标记破损	3	是	仿真
27		S2/S9/S5	道路标记线	T4-2	道路标记污渍	3	是	仿真
28		S9/S16	交通标志检测	T4-3	指示牌破损	2	是	仿真
29		S9/S16	交通标志检测	T4-4	指示牌污渍	2	是	仿真
30		S14	施工区域	T4-5	施工区域锥桶距离较远（施工区域锥桶上缓冲区5个，间隔2.5m，中游8个，间隔6m，共计13个）	1	是	仿真
31		S14	施工区域	T4-6	施工区域锥桶倾倒（施工区域锥桶共计8个，间隔10m，首个不倾倒，间隔倾倒）	1	是	场地
32		S16	行人	T4-7	行人横穿速度12km/h	1	是	仿真
33		S21	非机动车	T4-7	非机动车速度30km/h	1	是	仿真
34		S11	机动车	T4-7	机动车速度45km/h	1	是	仿真
35		S34	行人	T4-8	蹲姿	2	是	场地
36		S16/S17	行人	T4-8	儿童（身高0.8m）	2	是	场地
37		S16/S17	行人	T4-8	持伞行人	2	是	场地
38		S16/S17	行人	T4-8	弯腰（滑板行人）	2	是	场地
39		S16/S17	行人	T4-9	坐轮椅行人	2	是	场地
40		S18/S21	非机动车	T4-10	佩戴头盔驾驶非机动车	2	是	场地
41		S18/S21	非机动车	T4-10	穿雨衣驾驶非机动车	2	是	场地

（续）

序号	触发条件类型	基础场景编码	感知任务	触发条件编码	触发条件	测试用例数量	是否测试	测试方式
42	目标物特征	S11/S25/S26	机动车	T4-11	颜色怪异机动车（喷漆多样）	3	是	场地
43		S11/S25/S26	机动车	T4-12	拖车	3	是	仿真
44		S35	障碍物	T4-13	突然出现的动物	1	否	—
45		全部基础场景	所有目标物	T4-14	路面仿真3D绘画（路面动物3D绘画）	16	是	仿真
46		S4/S5/S6	信号灯	T4-15	非常规信号灯（进度条类型）	3	是	场地
47		S34	障碍物	T4-16	类人障碍物（人偶）	1	是	场地
48		S34	障碍物	T4-17	人行立牌	1	是	场地
49	目标物关系	S25	车道线	T5-1	机动车压线行驶	1	是	仿真
50		S4/S5/S6	信号灯	T5-2	前方大车遮挡红绿灯	3	否	—
51		S16	行人	T5-3	遮挡行人（增设机动车等遮挡部分行人）	1	是	仿真
52		S21	非机动车	T5-4	遮挡非机动车（增设机动车等遮挡部分非机动）	1	是	仿真
53		S33	障碍物	T5-5	遮挡锥桶（增设机动车等遮挡部分障碍物）	1	是	仿真
54		S25	机动车	T5-6	白色机动车，浅色天空	1	是	仿真
55		S17	行人	T5-7	场景中增设白色机动车，白色行人	1	是	仿真
			合 计			457	—	—

附录 G 城市巡航系统预期功能安全典型测试用例

类别标签
其他交通参与者存在违规行为

静态部分

- LAYER 1 道路结构
  普通十字路口，双向2车道
- LAYER 2 交通基础设施
  信号灯管控路口
- LAYER 3 道路和设施临时改变
  对向车道电动自行车闯黄灯错用机动车道直行
- LAYER 4 交通参与者
  对向车道电动自行车直行超速进入交叉路口
- LAYER 5 气候环境
  无特殊天气影响

动态部分（待采样补充）

场景描述

测试车辆以目标车速$v1$进入信号灯管控十字路口。测试车辆左转通过十字路口过程中，交通信号灯由绿变黄，前方对向车道出现电动自行车错用机动车道，以速度$v2$闯入十字路口并有超速行为

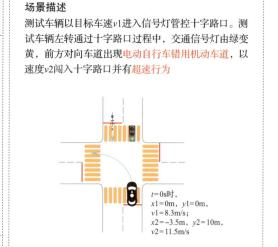

$t=0s$时，
$x1=0m, y1=0m,$
$v1=8.3m/s;$
$x2=-3.5m, y2=10m,$
$v2=11.5m/s$

图 G–1 城市巡航系统典型场景 1

类别标签
其他交通参与者存在违规行为

静态部分

- LAYER 1 道路结构
  普通十字路口，双向2车道
- LAYER 2 交通基础设施
  信号灯管控路口
- LAYER 3 道路和设施临时改变
  左侧目标车道电动自行车逆行超速闯入十字路口
- LAYER 4 交通参与者
  左侧目标车道电动自行车逆行错用机动车道直行超速进入交叉路口
- LAYER 5 气候环境
  无特殊天气影响

动态部分（待采样补充）

场景描述

测试车辆以目标车速$v1$进入信号灯管控十字路口。测试车辆左转通过十字路口过程中，左侧目标垂直车道出现电动自行车错用机动车道，逆行以速度$v2$闯入十字路口，并有超速行为

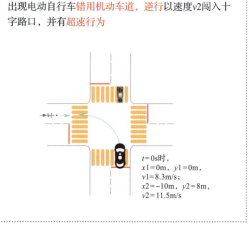

$t=0s$时，
$x1=0m, y1=0m,$
$v1=8.3m/s;$
$x2=-10m, y2=8m,$
$v2=11.5m/s$

图 G–2 城市巡航系统典型场景 2

类别标签
其他交通参与者存在违规行为
静态部分
LAYER 1 道路结构
普通十字路口，双向4车道
LAYER 2 交通基础设施
信号灯管控路口
LAYER 3 道路和设施临时改变
左侧人行道行人闯红灯通过路口
LAYER 4 交通参与者
左侧人行道行人闯红灯通过路口
LAYER 5 气候环境
雨天，夜晚，能见度低
动态部分（待采样补充）

场景描述

雨夜，能见度低，交通信号灯管控路口，左转信号灯为绿色，测试车辆以速度$v1$进入路口，同时，左侧人行道行人闯红灯跑入斑马线，以速度$v2$穿过交叉路口

$t=0s$时，
$x1=0m$, $y1=0m$,
$v1=8.3m/s$,
$x2=-9m$, $y2=12m$,
$v2=2m/s$

图 G－3 城市巡航系统典型场景 3

类别标签
其他交通参与者存在违规行为
静态部分
LAYER 1 道路结构
普通十字路口，双向2车道
LAYER 2 交通基础设施
信号灯管控路口
LAYER 3 道路和设施临时改变
前方人行道行人闯红灯
LAYER 4 交通参与者
前方人行道存在行人横穿马路
LAYER 5 气候环境
无特殊天气影响
动态部分（待采样补充）

场景描述

测试车辆以目标车速$v1$准备进入信号灯管控十字路口。测试车辆前方人行横道存在行人，未注意驶来车辆，以速度$v2$闯红灯直行通过斑马线

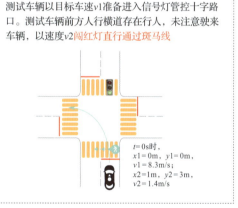

$t=0s$时，
$x1=0m$, $y1=0m$,
$v1=8.3m/s$;
$x2=1m$, $y2=3m$,
$v2=1.4m/s$

图 G－4 城市巡航系统典型场景 4

类别标签
其他交通参与者存在违规行为
静态部分
LAYER 1 道路结构
普通十字路口，双向2车道
LAYER 2 交通基础设施
信号灯管控路口
LAYER 3 道路和设施临时改变
左侧垂直人行道出现闯红灯左转电动车
LAYER 4 交通参与者
左侧垂直车道电动自行车闯红灯左转
LAYER 5 气候环境
无特殊天气影响
动态部分（待采样补充）

场景描述

信号灯管控十字路口，直行灯变红，左转灯变绿时，测试车辆以速度$v1$准备进入十字路口。此时左向垂直车道出现闯红灯左转电动自行车，错误估计测试车辆驶入路口速度，以速度$v2$进入十字路口左转

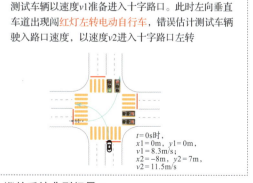

$t=0s$时，
$x1=0m$, $y1=0m$,
$v1=8.3m/s$;
$x2=-8m$, $y2=7m$,
$v2=11.5m/s$

图 G－5 城市巡航系统典型场景 5

类别标签
其他交通参与者存在违规行为
静态部分
LAYER 1 道路结构 普通十字路口，双向2车道
LAYER 2 交通基础设施 信号灯管控路口
LAYER 3 道路和设施临时改变 右侧相邻车道摩托车错用直行车道，超速违法变道左转，且存在大弯小转行为
LAYER 4 交通参与者 右侧相邻车道摩托车超速变道左转
LAYER 5 气候环境 无特殊天气影响
动态部分（待采样补充）

场景描述

信号灯管控十字路口，左转灯为绿色。测试车辆以速度 $v1$ 准备进入十字路口。此时，右侧相邻车道出现摩托车，以速度 $v2$ 违法变道左转，且存在**大弯小转和超速行为**

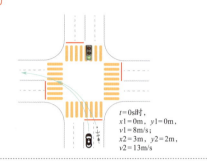

$t=0s$ 时，
$x1=0m$, $y1=0m$,
$v1=8m/s$;
$x2=3m$, $y2=2m$,
$v2=13m/s$

图 G-6　城市巡航系统典型场景 6

类别标签
其他交通参与者存在违规行为
静态部分
LAYER 1 道路结构 普通十字路口，双向4车道
LAYER 2 交通基础设施 信号灯管控路口
LAYER 3 道路和设施临时改变 右侧相邻车道目标车辆错用直行右转车道左转，且大弯小转
LAYER 4 交通参与者 右侧相邻车道目标车辆错用直行右转车道左转
LAYER 5 气候环境 无特殊天气影响
动态部分（待采样补充）

场景描述

交通信号灯管控路口，左转信号灯为绿色，测试车辆以速度 $v1$ 进入路口，同时，右侧直行右转车道机动车**错用车道左转，且大弯小转**，以速度 $v2$ 通过交叉路口

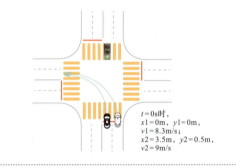

$t=0s$ 时，
$x1=0m$, $y1=0m$,
$v1=8.3m/s$;
$x2=3.5m$, $y2=0.5m$,
$v2=9m/s$

图 G-7　城市巡航系统典型场景 7

类别标签
其他交通参与者存在违规行为
静态部分
LAYER 1 道路结构 普通十字路口，双向4车道
LAYER 2 交通基础设施 信号灯管控路口
LAYER 3 道路和设施临时改变 前方对向车道右转车辆错误右转行为
LAYER 4 交通参与者 左侧人行道行人踏上人行道，前方对向车道右转车辆小弯大转
LAYER 5 场景环境 无天气影响
动态部分（待采样补充）

场景描述

交通信号灯管控路口，信号灯为绿色。测试车辆以速度 $v1$ 准备左转。此时，左侧人行道行人，以速度 $v2$ 穿过交叉路口。前方对向车道车辆以速度 $v3$ 右转通过路口，**未停车礼让行人，小弯大转**并入测试车辆目标车道

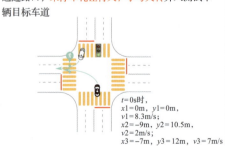

$t=0s$ 时，
$x1=0m$, $y1=0m$,
$v1=8.3m/s$;
$x2=-9m$, $y2=10.5m$,
$v2=9m/s$
$x3=-7m$, $y3=12m$, $v3=7m/s$

图 G-8　城市巡航系统典型场景 8

类别标签
其他交通参与者存在违规行为
静态部分
LAYER 1 道路结构 普通十字路口，双向2车道
LAYER 2 交通基础设施 无信号灯管控路口
LAYER 3 道路和设施临时改变 左侧垂直车道电动自行车超速闯入十字路口
LAYER 4 交通参与者 左侧垂直车道电动自行车错用机动车道直行超速进入交叉路口
LAYER 5 气候环境 无特殊天气影响
动态部分（待采样补充）

场景描述

测试车辆以目标车速v1进入无信号灯管控十字路口。测试车辆左转通过十字路口过程中，左侧垂直车道出现电动自行车错用机动车道，以速度v2闯入十字路口，并有超速行为

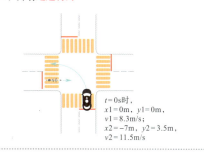

$t=0s$时，
$x1=0m, y1=0m,$
$v1=8.3m/s;$
$x2=-7m, y2=3.5m,$
$v2=11.5m/s$

图 G-9 城市巡航系统典型场景9

类别标签
其他交通参与者存在违规行为
静态部分
LAYER 1 道路结构 单向十字路口，单向双车道
LAYER 2 交通基础设施 无信号灯管控路口
LAYER 3 道路和设施临时改变 无临时事件
LAYER 4 交通参与者 左侧相邻车道目标车辆小弯大转
LAYER 5 气候环境 无特殊天气影响
动态部分（待采样补充）

场景描述

无信号灯管控十字路口。测试车辆以目标车速v1进入路口。同时，左侧相邻车道存在目标车辆，驾驶人警惕性不足，且测试车辆在目标车辆的视野盲区内，目标车辆误判测试车辆的运行轨迹，以速度v2进入路口，准备左转，且存在小弯大转行为

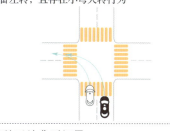

图 G-10 城市巡航系统典型场景10

类别标签
其他交通参与者存在违规行为
静态部分
LAYER 1 道路结构 普通十字路口，双向2车道
LAYER 2 交通基础设施 无信号灯管控路口
LAYER 3 道路和设施临时改变 无临时事件
LAYER 4 交通参与者 右侧垂直车道电动车进入十字路口左转
LAYER 5 气候环境 夜晚，能见度低
动态部分（待采样补充）

场景描述

夜晚，能见度低的无信号灯管控十字路口。测试车辆以目标车速v1进入十字路口。测试车辆左转通过十字路口过程中，右侧垂直车道出现电动自行车，存在警惕性不强，局限性视野的情况下，误判测试车辆的运动轨迹，以速度v2闯入十字路口，并有超速行为

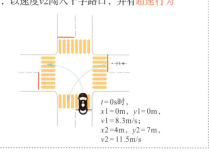

$t=0s$时，
$x1=0m, y1=0m,$
$v1=8.3m/s;$
$x2=4m, y2=7m,$
$v2=11.5m/s$

图 G-11 城市巡航系统典型场景11

类别标签
其他交通参与者存在违规行为

静态部分

- LAYER 1 道路结构
  普通十字路口，双向2车道
- LAYER 2 交通基础设施
  无信号灯管控路口
- LAYER 3 道路和设施临时改变
  左侧垂直车道车辆超速直行
- LAYER 4 交通参与者
  左侧垂直车道目标车辆直行超速进入交叉路口
- LAYER 5 气候环境
  无特殊天气影响

动态部分（待采样补充）

场景描述

测试车辆以目标车速 $v1$ 进入无信号灯管控十字路口。测试车辆左转通过十字路口过程中，左侧垂直车道出现目标车辆，误认为该十字路口没有其他交通参与者，以速度 $v2$ 进入十字路口并有超速行为

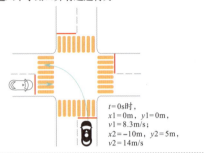

$t=0s$ 时，
$x1=0m$, $y1=0m$,
$v1=8.3m/s$;
$x2=-10m$, $y2=5m$,
$v2=14m/s$

图 G–12　城市巡航系统典型场景 12

类别标签
其他交通参与者存在警惕性不足行为

静态部分

- LAYER 1 道路结构
  普通十字路口，双向2车道
- LAYER 2 交通基础设施
  信号灯管控路口
- LAYER 3 道路和设施临时改变
  无临时事件
- LAYER 4 交通参与者
  对向车道目标车辆右转通过十字路口
- LAYER 5 气候环境
  无特殊天气影响

动态部分（待采样补充）

场景描述

测试车辆以目标车速 $v1$ 进入无信号灯管控十字路口。测试车辆左转通过十字路口过程中，前方对向车道出现目标车辆，以速度 $v2$ 进入十字路口准备右转，进入测试车辆目标车道

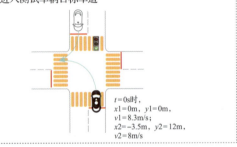

$t=0s$ 时，
$x1=0m$, $y1=0m$,
$v1=8.3m/s$;
$x2=-3.5m$, $y2=12m$,
$v2=8m/s$

图 G–13　城市巡航系统典型场景 13

类别标签
其他交通参与者存在警惕性不足行为

静态部分

- LAYER 1 道路结构
  普通十字路口，双向2车道
- LAYER 2 交通基础设施
  无信号灯管控路口
- LAYER 3 道路和设施临时改变
  无临时事件
- LAYER 4 交通参与者
  右侧垂直车道电动车直行进入十字路口
- LAYER 5 气候环境
  夜晚，能见度低

动态部分（待采样补充）

场景描述

夜晚，能见度低的无信号灯管控十字路口。测试车辆以目标车速 $v1$ 进入十字路口。测试车辆左转通过十字路口过程中，右侧垂直车道出现电动自行车，存在警惕性不强，局限性视野的情况下，误判测试车辆的运动轨迹，以速度 $v2$ 闯入十字路口，并有超速行为

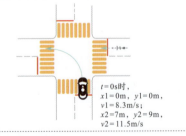

$t=0s$ 时，
$x1=0m$, $y1=0m$,
$v1=8.3m/s$;
$x2=7m$, $y2=9m$,
$v2=11.5m/s$

图 G–14　城市巡航系统典型场景 14

类别标签	场景描述
其他交通参与者存在警惕性不足行为	测试车辆以目标车速$v1$进入无信号灯管控十字路口。测试车辆左转通过十字路口过程中，前方对向车道出现目标车辆，以速度$v2$闯入十字路口并有**超速行为**

静态部分

- LAYER 1 道路结构
  - 普通十字路口，双向2车道
- LAYER 2 交通基础设施
  - 无信号灯管控路口
- LAYER 3 道路和设施临时改变
  - 对向车道目标车辆超速直行
- LAYER 4 交通参与者
  - 对向车道目标车辆直行超速进入交叉路口
- LAYER 5 气候环境
  - 无特殊天气影响

动态部分（待采样补充）

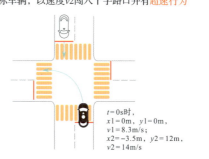

$t=0$s时，
$x1=0$m，$y1=0$m，
$v1=8.3$m/s；
$x2=-3.5$m，$y2=12$m，
$v2=14$m/s

图 G–15　城市巡航系统典型场景 15

类别标签	场景描述
交通参与者间存在视野障碍或盲区	测试车辆以车速$v1$准备进入信号灯管控十字路口。测试车辆左侧对向车道存在目标车辆，以速度$v2$直行通过十字路口。测试车辆左侧人行道行人，以速度$v3$踏上人行道，因视野盲区存在，误认为该十字路口没有除目标车辆外其他交通参与者

静态部分

- LAYER 1 道路结构
  - 普通十字路口，双向2车道
- LAYER 2 交通基础设施
  - 信号灯管控路口
- LAYER 3 道路和设施临时改变
  - 测试车辆与左侧行人间存在视野盲区
- LAYER 4 交通参与者
  - 左侧垂直车道目标车辆直行进入交叉路口，左侧对向车道目标车辆驶出交叉路口
- LAYER 5 气候环境
  - 无特殊天气影响

动态部分（待采样补充）

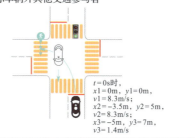

$t=0$s时，
$x1=0$m，$y1=0$m，
$v1=8.3$m/s；
$x2=-3.5$m，$y2=5$m，
$v2=8.3$m/s；
$x3=-5$m，$y3=7$m，
$v3=1.4$m/s

图 G–16　城市巡航系统典型场景 16

类别标签	场景描述
交通参与者间存在视野障碍或盲区	交通信号灯管控路口，信号灯为绿色。测试车辆以速度$v1$准备左转。此时，左侧垂直车道为红灯，有并排等待信号灯车辆。一行人在等待车辆后方，非斑马线区域以速度$v2$斜穿路口，**因等待车辆遮挡，并未注意左转测试车辆**

静态部分

- LAYER 1 道路结构
  - 普通十字路口，双向4车道
- LAYER 2 交通基础设施
  - 信号灯管控路口
- LAYER 3 道路和设施临时改变
  - 左侧垂直车道有行人在非人行横道存在视野盲区情况下横穿马路
- LAYER 4 交通参与者
  - 左侧垂直车道有并排等待红绿灯车辆，行人在非人行横道横穿路口
- LAYER 5 气候环境
  - 无天气影响

动态部分（待采样补充）

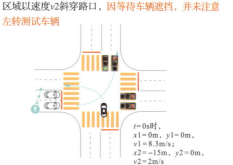

$t=0$s时，
$x1=0$m，$y1=0$m，
$v1=8.3$m/s；
$x2=-15$m，$y2=0$m，
$v2=2$m/s

图 G–17　城市巡航系统典型场景 17

类别标签
交通参与者间存在视野障碍或盲区
静态部分
LAYER 1 道路结构 普通十字路口，双向2车道
LAYER 2 交通基础设施 无信号灯管控路口
LAYER 3 道路和设施临时改变 测试车辆与目标车辆存在视野盲区
LAYER 4 交通参与者 左侧垂直车道目标车辆直行进入交叉路口，左侧对向车道目标车辆驶出交叉路口
LAYER 5 气候环境 无特殊天气影响
动态部分（待采样补充）

场景描述

测试车辆以目标车速$v1$准备进入无信号灯管控十字路口。测试车辆左侧对向车道存在目标车辆A，以速度$v2$，即将驶出十字路口。测试车辆左侧垂直车道B，以速度$v3$进入十字路口，因视野盲区存在，误认为该十字路口除A外没有其他交通参与者

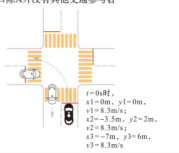

$t=0s$时，
$x1=0m$, $y1=0m$,
$v1=8.3m/s$；
$x2=-3.5m$, $y2=2m$,
$v2=8.3m/s$；
$x3=-7m$, $y3=6m$,
$v3=8.3m/s$

图 G-18　城市巡航系统典型场景18

类别标签
交通参与者间存在视野障碍或盲区
静态部分
LAYER 1 道路结构 普通十字路口，双向2车道
LAYER 2 交通基础设施 无信号灯管控路口
LAYER 3 道路和设施临时改变 无临时事件
LAYER 4 交通参与者 左侧垂直车道目标车辆进入十字路口左转
LAYER 5 气候环境 雨天，夜晚，能见度低
动态部分（待采样补充）

场景描述

雨天，夜晚，能见度低的无信号灯管控十字路口。测试车辆以目标车速$v1$进入十字路口。测试车辆左转通过十字路口过程中，左侧垂直车道出现目标车辆，驾驶人警惕性不足，且测试车辆在目标车辆的视野盲区内，目标车辆误判测试车辆的运动轨迹，以速度$v2$进入十字路口，准备左转

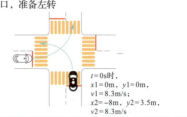

$t=0s$时，
$x1=0m$, $y1=0m$,
$v1=8.3m/s$；
$x2=-8m$, $y2=3.5m$,
$v2=8.3m/s$

图 G-19　城市巡航系统典型场景19

类别标签
交通参与者间存在视野障碍或盲区
静态部分
LAYER 1 道路结构 十字路口，双向2车道
LAYER 2 交通基础设施 无信号灯管控路口
LAYER 3 道路和设施临时改变 垂直道路交通拥堵，摩托车错用车道，存在视野盲区
LAYER 4 交通参与者 垂直车道4辆目标车辆原地停留，摩托车错用车道超车通过T形路口
LAYER 5 气候环境 无特殊天气影响
动态部分（待采样补充）

场景描述

无信号灯管控十字路口，垂直车道出现交通拥堵情况。目标车辆原地停留，空出路口中心以便测试车辆通过路口，测试车辆以目标车速$v1$进入路口。此时，左侧垂直车道存在一辆摩托车，错用车道超车以速度$v2$直行通过十字路口。因视野盲区影响，并未观测到测试车辆存在

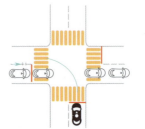

图 G-20　城市巡航系统典型场景20

常用缩写词

序号	缩写词	中文名称	英文名称
1	ICV	智能网联汽车	Intelligent and Connected Vehicles
2	CPS	信息物理系统	Cyber-Physical Systems
3	NHTSA	美国国家公路交通安全管理局	National Highway Traffic Safety Administration
4	SAE	美国汽车工程师学会	Society of Automotive Engineers
5	SOTIF	预期功能安全	Safety of the Intended Functionality
6	INCOSE	国际系统工程协会	International Council on Systems Engineering
7	HMI	人机交互	Human Machine Interface
8	AVP	自主代客泊车	Automated Valet Parking
9	HWP	高速巡航功能	High Way Pilot
10	CP	城市巡航功能	City Pilot
11	MSE	均方误差	Mean Square Error
12	AP	平均精度	Average Precision
13	mAP	均值平均精度	mean Average Precision
14	MOTP	多目标跟踪精度	Multiple Object Tracking Precision
15	MOTA	多目标跟踪准确度	Multiple Object Tracking Accuracy
16	ACC	自适应巡航	Adaptive Cruise Control
17	ToF	飞行时间	Time of Flight
18	DDT	动态驾驶任务	Dynamic Driving Task
19	SLAM	同时定位与建图	Simultaneous Localization and Mapping
20	IMU	惯性测量单元	Inertial Measurement Unit
21	GNSS	全球导航卫星系统	Global Navigation Satellite System
22	INS	惯性导航系统	Inertial Navigation System
23	FTA	故障树分析	Fault Tree Analysis
24	FMEA	失效模式及效应分析	Failure Mode and Effect Analysis
25	HAZOP	危险与可操作性分析	Hazard and Operability Analysis
26	STPA	系统理论过程分析	System Theoretic Process Analysis
27	ETA	事件树分析	Event Tree Analysis
28	FHA	故障危险源分析	Fault Hazard Analysis
29	MPC	模型预测控制	Model Predictive Control

(续)

序号	缩写词	中文名称	英文名称
30	UCA	不安全控制行为	Unsafe Control Actions
31	RSS	责任敏感安全模型	Responsibility Sensitive Safety
32	TTC	碰撞时距	Time to Collision
33	PCSI	潜在碰撞严重指数	Potential Crash Severity Index
34	PF	人工势场	Potential Field
35	HIL	硬件在环仿真	Hardware in Loop
36	HWA	高速公路辅助驾驶系统	Highway Assit
37	NOA	自动辅助导航驾驶	Navigate on Autopilot
38	EBW	紧急制动预警	Emergency Brake Warning
39	FOV	视场角	Field of View
40	CNN	卷积神经网络	Convolution Neural Network
41	DE	深度集成	Deep Ensembles
42	NMS	非极大值抑制	Non-Maximum Suppression
43	PAvPU	像素精确率和像素不确定性	Pixel Accuracy and Pixel Uncertainty
44	CTA	因果树分析	Cause Tree Analysis
45	HWP	高速公路巡航系统	Highway Pilot
46	MRC	最低风险条件	Minimal Risk Condition
47	MRM	最小风险策略	Minimal Risk Maneuver
48	ODC	运行设计条件	Operational Design Condition
49	ODD	运行设计域	Operational Design Domain
50	OEDR	目标与事件的识别与响应	Object and Event Detection and Response
51	HARA	危险分析与风险评估	Hazard Analysis and Risk Assessment

参考文献

[1] 李克强,陈涛,罗禹贡,等. 智能环境友好型车辆-概念、体系结构及工程实现[J]. 汽车工程,2010,32(9):743-748.

[2] GAY K. Connected and Automated Vehicle Research in the United States[R/OL]. (2014-11-16). http://www.unece.org/fileadmin/DAM/trans/events/2014/Joint_BELGIUM-UNECE_ITS/02_ITS_Nov2014_Kevin_Gay_US_DOT.pdf.

[3] 闫建来. 智能网联汽车导论[M]. 北京:机械工业出版社,2019.

[4] International Standardization Organization. Road Vehicles—Safety of the Intended Functionality:ISO/DIS 21448:2021[S]. Geneva, Switzerland:ISO, 2021.

[5] International Standardization Organization. Road Vehicles—Functional Safety:ISO 26262[S]. Geneva, Switzerland:ISO, 2018.

[6] International Standardization Organization. Road Vehicles—Engineering Framework and Process of Scenario-Based Safety Evaluation:ISO 34502[S]. Geneva, Switzerland:ISO, 2018.

[7] UL. Safety for the Evaluation of Autonomous Products:UL 4600[S]. [S. l. : s. n.], 2020.

[8] International Standardization Organization. Road Vehicles-Safety and Cybersecurity for Automated Driving Systems-Design, Verification and Validation:ISO/TR 4804[S]. Geneva, Switzerland:ISO, 2020.

[9] 李波,付越,王兆,等. 中国功能安全(Functional Safety)和预期功能安全(SOTIF)技术和标准体系研究及进展[J]. 中国汽车,2020(07):34-39.

[10] SCHÖNEMANN V, WINNER H, GLOCK T, et al. Fault Tree-based Derivation of Safety Requirements for Automated Driving on the Example of cooperative Valet Parking[Z]. 2019.

[11] HILLENBRAND M, HEINZ M, ADLER N, et al. Failure Mode and Effect Analysis based on Electric and Electronic Architectures of Vehicles to Support the Safety Lifecycle ISO/DIS 26262[C]//Proceedings of 2010 21st IEEE International Symposium on Rapid System Protyping[C]. [S. l. : s. n.], 2010.

[12] KIROVSKII O M, GORELOV V A. Driver Assistance Systems:Analysis, Tests and the Safety Case. ISO 26262 and ISO PAS 21448[J]. IOP Conference Series:Materials Science and Engineering, 2019, 534(1).

[13] MARTIN H, WINKLER B, GRUBMÜLLER S, et al. Identification of Performance Limitations of Sensing Technologies for Automated Driving[C]//2019 IEEE International Conference on Connected Vehicles and Expo(ICCVE). [S. l. : s. n.], 2019.

[14] KRAMER B, NEUROHR C, BÜKER M, et al. Identification and Quantification of Hazardous Scenarios for Automated Driving[M]. [S. l.]: Springer, 2020.

[15] LEVESON N G. Engineering a Safer World:Systems Thinking Applied to Safety[M]. [S. l.]: The MIT Press, 2016.

[16] NAGATSUKA T, MATSUMOTO T. Evaluation Framework for Performance Limitation of Autonomous Systems Under Sensor Attack[M]. [S. l.]: Springer, 2021.

[17] PIMENTEL J. Automated Vehicles:The Role of ISO 26262[M]. [S. l.]: SAE, 2020.

[18] POST K, DAVEY C K. Integrating SOTIF and Agile Systems Engineering[Z]. SAE International, 2019.

[19] KHASTGIR S, BIRRELL S, DHADYALLA G, et al. Towards Increased Reliability by Objectification of Hazard Analysis and Risk Assessment(HARA) of Automated Automotive Systems[J]. Safety Science, 2017(99):166-177.

[20] KHATUN M, GLAß M, JUNG R. Scenario-Based Extended HARA Incorporating Functional Safety and

SOTIF for Autonomous Driving [Z]. 2020.

[21] SCHWALB E. Analysis of Safety of The Intended Use (SOTIF) [J]. [s. n.], 2019.

[22] MIN KIM S, DO G, AHN J, et al. Quantitative ASIL Estimation Using Fuzzy Set Theory [J]. International Journal of Automotive Technology, 2020, 21 (5): 1177 – 1184.

[23] KAISER B. An Integrative Solution towards SOTIF and AV Safety [M]. [S. l.: s. n.], 2019.

[24] BERK M, SCHUBERT O, KROLL H, et al. Reliability Assessment of Safety-Critical Sensor Information: Does One Need a Reference Truth? [J]. IEEE Transactions on Reliability, 2019, 68 (4): 1227 – 1241.

[25] HIRSENKORN N, KOLSI H, SELMI M, et al. Learning Sensor Models for Virtual Test and Development [Z]. 2017.

[26] PONN T, MÜLLER F, DIERMEYER F. Systematic Analysis of the Sensor Coverage of Automated Vehicles Using Phenomenological Sensor Models [Z]. 2019.

[27] ABBAS H, O KELLY M, RODIONOVA A, et al. Safe at Any Speed: A Simulation-Based Test Harness for Autonomous Vehicles [M]. [S. l.]: Springer, 2017.

[28] MA L, ZHANG F, XUE M, et al. Combinatorial Testing for Deep Learning Systems [J]. arXiv preprint arXiv: 1806.07723, 2018.

[29] LYSSENKO M, GLADISCH C, HEINZEMANN C, et al. From Evaluation to Verification: Towards Task-Oriented Relevance Metrics for Pedestrian Detection in Safety-Critical Domains [Z]. 2021.

[30] SCHILLING H, GUTSCHE M, BROCK A, et al. Mind the Gap-A Benchmark for Dense Depth Prediction Beyond Lidar [Z]. 2020.

[31] KONG Z, GUO J, LI A, et al. Physgan: Generating Physical-World-Resilient Adversarial Examples for Autonomous Driving [Z]. 2020.

[32] PONN T, FRATZKE D, GNANDT C, et al. Towards Certification of Autonomous Driving: Systematic Test Case Generation for a Comprehensive but Economically-Feasible Assessment of Lane Keeping Assist Algorithms [Z]. 2019.

[33] DING W, CHEN B, LI B, et al. Multimodal Safety-Critical Scenarios Generation for Decision-Making Algorithms Evaluation [J]. IEEE Robotics and Automation Letters, 2021, 6 (2): 1551 – 1558.

[34] ZHANG S, PENG H, NAGESHRAO S, et al. Generating Socially Acceptable Perturbations for Efficient Evaluation of Autonomous Vehicles [Z]. 2020.

[35] 李波, 尚世亮, 郭梦鸽, 等. 自动驾驶预期功能安全 (SOTIF) 接受准则的建立 [J]. 汽车技术, 2020 (12): 1 – 5.

[36] AMERSBACH C, RUPPERT T, HEBGEN N, et al. Macroscopic Safety Requirements for Highly Automated Driving in Urban Environments [J]. [s. n.], 2021.

[37] KALRA N, PADDOCK S M. Driving to Safety: How Many Miles of Driving Would It Take to Demonstrate Autonomous Vehicle Reliability? [J]. Transportation Research Part A: Policy and Practice, 2016, 94: 182 – 193.

[38] WACHENFELD W, WINNER H. The Release of Autonomous Vehicles [M]. [S. l.]: Springer, 2016: 425 – 449.

[39] ULBRICH S, MENZEL T, RESCHKA A, et al. Defining and Substantiating the Terms Scene, Situation, and Scenario for Automated Driving [Z]. 2015.

[40] MENZEL T, BAGSCHIK G, MAURER M. Scenarios for Development, Test and Validation of Automated Vehicles [Z]. 2018.

[41] NEUROHR C, WESTHOFEN L, BUTZ M, et al. Criticality Analysis for the Verification and Validation of Automated Vehicles [J]. IEEE Access, 2021, 9: 18016 – 18041.

[42] BAGSCHIK G, MENZEL T, MAURER M. Ontology Based Scene Creation for the Development of

Automated Vehicles [Z]. 2018.

[43] SAUERBIER J, BOCK J, WEBER H, et al. Definition of Scenarios for Safety Validation of Automated Driving Functions [J]. ATZ Worldwide, 2019, 121 (1): 42 – 45.

[44] KHATUN M, GLAß M, JUNG R. A Systematic Approach of Reduced Scenario-Based Safety Analysis for Highly Automated Driving Function [Z]. 2021.

[45] HUANG A, XING X, ZHOU T, et al. A Safety Analysis and Verification Framework for Autonomous Vehicles Based on the Identification of Triggering Events [Z]. SAE Technical Paper, 2021.

[46] AGARWAL S, VORA A, PANDEY G, et al. Ford Multi-AV Seasonal Dataset [Z]. 2020.

[47] PITROPOV M, GARCIA D, REBELLO J, et al. Canadian Adverse Driving Conditions Dataset [J]. The International Journal of Robotics Research, 2021, 40 (4 – 5): 681 – 690.

[48] SHEENY M, De PELLEGRIN E, MUKHERJEE S, et al. Radiate: A Radar Dataset for Automotive Perception [J]. arXiv preprint arXiv: 2010.09076, 2020, 3 (4): 7.

[49] WANG W, ZHAO D. Extracting Traffic Primitives Directly from Naturalistically Logged Data for Self-Driving Applications [J]. IEEE Robotics and Automation Letters, 2018, 3 (2): 1223 – 1229.

[50] BEGLEROVIC H, SCHLOEMICHER T, METZNER S, et al. Deep Learning Applied to Scenario Classification for Lane-Keep-Assist Systems [J]. Applied Sciences, 2018, 8 (12): 2590.

[51] HARTJEN L, PHILIPP R, SCHULDT F, et al. Classification of Driving Maneuvers in Urban Traffic for Parametrization of Test Scenarios [Z]. 2019.

[52] ED GELDER, PAARDEKOOPER J P. Assessment of Automated Driving Systems Using Real-Life Scenarios [Z]. 2017.

[53] ZHAO D, GUO Y, JIA Y J. Trafficnet: An Open Naturalistic Driving Scenario Library [Z]. 2017.

[54] TENBROCK A, KÖNIG A, KEUTGENS T, et al. The ConScenD Dataset: Concrete Scenarios from the HighD Dataset According to ALKS Regulation UNECE R157 in OpenX [J]. arXiv preprint arXiv: 2103.09772, 2021.

[55] MAJZIK I, SEMERÁTH O, HAJDU C, et al. Towards System-Level Testing with Coverage Guarantees for Autonomous Vehicles [Z]. 2019.

[56] ZHOU J, DEL RE L. Reduced Complexity Safety Testing for Adas & adf [J]. IFAC-PapersOnLine, 2017, 50 (1): 5985 – 5990.

[57] ZHAO D, HUANG X, PENG H, et al. Accelerated Evaluation of Automated Vehicles in Car-Following Maneuvers [J]. IEEE Transactions on Intelligent Transportation Systems, 2017, 19 (3): 733 – 744.

[58] KOREN M, ALSAIF S, LEE R, et al. Adaptive Stress Testing for Autonomous Vehicles [Z]. 2018.

[59] NOTZ D, SIGL M, KÜHBECK T, et al. Methods for Improving the Accuracy of the Virtual Assessment of Autonomous Driving [Z]. 2019.

[60] MAHMUD S S, FERREIRA L, HOQUE M S, et al. Application of Proximal Surrogate Indicators for Safety Evaluation: A Review of Recent Developments and Research Needs [J]. IATSS research, 2017, 41 (4): 153 – 163.

[61] NOTH S, EDELBRUNNER J, IOSSIFIDIS I. An Integrated Architecture for the Development and Assessment of Adas [C] //2012 15th International IEEE Conference on Intelligent Transportation Systems. [S.l.: s.n.], 2012.

[62] HEJASE M, OZGUNER U, BARBIER M, et al. A Methodology for Model-Based Validation of Autonomous Vehicle Systems [C] //2020 IEEE Intelligent Vehicles Symposium (IV). [S.l.: s.n.], 2020.

[63] HEJASE M, BARBIER M, OZGUNER U, et al. A Validation Methodology for the Minimization of Unknown Unknowns in Autonomous Vehicle Systems [C] //2020 IEEE Intelligent Vehicles Symposium (IV). [S.l.: s.n.], 2020.

[64] BIRCH J, BLACKBURN D, BOTHAM J, et al. A Structured Argument for Assuring Safety of the Intended

Functionality (SOTIF) [M]. [S. l.]: Springer, 2020.

[65] KRAJEWSKI R, BOCK J, KLOEKER L, et al. The Highd Dataset: A Drone Dataset of Naturalistic Vehicle Trajectories on German Highways for Validation of Highly Automated Driving Systems [Z]. 2018.

[66] JAPAN AUTOMOBILE MANUFACTURERS ASSOCIATION I J. Automated Driving Safety Evaluation Framework: Ver. 1.0 [R]. 2020.

[67] NAKAMURA H, MUSLIM H, KATO R, et al. Defining Reasonably Foreseeable Vehicle Parameter Ranges for Scenario-Based Testing of Automated Vehicles in Consideration of Risk Acceptance [M]. [S. l.: s. n.], 2021.

[68] THAL S, ZNAMIEC H, HENZE R, et al. Incorporating Safety Relevance and Realistic Parameter Combinations in Test-Case Generation for Automated Driving Safety Assessment [Z]. 2020.

[69] 中国智能网联汽车产业创新联盟预期功能安全工作组. 智能网联汽车预期功能安全场景库建设报告 [Z]. 2020.

[70] 中华人民共和国交通运输部. 公路路线设计规范: JTG D20-2017 [S]. 北京: 人民交通出版社, 2017.

[71] 中华人民共和国交通运输部. 公路工程技术标准: JTG B01-2014 [S]. 北京: 人民交通出版社, 2014.

[72] 中华人民共和国交通运输部. 城市道路设计规范: CJJ 37-2012 [S]. 北京: 人民交通出版社, 2012.

[73] HUANG A, XING X, ZHOU T, et al. A Safety Analysis and Verification Framework for Autonomous Vehicles Based on the Identification of Triggering Events [R]. SAE Technical Paper, 2021.

[74] PEYNOT T, UNDERWOOD J P, SCHEDING S. Towards Reliable Perception for Unmanned Ground Vehicles in Challenging Conditions [C] // IEEE/RSJ International Conference on Intelligent Robots & Systems. [S. l.]: IEEE Press, 2009.

[75] ROSENBERGER P, HOLDER M, ZIRULNIK M, et al. Analysis of Real World Sensor Behavior for Rising Fidelity of Physically Based Lidar Sensor Models [C] // IEEE 2018 IEEE Intelligent Vehicles Symposium (IV) -Changshu (2018.6.26-2018.6.30)] 2018 IEEE Intelligent Vehicles Symposium (IV). [S. l.: s. n.], 2018: 611-616.

[76] RIVERO J, TAHIRAJ, I, SCHUBERT O, et al. Characterization and Simulation of the Effect of Road Dirt on the Performance of a Laser Scanner [Z]. 2017.

[77] NAKAJIMA T Y, IMAI T, UCHINO O, et al. Influence of Daylight and Noise Current on Cloud and Aerosol Observations by Spaceborne Elastic Scattering Lidar [J]. Applied Optics, 1999.

[78] RASSHOFER R H, SPIES M, SPIES H. Influences of Weather Phenomena on Automotive Laser Radar Systems [J]. Advances in Radio Science, 2011, 9: 49-60.

[79] FILGUEIRA A, GONZÁLEZ-JORGE, H, LAGÜELA, S, et al. Quantifying the Influence of Rain in LiDAR Performance [J]. Measurement, 2017, 95: 143-148.

[80] HASIRLIOGLU S, DORIC I, KAMANN A, et al. Reproducible Fog Simulation for Testing Automotive Surround Sensors [C] // 2017 IEEE 85th Vehicular Technology Conference: VTC2017-Spring. [S. l.]: IEEE, 2017.

[81] HASIRLIOGLU S, KAMANN A, DORIC I, et al. Test Methodology for Rain Influence on Automotive Surround Sensors [C] // Intelligent Transportation Systems (ITSC), 2016 IEEE 19th International Conference. [S. l.]: IEEE, 2016.

[82] FERSCH T, BUHMANN A, KOELPIN A, et al. The Influence of Rain on Small Aperture LiDAR sensors [C] // German Microwave Conference. [S. l.]: IEEE, 2016.

[83] HEINZLER R, SCHINDLER P, SEEKIRCHER J, et al. Weather Influence and Classification with Automotive Lidar Sensors [J]. [s. n.], 2019.

[84] WOJTANOWSKI J, ZYGMUNT M, KASZCZUK M, et al. Comparison of 905nm and 1550nm Semiconductor Laser Rangefinders' Performance Deterioration Due to Adverse Environmental conditions

[J]. Opto-Electronics Review, 2014, 22（3）：183-190.

[85] DAVID M, RUSS M. Impact of Reduced Visibility Conditions on Laser-Based DP Sensors [C] // Dynamic Positioning Conference. [S. l.：s. n.], 2014.

[86] LELOWICZ K. Camera Model for Lens with Strong Distortion in Automotive Application [Z]. 2019.

[87] KANNALA J, BRANDT S. A Generic Camera Model and Calibration Method for Conventional, Wide-Angle, and Fish-Eye Lenses [C] //IEEE Transactions on Pattern Analysis and Machine Intelligence. [S. l.：s. n.], 2006.

[88] 梁高升. 基于多摄像头的全景图像拼接系统 [D]. 济南：济南大学, 2016.

[89] 董秋雷, 胡立华, 胡占义. 相机前加红外滤光片对相机成像模型的影响 [J]. 计算机辅助设计与图形学学报, 2018, 30（9）：1598-1603.

[90] 支健辉, 董新民, 孔星炜, 等. 相机标定的外界影响因素分析 [J]. 应用光学, 2014, 35（2）：286-291.

[91] 凡芳, 王振伟, 刘双印, 等. 面向视觉测量的相机标定误差分析 [J]. 实验科学与技术, 2016, 14（6）：14-16, 31.

[92] MASP, et al. Image Distortion of Working Digital Camera Induced by Environmental Temperature and Camera Self-Heating [J]. Optics and Lasers in Engineering, 2019.

[93] REN L, YIN HL, GE WC, Environment Influences on Uncertainty of Object Detection for Automated Driving Systems [Z]. 2019.

[94] 党相卫, 秦斐, 卜祥玺, 等. 一种面向智能驾驶的毫米波雷达与激光雷达融合的鲁棒感知算法 [J]. 雷达学报, 2021, 10（4）：10.

[95] 李鑫. 面向汽车智能驾驶的毫米波雷达建模与仿真研究 [D]. 长春：吉林大学, 2020.

[96] 郭立新, 吴振森. 二维导体粗糙面电磁散射的分形特征研究 [J]. 物理学报, 2000, 49（6）：6.

[97] LIM H, YOON D. Generalized Moment-Based Estimation of Gamma-Gamma Fading Channel Parameters [J]. IEEE Transactions on Vehicular Technology, 2017, PP（99）：1-1.

[98] PAVLOVA O N, PAVLOV A N. Scaling Features Of Chaotic Dynamics In Interacting Systems Characterized From Noisy Data Sets [C] // Conference on School on Dynamics of Complex Networks and their Application in Intellectual Robotics. [S. l.：s. n.], 2018.

[99] 孙宾宾, 沈涛, 贾磊, 等. 基于环境噪声的毫米波雷达动态阈值计算 [J]. 激光与光电子学进展, 2021, 58（3）：9.

[100] 张喆. CFAR算法对多环境下的目标检测 [J]. 电子世界, 2021（18）：90-92.

[101] 许致火, 施佺, 孙玲. 基于多径干扰认知的汽车毫米波雷达自适应波形优化方法 [J]. 南京大学学报：自然科学版, 2018, 54（3）：7.

[102] 张蕊, 赵振维, 林乐科. 降雨对雷达探测性能的影响 [J]. 现代雷达, 2007, 29（1）：4.

[103] 巴坦. 雷达气象学 [M]. 北京：科学出版社, 1965.

[104] 赵振维. 水凝物的电波传播特性与遥感研究 [D]. 西安：西安电子科技大学, 2001.

[105] LI X, TAO X, ZHU B, et al. Research on a Simulation Method of the Millimeter Wave Radar Virtual Test Environment for Intelligent Driving [J]. Sensors, 2020, 20（7）：1929.

[106] SAFRANEK R J, JOHNSTON J D. A Perceptually Tuned Sub-Band Image Coder with Image Dependent Quantization and Post-Quantization Data Compression [C] // International Conference on Acoustics. [S. l.]：IEEE Xplore, 1989.

[107] SANKUR B. Statistical Evaluation of Image Quality Measures [J]. Journal of Electronic Imaging, 2002, 11（2）.

[108] ZHOU W, BOVIK A C, SHEIKH H R, et al. Image Quality Assessment：From Error Visibility to Structural Similarity [J]. IEEE Trans Image Process, 2004, 13（4）.

[109] WANG Z, Simoncelli E P, Bovik A C. Multiscale Structural Similarity for Image Quality Assessment [C] // Proc IEEE Asilomar Conference on Signals. [S. l.: s. n.], 2003.

[110] BOVIK H. Image Information and Visual Quality [J]. IEEE Transactions on Image Processing a Publication of the Ieee Signal Processing Society, 2006, 15 (2): 430.

[111] ZHANG L, ZHANG L, MOU X, et al. FSIM: A Feature Similarity Index for Image Quality Assessment [J]. IEEE Transactions on Image Processing, 2011, 20 (8): 2378 – 2386.

[112] 全国国家标准化管理委员会. 机载激光雷达点云数据质量评价指标及计算方法: GB/T 36100 [S]. [S. l.: s. n.], 2018.

[113] WU C, KANG Z. Robust Entropy-Based Symmetric Regularized Picture Fuzzy Clustering for Image Segmentation [J]. Digital Signal Processing, 2021 (110): 102905.

[114] BANSAL A, SINGH J, VERUCCHI M, et al. Risk Ranked Recall: Collision Safety Metric for Object Detection Systems in Autonomous Vehicles [J]. arXiv preprint arXiv: 2106.04146, 2021.

[115] 赵江平, 徐恒, 党悦悦. 基于改进 Faster R-CNN 的铁路客车螺栓检测研究 [J]. 中国安全科学学报, 2021, 31 (7): 82 – 89.

[116] WANG G, DENG W, ZHANG S, et al. A Comprehensive Testing and Evaluation Approach for Autonomous Vehicles [R]. SAE Technical Paper, 2018.

[117] CHAVEZ-BADIOLA A, FARIAS A F S, MENDIZABAL-RUIZ G, et al. Predicting Pregnancy Test Results After Embryo Transfer by Image Feature Extraction and Analysis Using Machine Learning [J]. Scientific Reports, 2020, 10 (1): 1 – 6.

[118] ZHU L, XIE Z, LIU L, et al. Iou-Uniform R-cnn: Breaking Through the Limitations of Rpn [J]. Pattern Recognition, 2021, 112: 107816.

[119] BERNARDIN K, STIEFELHAGEN R. Evaluating Multiple Object Tracking Performance: The Clear Mot Metrics [J]. EURASIP Journal on Image and Video Processing, 2008: 1 – 10.

[120] GEIGER A, LENZ P, URTASUN R. Are We Ready for Autonomous Driving? The Kitti Vision Benchmark Suite [C] //2012 IEEE Conference on Computer Vision and Pattern Recognition. [S. l.]: IEEE, 2012: 3354 – 3361.

[121] ZHI Q H, BO D A I, DAN H U, et al. Robust Visual Tracking via Perceptive Deep Neural Network [J]. 电子与信息学报, 2016, 38 (7): 1616 – 1623.

[122] ZHU J, ZHANG S, YANG J. Online Multi-Object Tracking Using Single Object Tracker and Markov Clustering [C] //International Conference on Image and Graphics. Cham: Springer, 2019: 555 – 567.

[123] 魏东, 董博晨, 刘亦青. 改进神经网络的图像识别系统设计与硬件实现 [J]. 电子与信息学报, 2021, 43 (07): 1828 – 1833.

[124] 吕颖. 智能驾驶汽车的预期功能安全 [J]. 汽车文摘, 2019 (9): 1 – 7.

[125] CHAVEZ-GARCIA R O, Aycard O. Multiple Sensor Fusion and Classification for Moving Object Detection and Tracking [J]. IEEE Transactions on Intelligent Transportation Systems, 2015, 17 (2): 525 – 534.

[126] PIETZSCH S, VU T D, BURLET J, et al. Results of a Precrash Application based on Laser Scanner and Short-Range Radars [J]. IEEE Transactions on Intelligent Transportation Systems, 2009, 10 (4): 584 – 593.

[127] KAEMPCHEN N, BUEHLER M, DIETMAYER K. Feature-level Fusion for Free-form Object Tracking Using Laserscanner and Video [C] //IEEE Proceedings. Intelligent Vehicles Symposium, 2005. [S. l.]: IEEE, 2005: 453 – 458.

[128] CHEN X, MA H, WAN J, et al. Multi-View 3D Object Detection Network for Autonomous Driving [C] // 2017 IEEE Conference on Computer Vision and Pattern Recognition (CVPR). [S. l.]: IEEE, 2017.

[129] PREMEBIDA C, LUDWIG O, NUNES U. LIDAR and Vision-Based Pedestrian Detection System [J]. Journal of Field Robotics, 2009, 26 (9): 696 – 711.

[130] 陈延寿, 王建萍. 东芝电子的激光雷达传感器技术 [J]. 汽车与配件, 2021 (10): 3.

[131] WOOD D, BISHOP M. A Novel Approach to 3D Laser Scanning [Z]. 2012.

[132] 孔德磊, 方正. 基于事件的视觉传感器及其应用综述 [J]. 信息与控制, 2021, 50 (1): 19.

[133] LICHTSTEINER P, POSCH C, DELBRUCK T. A 128 × 128 120dB 15μs Latency Asynchronous Temporal Contrast Vision Sensor [J]. IEEE Journal of Solid-State Circuits, 2008, 43 (2): 566 – 576.

[134] DELBRUCK T, VILLANUEVA V, LONGINOTTI L. Integration of Dynamic Vision Sensor with Inertial Measurement Unit for Electronically Stabilized Event-Based Vision [C] //IEEE International Symposium on Circuits and Systems. Piscataway, NJ, USA: IEEE, 2014: 2636 – 2639.

[135] SON B, SUH Y, KIM S, et al. 4.1 A 640 × 480 Dynamic Vision Sensor with a 9μm Pixel and 300Meps Address-Event Representation [C] //IEEE International Solid-State Circuits Conference. Piscataway, NJ, USA: IEEE, 2017: 66 – 68.

[136] 刘兵, 李旭光, 傅海鹏, 等. 毫米波雷达前端芯片关键技术探讨 [J]. 电子与信息学报, 2021, 43 (6): 13.

[137] JANG T H, JUNG K P, KANG J S, et al. 120-GHz 8-Stage Broadband Amplifier with Quantitative Stagger Tuning Technique [J]. IEEE Transactions on Circuits and Systems I: Regular Papers, 2020, 67 (3): 785 – 796.

[138] YU Y M, LIU H H, WU Y Q, et al. A 54.4-90GHz Low-Noise Amplifier in 65-nm CMOS [J]. IEEE Journal of Solid-State Circuits, 2017, 52 (11): 2892 – 2904.

[139] WU C W, LIN Y H, HSIAO Y H, et al. Design of a 60-GHz High-Output Power Stacked-FET Power Amplifier Using Transformer-based Voltage-Type Power Combining in 65-nm CMOS [J]. IEEE Transactions on Microwave Theory and Techniques, 2018, 66 (10): 4595 – 4607.

[140] LIN H C, REBEIZ G M. A 70-80-GHz SiGe Amplifier with Peak Output Power of 27.3 dBm [J]. IEEE Transactionson Microwave Theory and Techniques, 2016, 64 (7): 2039 – 2049.

[141] HUANG T, JEEVANANTHAN L, ITUAH S, et al. A Miniaturized 0.13-μm BiCMOS Reflective-Type Phase Shifter for K-Band Phased Arrarys [C] //2019 IEEE International Symposium on Circuits and Systems (ISCAS). [S. l.]: IEEE, 2019: 1 – 5.

[142] Society of Automotive Engineers. "Taxonomy and Definitions for Terms Related to Driving Automation Systems for On-Road Motor Vehicles" Ground Vehicle Standard J3016 [Z]. 2018.

[143] Beltran J, Guindel C, Moreno F M, et al. BirdNet: a 3D Object Detection Framework from LiDAR information [J]. IEEE, 2018.

[144] YANG B, LUO W, URTASUN R. PIXOR: Real-time 3D Object Detection from Point Clouds [C] // 2018 IEEE/CVF Conference on Computer Vision and Pattern Recognition. [S. l.]: IEEE, 2019.

[145] MEYER G P, LADDHA A, VALLESPI-GONZALEZ E C, et al. LaserNet: An Efficient Probabilistic 3D Object Detector for Autonomous Driving [C] //2019 IEEE/CVF Conference on Computer Vision and Pattern Recognition (CVPR). Long Beach, CA, USA: [s. n.], 2019, 12669 – 12678.

[146] SHI S, WANG X, LI H. PointRCNN: 3D Object Proposal Generation and Detection From Point Cloud [C] // 2019 IEEE/CVF Conference on Computer Vision and Pattern Recognition (CVPR). [S. l.]: IEEE, 2019.

[147] YAN Y, MAO Y, LI B. SECOND: Sparsely Embedded Convolutional Detection [J]. Sensors, 2018, 18 (10).

[148] REN S, HE K, GIRSHICK R, et al. Faster R-CNN: Towards Real-Time Object Detection with Region

Proposal Networks [J]. IEEE Transactions on Pattern Analysis & Machine Intelligence, 2017, 39 (6): 1137-1149.

[149] XU D C, ZHANG X F, SHAO L. Design and Implementation of the Image Quality Analyzing System of CMOS Camera [C] //2007 8th International Conference on Electronic Measurement and Instruments. [S. l.]: IEEE, 2007: 4-97-4-100.

[150] TAKEMURA Y, KIMURA M, OOI K, et al. CCD Micro-Miniature Color Camera [J]. IEEE Transactions on Consumer Electronics, 1987, CE-33 (2): 85-89.

[151] GIRSHICK R, DONAHUE J, DARRELL T, et al. Rich Feature Hierarchies for Accurate Object Detection and Semantic Segmentation [J]. IEEE Computer Society, 2013.

[152] HE K, ZHANG X, REN S, et al. Spatial Pyramid Pooling in Deep Convolutional Networks for Visual Recognition [J]. IEEE Transactions on Pattern Analysis & Machine Intelligence, 2014, 37 (9): 1904-16.

[153] GIRSHICK R. Fast R-CNN [J]. Computer Science, 2015.

[154] CAI Z, VASCONCELOS N. Cascade R-CNN: Delving into High Quality Object Detection [J]. 2017.

[155] REDMON J, DIVVALA S, GIRSHICK R, et al. You Only Look Once: Unified, Real-Time Object Detection [C] // Computer Vision & Pattern Recognition. [S. l.]: IEEE, 2016.

[156] LIU W, ANGUELOV D, ERHAN D, et al. SSD: Single Shot MultiBox Detector [J]. Springer, Cham, 2016.

[157] LIN T Y, DOLLAR P, GIRSHICK R, et al. Feature Pyramid Networks for Object Detection [C] // 2017 IEEE Conference on Computer Vision and Pattern Recognition (CVPR). [S. l.]: IEEE Computer Society, 2017.

[158] LIN T Y, GOYAL P, GIRSHICK R, et al. Focal Loss for Dense Object Detection [J]. IEEE Transactions on Pattern Analysis & Machine Intelligence, 2017, PP (99): 2999-3007.

[159] MING Y, CRENSHAW J, AUGUSTINE B, et al. AdaBoost-Based Face Detection for Embedded Systems [J]. Computer Vision & Image Understanding, 2010, 114 (11): 1116-1125.

[160] REDMON J, FARHADI A. YOLO9000: Better, Faster, Stronger [J]. IEEE, 2017: 6517-6525.

[161] REDMON J, FARHADI A. YOLOv3: An Incremental Improvement [J]. arXiv e-prints, 2018.

[162] 陈君毅, 贾通, 邢星宇, 等. 一种预期功能安全触发条件的生成及有效性评估方法: 202111267470.0 [P]. 2021-12-30.

[163] 魏华, 何对燕. 低对比度图像边缘增强算法的研究与应用 [J]. 科学技术与工程, 2014, 14 (34): 246-252.

[164] WANG G, DENG W, ZHANG S, et al. A Comprehensive Testing and Evaluation Approach for Autonomous Vehicles [R]. SAE Technical Paper, 2018.

[165] 张学显, 刘伟, 余彪, 等. 数据驱动的智能车辆目标检测能力测试评价方法 [J]. 计算机系统应用, 2017, 26 (11): 249-253.

[166] ROSIQUE F, NAVARRO P J, FERNÁNDEZ C, et al. A Systematic Review of Perception System and Simulators for Autonomous Vehicles Research [J]. Sensors, 2019, 19 (3): 648.

[167] 全国国家标准化管理委员会. 76GHz 车辆无线电设备射频指标技术要求及测试方法: GB/T 36654-2018 [S]. [S. l.: s. n.], 2018.

[168] 丁鹭飞, 耿富录. 雷达原理 [M]. 3版. 西安: 西安电子科技大学出版社, 2002.

[169] VT/AVSC-Automated Vehicles Standards Committee. Standard for Test Methods of Automotive Lidar Performance: IEEE P2936 [S]. [S. l.: s. n.], 2020.

[170] 全国国家标准化管理委员会. 光学系统像质评价畸变的测定: GB/T 27667-2011 [S]. [S. l.: s. n.], 2011.

［171］ ISO/TC 42 Photography. Photography — Electronic still picture Imaging — Resolution and Spatial Frequency Responses：ISO 12233：2017［S］.［S. l.：s. n.］, 2017.

［172］ ISO/TC 42 Photography. Photography — Digital Cameras — Geometric Distortion (GD) Measurements：ISO 17850：2015［S］.［S. l.：s. n.］, 2015.

［173］ ISO/TC 22/SC 35 Lighting and Visibility. Road Vehicles — Ergonomic and Performance Aspects of Camera Monitor Systems — Requirements and Test Procedures：ISO 16505：2019［S］.［S. l.：s. n.］, 2019.

［174］ ISO/TC 42 Photography. Graphic Technology and Photography — Colour Characterisation of Digital Still Cameras (DSCs) — Part 1：Stimuli, Metrology and Test Procedures：ISO 17321 - 1：2012［S］.［S. l.：s. n.］, 2012.

［175］ International Organization for Standardization. Intelligent Transport Systems-Adaptive Cruise Control Systems-Performance Requirements and Test Procedures：ISO 15622 - 2018［S］. Geneva, Switzerland：ISO, 2018.

［176］ International Organization for Standardization. Road Scenario-Based Safety Evaluation Framework for Automated Driving Systems：ISO/DIS 34502 2021［S］. Geneva, Switzerland：ISO, 2021.

［177］ 姜延欢, 杨永军, 李新良, 等. 智能无人系统环境感知计量评价研究［J］. 航空科学技术, 2020, 31 (12)：80 - 85.

［178］ CZARNECKI, K, SALAY, R. Towards a Framework to Manage Perceptual Uncertainty for Safe Automated Driving［C］// In International Conference on Computer Safety, Reliability and Security. Cham：Springer, 2018, 439 - 445.

［179］ LEVESON, N G, JOHN P T. STPA Handbook［Z］. 2018.

［180］ MILLER, D, DAYOUB F, MILFORD M, et al. Evaluating Merging Strategies for Sampling-Based Uncertainty Techniques in Object Detection［Z］. 2019.

［181］ 陈君毅, 贾通, 邢星宇, 等. 一种预期功能安全触发条件的生成及有效性评估方法：202111267470. 0［P］. 2021 - 12 - 30.

［182］ International Organization for Standardization. Intelligent Transport Systems-Adaptive Cruise Control Systems-Performance Requirements and Test Procedures：ISO 15622 - 2018［S］. Geneva, Switzerland：ISO, 2018.

［183］ International Organization for Standardization. Road Scenario-Based Safety Evaluation Framework for Automated Driving Systems：ISO/DIS 34502 2021［S］. Geneva, Switzerland：ISO, 2021.

［184］ NHTSA. Investigation Report：PE 16 - 007 (MY2014 - 2016 Tesla Model S and Model X),［Z］. 2017.

［185］ 成泉岳. 自动车道保持系统侧向控制功能安全分析及其算法实现［D］. 长春：吉林大学, 2021.

［186］ 王慧然. 基于预期功能安全的自动驾驶汽车换道控制关键技术研究［D］. 合肥：合肥工业大学, 2021.

［187］ 尚世亮, 李波. 车辆电控系统预期功能安全技术研究［J］. 中国标准化, 2016 (10)：58 - 62.

［188］ ABDULKHALEQ, A, STEFAN W, NANCY L. A Comprehensive Safety Engineering Approach for Software-Intensive Systems Based on STPA［J］. Procedia Engineering, 2015 (128)：2 - 11.

［189］ DUAN J Y, ZHANG H J. Model-Based Systemic Hazard Analysis Approach for Connected and Autonomous Vehicles and Case Study Application in Automatic Emergency Braking System［J］. SAE International Journal of Connected and Automated Vehicles, 2021 (4)：12 - 04 - 01 - 0003.

［190］ 中国智能网联汽车产业创新联盟智能网联汽车预期功能安全工作组. 高速公路巡航功能 (HWP) 预期功能安全分析及测试评价研究报告［Z］. 2022.